人を動かすナラティブ

なぜ、あの「語り」に
惑わされるのか

毎日新聞編集委員
大治朋子

毎日新聞出版

人を動かすナラティブ

なぜ、あの「語り」に惑わされるのか

はじめに

ナラティブという英語の表現がある。

日本語では「物語」とか「語り」と訳されることが多い。本書であえてナラティブという英語表現を使うのは、「物語」「語り」「ストーリー」といった日本語がそれぞれ持つ意味やニュアンスを広く網羅する表現だからだ。

言い換えれば、物語性を示す言葉でこれほど広い意味を持つ単語が日本語にはない。だが英語圏ではごく日常的に使われている言葉でもある。

私たちは頭の中で、ナラティブを語り続けている。一日の始まりに学校や職場に向かう道すがら、あるいは家路につく電車や車の中で、今日はどんな一日にしよう、明日はどんな一日になるだろうと思い浮かべながら、いつの間にかストーリーを創っている。ハッピーエンドの物語になる時もあれば、自己嫌悪の物語に終始する時もある。そうやってほとんどいつも、無意識的に頭の中でナラティブを創り続けている。

２０２３年３月に開催された第５回ワールド・ベースボール・クラシック（ＷＢＣ）で優勝した侍ジャパンの試合ぶりは、「物語を超えた物語」と呼ばれた。

栗山英樹監督は優勝後のインタビューで、「物語」という言葉を何度も口にした。ある時はそれが神の手による物語のようだと語り、またある時は「大谷翔平《おおたにしょうへい》の物語」を見出したと語った。選手一人ひとりの「未来の物語」にも思いをはせた。世界中の野球ファンが侍ジャパンの試合一つひとつにストーリー性を見出し、興奮し、語り合い、その熱狂が次世代の新たな「野球小僧」を生み出そうとしている。それは選手と監督と、多くの私たちファンがひとつの時間を共有し、ともにつむいだ「共著の物語」でもあった。

ナラティブは人の心をつかみ、人を動かす。

だが残念ながら、ナラティブの力は、私たちを忌むべき方向にもいざなう。

２０２２年７月に起きた安倍晋三元首相の銃撃事件は、山上徹也《やまがみてつや》被告（41歳、殺人罪などで起訴）が、世界平和統一家庭連合（旧統一教会）の関連団体に祝辞を送った安倍氏に怒りを覚えたのが引き金になったとされる。背景には、旧統一教会のカルト的なナラティブに人生を破壊されたという彼自身の被害者ナラティブの存在もうかがえる。

２０２３年４月には和歌山市内で選挙の応援に駆けつけた岸田文雄首相に爆発物が投げつけられる事件が起きた。現行犯逮捕された木村隆二容疑者（24）の手口は、「手製の凶器」「選挙活動中の政治家を標的に」といった点で、山上被告の事件に通じるものがある。日本では近年、ローンオフェンダー（単独の攻撃者）のナラティブに共鳴・共感した別のローンオフェンダーが新たな事件を起こすという暴力的過激主義の負の連鎖が広がりつつあるようにも見える。

良くも悪くもナラティブは人間の感情をかき立て、個人を、そして社会を突き動かす。人間を孤独にも憎しみにも、連帯にも慈しみにも駆り立てる。

イスラエル・ヘブライ大学の歴史学者、ユヴァル・ノア・ハラリ教授は著書『21 Ｌｅｓｓｏｎｓ　21世紀の人類のための21の思考』（河出書房新社　２０２１）で、その影響力をこう記している。

「ホモ・サピエンスは物を語る動物であり、数やグラフではなく物語で考えるし、この世界そのものも、ヒーローと悪漢、争いと和解、クライマックスとハッピーエンドが揃った物語のように展開すると信じている。私たちは人生の意味を探し求めるときには、現実とはいったいどういうものかや、宇宙のドラマの中で自分がどんな役割を果たすのかを説明してくれる物語を欲しがる。その役割のおかげで、私は何か自分よりも大きいものの一部となり、自分の経験や選択のいっさいに意味が与えられる」

ハラリ教授によれば、人間は事実やデータではなく物語の形式で考える。そしていかなる人間も集団も国家も、「独自の物語や神話を持っている」という。ハラリ教授は、20世紀に提示されたのは、ファシズム、共産主義、自由主義という「三つの壮大な物語」だったと述べている。

人間はナラティブという形式で世界を、そして自分や他者、世界を定義して生きている。ナラティブという力がもたらす「光と影」の世界を目の当たりにしたのは、エルサレム特派員時代だった。2013年春、エルサレムに赴任した私は、イスラエルとパレスチナの人々が主張するナラティブが鋭く対立する世界に身を置いた。そして双方に巣くう過激派組織がSNS（ネット交流サービス）に拡散させるナラティブに感染した若きローンオフエンダーたちが、次々と暴力事件を起こし、命を落としていく姿を目撃した。

一方で、イスラエルではホロコースト（ユダヤ人大虐殺）のサバイバーたちが、PTSD（心的外傷後ストレス障害）に今なお苦しみながら、その経験を自伝に書いたり次世代の若者に語ったりすることで人生物語を再構築し、それを生きる力に変えていく姿にも出会った。

私たちはナラティブに囲まれて生きている。

それにもかかわらず、ナラティブがいかなる力を持ち、私たちをなぜ、どのように動かすのか、そのメカニズムをほとんど知らない。

本書は、私自身がナラティブとはいったい何か、なぜ人間を虜《とりこ》にするのか、という疑問にとりつかれて始めた調査の記録であり、「ナラティブの物語」である。

その取材の過程で、ＡＩ（人工知能）礼賛の日本社会が遭遇する「脅威の萌芽」も目にした。それは国家や組織、政治家や企業、個人が放つ、ナラティブとＳＮＳを組み合わせた、かつてないほど感染性の高い情報ウイルスとの闘いだ。

英ロンドンを拠点に軍事心理戦（ＰＳＹＯＰＳ＝サイオプス）を展開したデータ分析企業のケンブリッジ・アナリティカ元研究部長は私のインタビューに、ナラティブと、その影響力を最大化、最適化するアルゴリズム（コンピューターがデータ処理をする際の計算手順、計算式）を組み合わせた「情報兵器」による世界最大規模の人心操作の実態を語った。

それは現代社会に蠢《うごめ》く「見えざる手」ともいうべきものだった。

見えざる手は、見えないから恐ろしい。見えないから、支配されやすくもなる。ＳＮＳを駆使して物語を操るさまざまな手があるのなら、それがいかなるメカニズムを持ち、どのような動きをするのか、できるだけ「見える化」する、可能な限り顕在化させることが、一方的に支配されないための手がかりになるはずだ。そう考えて、私はこの調査を続けた。

本書ではパレスチナ自治区ヨルダン川西岸地区や同ガザ地区、東エルサレム地区に住むアラブ人を「パレスチナ人」と便宜上記した。また本書の登場人物の肩書、年齢は取材当時のままとし、一部歴史上の人物などは敬称を略した。ナラティブを英語のスペルに準じて「ナラティヴ」と書く方法もあるが、本書では固有名詞を除いては「ナラティブ」の表記で統一した。

人を動かすナラティブ なぜ、あの「語り」に惑わされるのか＊目次

第2章　ナラティブが持つ無限の力

第3章　ナラティブ下克上時代

第4章　SNS＋ナラティブ＝世界最大規模の心理操作

第5章 脳神経科学から読み解くナラティブ

第6章　ナラティブをめぐる営み

第1章　SNSで暴れるナラティブ

ナラティブとは

ナラティブという英語は日本ではまだあまり聞かれない。

日本でナラティブ研究の第一人者として知られる東京学芸大学名誉教授の野口裕二《のぐちゆうじ》さんによると、ナラティブは「語る行為」と「語られたもの」の両方の意味が含まれる（野口，2009a,p.1）。このため通常、「語り」または「物語」と訳される。

ただ日本語で「語り」というと「物語」の意味が抜け落ちてしまうし、「物語」というと「語り」の要素が失われてしまうので、専門家の間では両方の意味を含むナラティブという英語をそのまま使うようになったという。

そのナラティブに必要な最低限の要素は「複数の出来事が時間軸上に並べられている」

日本におけるナラティブ研究の第一人者、
東京学芸大学名誉教授の野口裕二さん
＝東京都内で2023年4月、筆者撮影

ことで、これに「プロット（筋立て）」が加えられたものが「ストーリー」だという（野口2009a,pp.2-3）。つまりストーリーはナラティブに含まれる関係にある。

例えば「私は早起きをした。天気が良かった。会社に遅刻した」という表現は時系列になっているのでナラティブとしての最低限の要件は満たしている。だが聞き手は通常、それだけでは話者が何を言いたいのか分からない。ところが「しかし」という接続詞を加えて、「私は早起きをした。天気が良かった。しかし会社に遅刻した」と言えば、何となく「早起きしたのに遅れてしまったのだな、天気が良くてついぶらぶらしたのかな」という雰囲気が伝わり、一定のストーリー性を見出せる。

ただ野口さんによれば、ナラティブかストーリーかは語り手と聞き手の関係性にもよるので一概に文章だけでは判断はできないという。

先の例でいえば、もともと語り手が、「天気が良いと会社まで歩いて来て、遅刻することが多い人」であれば、それを知る会社の同僚は、「しかし」がなくても、「ああ、またいつものことね」と分かるし、十分に「意味」を推測できる。だがそのことを知らない人にとっては、単に経験を並べただけで意味が分からない。

このようにナラティブには時系列を示す「時間性」のほか、何らかの文脈を持つ「意味性」、他者との関係性としての「社会性」が含まれる（Elliott, 2005; 野口, 2009a）。

こうした専門家の分析を踏まえ、本書ではナラティブを次のように定義する。

「さまざまな経験や事象を過去や現在、未来といった時間軸で並べ、意味づけをしたり、他者との関わりの中で社会性を含んだりする表現」

また本書では、より広義の意味を持つ「ナラティブ」という言葉を頻繁に使うが、文脈に応じて「物語」（語りの中身）、「語り」（語る行為）、「ストーリー」（筋立てのある話）といった表現を使うこともある。出版物やインタビュー相手が使った表現も、できるだけそのまま使うことにする。

ナラティブの分類についても触れておきたい。

野口さんによると、ナラティブは「語り手」「主語の人称」「聞き手」「主題」の組み合

図表1-1●ナラティブのさまざまな形

	語り手	主語の人称	聞き手	主題	主な例	デジタル上の例
1-1	自分	1人称	自分	自分	自分しか見ない日記	
1-2	自分	1人称	他者	自分	自伝、セラピー	ブログ、SNSへの投稿
2	自分	2、3人称	他者	他者	他者へのコメント、うわさ話	他者のブログ、SNS投稿への自分の反応、コメント
3	他者	2、3人称	自分	自分	セラピー、グループディスカッション	自分のブログ、SNS投稿への他者からの反応、コメント
4	他者	3人称	自分	他者	ニュース、歴史、小説、伝承	ニュース、SNSの他者についての投稿の視聴

（野口 2009a）を参考に一部筆者が追加し作成

わせによって分類できる（野口2009a,p.16）。これをもとに私が現代SNS社会におけるコミュニケーションを追加して作成したのが図表1－1だ。

ナラティブにはまず、自分で自分について1人称で述べるセルフ・ナラティブ（自己物語）がある。これは日記にしたため、自分しか読まないような非公開のもの（表の分類1－1）と、SNSやブログなどで公開することを前提としたもの（表の分類1－2）がある。後者にはカウンセリングなど特定の状況で語るものも含まれる。

次に自分が他者について述べるナラティブや、他者が自分について表現するナラティブがある（表の分類2、3）。2人称、3人称が使われるが、良くも悪くも自分と他者との関係性に直接的な影響を与えるので強い刺激を伴いやすい。SNSで相手を明示して称賛したり誹謗《ひぼう》中傷したりする行為も含まれ、炎上につながることもある。

最も距離感があるのは最後の「他者」が語る「他者」の話だ（表の分類4）。報道やノンフィクション、架空の物語（フィクション）や神話、民話、伝承などで、他者が他者について3人称で書いたものを自分が受け取るという状況だ。「他人《ひと》ごと」となりやすいが、人間の共感性がこの距離感を一気に縮め、「まさに我が事」と感じさせる状況を生み出すこともある。いわゆるナラティブ・トランスポーテーションと呼ばれる没入状態（第3章P151）になると、実在の話であろうがなかろうが、人間は感情を強く揺さぶられ、そのナラティブに沿った行動を起こしやすくなる。

また、当然ながらSNSなどデジタル上では従前に比べ、ナラティブを共有する相手としての「他者」の数が圧倒的に多くなり、ほとんど無限大に拡散される。セルフ・ナラティブとしての自己開示の範囲も無限大で、その影響は良くも悪くも計り知れない。

「脳が持っているほとんど唯一の形式」

2022年6月15日、解剖学者の養老孟司さんへのインタビューを前に、私は緊張していた。

養老さんの著書を読み、さらに数週間かけて質問を考えたので、聞きたいことは山ほどある。取材が散漫にならないように気をつけなければいけない。そう思って私はまず、一番大事な質問から入ることにした。

「人間にとってナラティブとはいったい何でしょうか」

養老さんの答えは、極めて明快で端的だった。

「ナラティブっていうのは、我々の脳が持っているほとんど唯一の形式じゃないかと思うんですね」

インタビューのギアはいきなりトップスピードに入った。養老さんが「歴史」を例に、語り始める。

「歴史学者はよく知っていると思いますけど、歴史はドキュメントかナラティブかといえば、まあドキュメントなんでしょう。事実の記載ですね。事実を言葉に変える。ところがその時に一番困っちゃうのは、記述と記述の間で時間が経過しちゃうんですね。だからそういう記述だけを受け取っても理解できないんです」

ふと昔の映画のイメージが頭に浮かんだ。写真をコマ送りにして、動いているように見せる。私たちが見ているのは連続する一連の写真だが、脳がコマとコマの間の「見えないコマ」を想像して、一本の映画のように見せる。私はこのイメージを養老さんに伝えた。

東京大学名誉教授で解剖学者の養老孟司さん

「そうですね、映画がそう。コマ送りで。実際には全部止まっているのに、コマ送りにすることで動いているように見せるんですね。ナラティブというのはそういう働きに近いんじゃないですか。過去に起こった非常に長い時間の出来事をどうやって凝縮して伝えるか。物語形式以外の形式を人間は持っていないんです。ちょうど言葉っていう形式がひとつしかないように。必然的に物語になるわけです」

私が長い時間をかけてようやくつかみかけていたナラティブのイメージが、養老さんの口からよどみなく流れ出し、より鮮明な姿を現していく。思わず前のめりになる。養老さんが東京大学教授時代の講義を振り返る。

「私は解剖学でしたが、体はこうなっていると教科書で書いても学生は読みません。だから実習をさせるんですね、実際にどうなっているかを見せる。そうすると、学生なりに、まあ何が書いてあるかを理解していきますね。時間とともに生起する事象を頭に入れるには物語にするのが一番効率がいいというか、分かりやすいというか、それは経験的に分かっています」

歴史書も教科書も、個々の出来事はどれも断片的で、そのままではなかなか頭に入らない。だがそれらをつないでひとつの「お話」としてのナラティブの形式にしていくと、受け取る者の脳にも収まりやすくなる。それが映画であり、授業であり、実習なのだという。

養老孟司さんの「脳内一次方程式」にあてはめてみる

養老さんは、ベストセラー『バカの壁』（新潮新書　2003）で、脳内には「一次方程式がある」と説いた。

人間は五感から入力した情報（x）をいったん脳内で回し、運動系で出力（y）して行動に移す。それを方程式に表すと「y（出力）＝a（係数）x（入力）」。「a」は変化する数値、つまり係数で、それぞれの個人が持つ「現実の重み」なのだという。養老さんは著書の中で、イスラエル、パレスチナの紛争を例にこう説明している（養老, 2003,pp.32-33）。

「イスラエルについてアラブ人が何と言おうと、さらには世界がいかに批判しようと、その情報に対しては、イスラエル人にとって係数ゼロがかかっている。だから、彼らの行動に影響しない。逆に、イスラエルからの主張に対しては、今度はアラブ側が係数をゼロにしている。聞いているようで、聞いてなんかいないわけです。これをもう少し別な言い方をすると、係数ゼロの側にとっては、そんなものは現実じゃない、ということになってくる」

養老さんによれば、原理主義的な思考になると係数が「ゼロ」や「無限大」になりやすい。一神教のキリスト教、ユダヤ教、イスラム教の信者はそれぞれが信じる宗教については「係数＝無限大」と捉えやすく、他の宗教については「係数＝ゼロ」になりがちで紛争が絶えない。「テロは無限大の悪い形の表れ」でもあるという。

また、係数「ａ」には「感情」の要素も大いに含まれる。好きな人のやることにはプラスの係数をかけて過大評価するが、嫌いな人がやることには何かとマイナスの係数をかけて過小評価してしまう。

この「ａ」とは何かを考えるうえで認識しておきたいのは、そもそも私たちの脳には意識と無意識があり、この無意識が果たす役割が意外に大きいということだ。車の運転に喩えれば、意識が運転席にいて無意識が助手席にいると思われがちだが、現実には運転席にいるのが無意識で、意識は助手席に座っているに近いという。無意識が下した判断を、意識が「合理化する。意識が無意識より先じゃないっていうことは、毎日生きていると分かる。いつの間にか眠っているし、起きている」（養老さん）。

ただ無意識が日常の大半を動かしているとなると、人間の価値判断や行動に規則性、普遍性を見出すのはさらに難しくなる。脳の働きの大半は解明されていないからだ。

それでも一般化する方法はあるだろうか、とあれこれ試行錯誤する中で、養老さんは最終的に「ｙ＝ａｘ」という方程式に「全部放り込んじゃった」という。個人の思考の違いを係数「ａ」とする以外、一般化する道はないと考えたのだ。

私はこの係数「ａ」がナラティブだと考える。同じことを見たり聞いたりしても人によって反応が異なるのは、養老さんの言葉を借りれば、入ってきた情報にその人なりの「重み付け」がなされているからだが、それはナラティブという「脳がもつほとんど唯一の形式」で保存されている。「世の中はこうなっている」「自分はこういう人間だ」「あの人はこういう人だ」といった物語形式で私たちの中に保存されていて、良くも悪くもそのナラティブ・ベースの色眼鏡で世の中の事象を見たり感じたりして自分自身や周囲を評価している。

だから人によって物事の捉え方も出力としての行動も違ってくる。

ナラティブを疑う世代

養老さんには陰謀論とナラティブの関係についても聞いた。「陰謀論はナラティブの典型のようなものでしょうか」。私の問いに、養老さんは予想外の視点を提示した。

「そうですね、でもそれはなんか人の心をつかむところがあるわけです。自分の中で疑いがあるんだけど、それをうまく人に伝えるとか、自分の中で整理することができない時に、そういう架空の敵を作れば、非常によく話がつながる。それは脳のクセですね。要するに話がつながってストーリーになる方が省エネになりますから。省エネって、脳にとっては非常に大事で、脳はできるだけエネルギーを使わなくてよい方に行くんですよ」

脳は一日のエネルギーの5分の1ぐらいを使う。体重比ではわずか2％程度なのに、膨大なエネルギーを消費する。だからすぐに休憩を取ろうとする。ＳＮＳはそんな省エネの脳にはうってつけだという。「指を動かしているだけで、ラクだから」（養老さん）

そこに流れてくるのが陰謀論だ。現象にそれらしい因果関係をつけて首尾一貫したストーリー性をもって魅了する。根拠がないから反論も反証もできない。ないことを証明するのは、いわゆる「悪魔の証明」でありほぼ不可能だ。その意味では、陰謀論は最強のナラティブといえる。それを深く考えることもなく、指先ひとつで拡散させる。すべてが「脳の省エネ」にかなうのだという。

「みんなが求めているんじゃないですかね、トランプ現象も、もしかしたらそうですね。分かりやすくしてくれっていう希望がみんなにある。国際情勢なんて丁寧に聞いたらややこしくって、何も分かんねえから」

だが養老さん自身は、ナラティブにはずっと懐疑的に生きてきたという。

「私は小学校2年生で終戦を迎えました。本当に大人たち、1億人すべてが本土決戦神風特別攻撃隊をやってる時期を通って、それから平和と民主主義の時代になった。教科書に墨を塗った世代ですから、基本的に社会的な言説っていうのは信用しないっていう感覚が身についているんですよ。理屈じゃないんです、これは。自分の感性の中で、一般的なナラティブを信じない。それは非常に良い教育を受けたなと」

「お上《かみ》」のナラティブを押しいただき、「一億火の玉」で突き進んで玉砕した日本。そんな時代に生きてきたからこそ、社会にまかり通るナラティブを疑うという姿勢が染みついているという。だがその結果としての人生は、必ずしもラクなものではなかったそうだ。

「生きていく上で非常に損をしましたね。つまり自分が属している組織なり何なり、私の場合、東京大学ですけど、そういうものに徹底的に忠誠を誓うことができないんですよね。そんなのはウソに決まってるっていう感覚がありますから。ウソに決まってる。だから非常に暮らしにくいですね。周りの人と一致できないところがあります」

その時どきで世の中にはびこる言説も、「どうせまた変わるよ」とどこか冷めた感覚で受け止めてきたそうだ。周囲が当然のように信じるナラティブを同じように信じられれば、それこそ脳はラクだしそれなりに「幸せ」を感じられるのだろうが……。

「そうですね、そうだと思うんですけど。でもそういう組織に依存できない。だからまあかっこよく言えば、自分の力で生きていくしかない。そういう風に生きてきました」

社会で共有される言説的なものに懐疑的な養老さんは、自分の人生についてナラティブをつむぐこともないという。

「当然できないです、僕はそういうものを信用しないから創れない。省エネじゃないんで、脳が。だから大変なんです」

それは物事を分かりやすくナラティブ形式で整理するという思考スタイルにあえて背を

向け、一つひとつの出来事や事象の原因を精査し、分析していくような生き方だろう。世間にはびこるナラティブを借りて、自前のものであるかのように装うこともない。一から十まで情報を吟味し、語りをすべて自給自足するような生活だから、「脳が大変」になる。

養老さんのこのスタンスは、イスラエル・ヘブライ大学の歴史学者、ユヴァル・ノア・ハラリ教授にも通じるものがある。ハラリ教授はナラティブについて、著書の中でこう述べている。「たいした理由もなく、あなたの命令もなしに、思考や情動や欲望が現れては消える」。それはまるで風のようなものだが、私たちが風ではないのと同様に、私たち自身は「経験する思考や情動や欲望の寄せ集め」ではない。自分について真っ先に知っておくべきことは「あなたは物語ではない、ということだ」（ハラリ, 2021）。

だが現代ＳＮＳ社会においては、アルゴリズム（コンピューターがデータ処理をする際の計算手順、計算式）で最適化されたナラティブが日常的に、矢のように私たちの脳に刺さり、個人の中にあるナラティブを随時書き換えようと挑んでくる（第４章Ｐ１８３）。アルゴリズムは、スキあらば私たちの思考をハイジャックしようとたくらむ。その意味でも、私たちはナラティブから完全に離脱して日常生活を送るのは難しい。

だから私は本書を通じ、ＳＮＳ時代における人間とナラティブのより良い関係を模索したいと考えた。

安倍晋三元首相銃撃事件と小田急・京王線襲撃事件

2022年7月8日、奈良市内で演説中の安倍晋三元首相が銃撃され殺害された。現行犯逮捕された山上徹也被告（41歳、殺人罪などで起訴）は、母親が宗教団体「世界平和統一家庭連合（旧統一教会）」にのめり込み一家が破産。安倍氏が関連団体のイベントに祝辞を寄せたことなどから、安倍氏に憎悪を抱いたとされる。

警察の発表や報道によると、山上被告は1980年、3人兄妹の次男として生まれた。父親は建設会社役員の父親と、その会社を経営する祖父の娘である母親、兄と妹の5人家族。父親は山上被告が4歳の時に自殺し、その後母親が旧統一教会に入信した。母親は計1億円以上を献金し、自宅も失ったという。

進学校の高校に進んだものの経済的な理由で大学進学を断念し、海上自衛隊に入隊するが自殺未遂を起こす。自分の死亡保険金を兄や妹に生活費として残そうとしたとされる。その後さまざまな資格を取って非正規社員などとして生計を立てるが、人間関係などで長続きせず、転職を繰り返した末に失職。事件直前には貯金も底をつきかけていたという。

山上被告は何とか人生を立て直そうと格闘したがそれもかなわなかったのだろうか。事

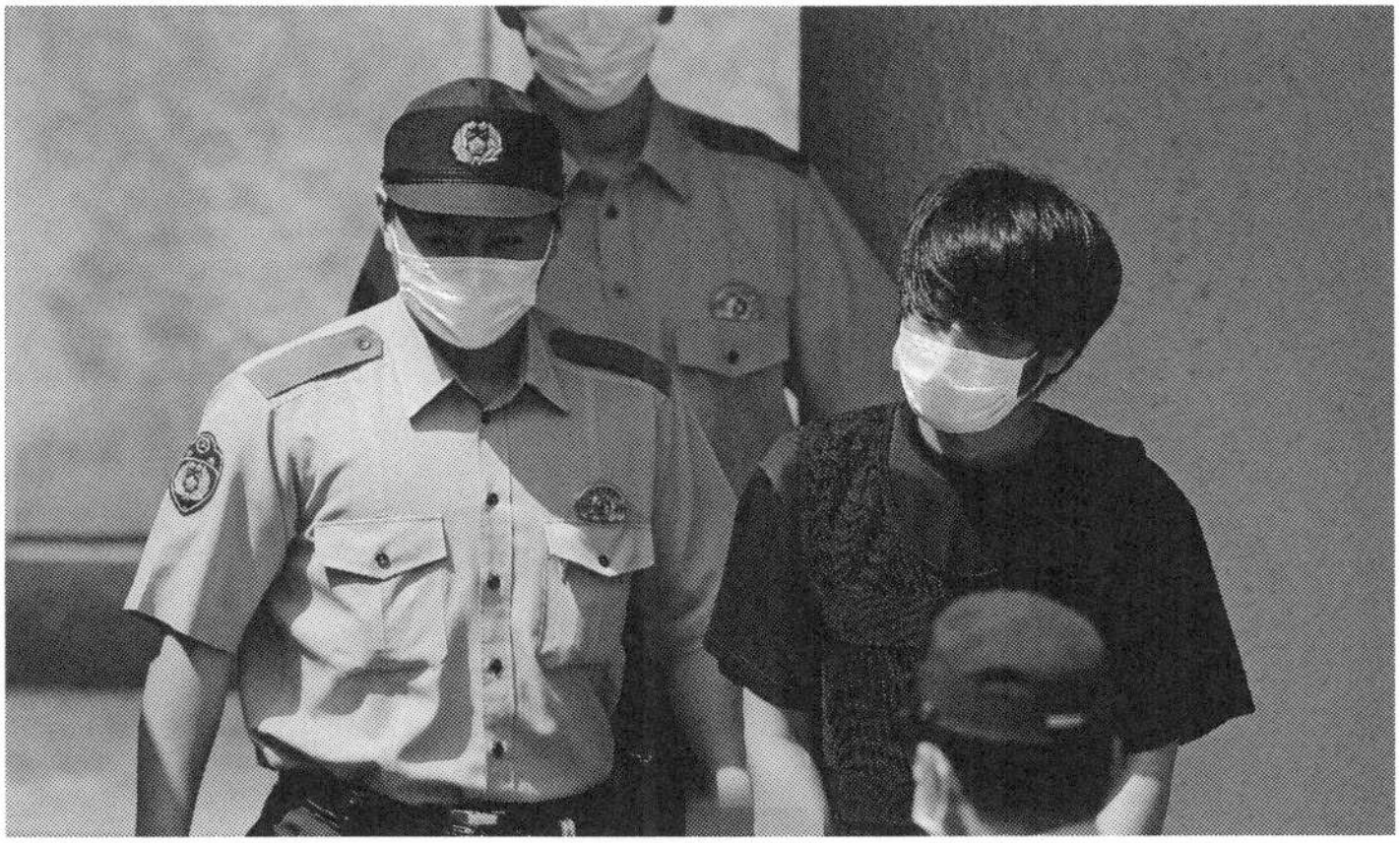

鑑定留置のため移送される山上徹也容疑者（当時）＝奈良市で2022年7月25日、滝川大貴撮影

件後、山上被告のものと見られる匿名のツイッター・アカウント（@333_hill ＝ツイッター社が事件後間もなく凍結）が見つかった。そこにはこんな言葉がつづられていた。

「オレが14歳の時、家族は破綻を迎えた。統一教会の本分は、家族に家族から窃盗・横領・特殊詐欺で巻き上げさせたアガリを全て上納させることだ」（２０２０年1月26日）

「オレは作り物だった。父に愛されるため、母に愛されるため、祖父に愛されるため」（２０１９年12月7日）

「残念ながら氷河期世代は心も氷河期」（２０２１年2月28日）

投稿の中には、映画バットマンシリーズの『ダークナイト』主人公のジョーカーに関心を寄せていたことをうかがわせるものもある。ジョーカーはコメディアンを夢見て修業を積む青年だ。貧困生活から抜け出せず、社会に怒りを募らせるように殺人者へと変貌していく。ジョーカーはテロリスト的な明確な政治的メッセージは持たないが、自分が何者なのかも分からない空虚さを抱えている。

そのジョーカーは欧米では「インセル」の典型だと言われ、山上被告もこの言葉を繰り返し投稿で使っている。

インセルとは英語のinvoluntary（インボランタリー＝意思によらない、不本意な）とcelibate（セリベイト＝禁欲主義者、性交渉を持たない）を合体させた造語で、「不本意な禁欲主義者」などと訳される。日本語的に言えば、いわゆる「非モテ」だろうか。

インセルという言葉が米国で市民権を得たのは約10年前だ。背景には「経済的な苦境」や「外見に対する高い要求基準」「女性の経済的自立」への不満や反感があるとされる（ワイリー，2020, p.185）。

インセルの多くはミレニアル世代（１９８０年から１９９５年ごろの生まれで、Y世代とも呼ばれる）で、日本と同様、親世代と同じ年ごろの時期に比べて収入が低い傾向にある。一方、SNSの普及に伴うルッキズム（外見至上主義）の拡大で、「彼氏にしたい男」の外見レベルは高まるばかり。しかも女性は昔に比べて経済的に自立し、男性に求める経済力は「最低でもワタシ以上」とハードルが高い。

米国ではこうした状況に不満を抱くインセルたちが匿名のウェブ・フォーラム「レディット（Reddit）」や匿名の掲示板サイト「４ｃｈａｎ」に集まり、自分たちが性的に活発になれないのは「経済のせい」「外見至上主義のせい」「女のせい」と被害者意識を持ち合うようになったとされる。ジョーカーはそんなインセルを代表するようなキャラクターで、欧米メディアは「ジョーカーはインセルの象徴」と報じている（Bundel, 2019; Newland, 2019）。

山上被告のものらしきアカウントはツイッター投稿でジョーカーやインセルについてこう書いている。

「ジョーカーという真摯《しんし》な絶望を汚す奴は許さない」（２０１９年10月20日）

「考えてみれば自由恋愛もフェミニズムもせいぜいここ１００年の歴史な訳だから、それ以前に生まれていればインセルはむしろ立派な人間だったのかもな。無常なもんだ」（２０１９年12月31日）

「インセルは救済されるべきだが、彼らの言動や要求そのままが受け入れられる事は無い」（２０２０年1月27日）

「ある意味、非モテやインセルにはガツンと来る映画」（2020年8月7日、映画『ミッション・ワイルド』を見ての感想と思われる）

自分自身をジョーカーやインセルのイメージに重ね合わせていたのだろうか。

日本ではこのところ、ジョーカーへの憧れやインセル的な思考をうかがわせる事件が相次いでいる。

2021年10月31日に京王線で無差別襲撃事件を起こした住所不定、無職の服部恭太被告（24歳、殺人未遂罪などで起訴）は警察の調べに「『ダークナイト』を見てジョーカーに魅力を感じた」と供述した。事件当日も、映画でジョーカーが着ていたのと同じような紫色のスーツとコートを身につけていた。

同じ年の8月6日には、無職の対馬悠介被告（36歳、殺人未遂罪などで起訴）が小田急線車内で10人に重軽傷を負わせた。最初に大学生の女性を襲って重傷を負わせ、さらにその向かいの席に座っていた50代の女性会社員の両脇を牛刀（刃渡り約20センチ）で切りつけた。対馬被告は調べに対し「大学時代に女性から見下され、出会い系サイトで知り合った女性ともうまくいかず、勝ち組の女性を殺したいと考えるようになった」と話していたという。

インセルがはまる陰謀論ナラティブ

過激思考を研究する欧米の専門家の間でインセルが「陰謀論者」だと位置付けられていると知ったのは、安倍氏殺害事件から約４カ月後のことだ。

２０２２年11月、笹川平和財団の招きで来日した「ドイツ過激化・脱過激化研究所」代表のダニエル・ケーラー博士から聞いた。ケーラー博士は暴力的過激主義の研究者として世界的に知られ、ドイツのほか米国など欧米諸国の治安当局者とも連携して過激思想に染まった人々の脱過激化への支援を続けている。

ドイツ過激化・脱過激化研究所代表の
ダニエル・ケーラー博士
＝東京都内で2022年11月9日、筆者撮影

笹川平和財団の「暴力的過激主義研究会」メンバーでもある立正大学心理学部の西田公《にしだきみ》昭《あき》教授や跡見学園女子大学文学部の小川忠《おがわただし》教授とともにシンポジウム「カルトと暴力的過激主義の交差点：必要とされる介入とは？　世界の脱過激化の取り組みから」に参加するため来日した。私もこの研究会のメンバーであり、博士に直接、質問をする機会があった。

中でも記憶に残るのが、「インセル」をめ

ぐるやり取りだ。

ドイツの治安当局関係者は有形無形の暴力で他者を支配しようとする、いわゆる暴力的過激主義を「極右」「極左」「宗教」「その他（陰謀論系など）」の4種に分類しているという。「その他」には具体的に何が含まれるのかと尋ねると、博士はコロナ禍のワクチン陰謀論や陰謀論「Qアノン」、そしてインセルの主張だと答えた。

私が思わず「インセルもですか？」と聞き返すと、ケーラー博士はこう語った。女性や、女性を「不当に優遇する社会」を一方的に敵視し、自分たち男性を絶対的な被害者だと位置づける点で「典型的な陰謀論ナラティブだ」と。

私が「安倍元首相を殺害した男は、ツイッターでインセルについて書いていたようです」と話すと、ケーラー博士は「そうだったの」と驚いた様子だった。

同じころ西田教授にもインタビューした。西田教授はオウム真理教事件で実行犯の法廷証人や心理鑑定を務めるなどカルト問題に長年携わってきた。今回の旧統一教会問題でも河野太郎《こうのたろう》消費者担当相が組織した、霊感商法対策を話し合う有識者検討会のメンバーを務めた。

西田教授には山上被告のものらしき投稿に改めて目を通してもらい、インセルについて聞いた。山上被告が関心を抱いていたとすれば、どのような理由からだと考えられるのか。

「自分自身が投影できるものだと感じていたのでしょう。女性に癒やされたい、けれど自分は女性蔑視的な態度を持っている。そこには自分の愛を受け入れてくれない母親への憎しみもあるでしょう。その愛情を、代わりとなる女性に求めたいけれどうまくいかない現実や諦めがあり、母親や女性への憎しみを増幅させる結果になったのかもしれません」

山上被告のものらしき一連の投稿は映画『ダークナイト』にも関心を寄せている。社会で共有されるナラティブからことごとく差別され排除された主人公ジョーカーは、怒りを募らせ、復讐へと突き進んだ。山上被告はジョーカーにも共感を覚えていたのだろうか。

立正大学心理学部の西田公昭教授
＝東京都内で2022年11月9日、筆者撮影

「母親に対する愛と憎しみのようなところ、似ていますよね。同じだと思ったのかもしれません。京王線で犯人がジョーカーに扮した事件もありましたし、頭の中でシミュレート

もしたのかもしれません。こうしたら気が晴れるかもしれない、と。心理学の攻撃理論は『動機』と『手がかり』を考えるのですが、映画とか実際にあった事件とか、そういうものが行動へと結びつく大きな因子になることはあります。映画を見て、セルフ・インストールするような感じになる。何度も頭の中で自分を重ね合わせながら、シミュレートする。こうして、こうやって、と。それで本当にやれるような気になってくる。初めはやれたらいいなと思っていても、何度もシミュレートしていくと、やれるんじゃないかという気持ちになる。またそういう強い刺激を求めないと、満足も得られなくなるのでしょう」

犯行を空想して得る「報酬」

ここで言う「満足」とは、ポジティブな感情などを促すドーパミンやセロトニン、オキシトシンといった神経伝達物質を運ぶ報酬系の脳内神経回路が生み出す感覚だ。人間は、脳内報酬がないと生きられない。山上被告は殺害計画を立てたりそのための銃を造ったりしながら、犯行をイメージするナラティブを創り、そこに快楽を感じていたのだろうか。

「社会的に孤立した状態、状況的に心理的な意味で孤独な状態だと、ドーパミンも不足するしセロトニンも不足するしオキシトシンも、全部不足するんですよ。だからそういう意味では動物的に、本能的に報酬を求める可能性はありますね」

孤立・孤独が人間の脳にもたらしうる影響については第5章（P272）で詳述する。

もうひとつ気になったのが信者である母親との関係だ。西田教授は、旧統一教会の2世たちにも長年、カウンセリングなどを提供してきた。カルト教団のナラティブに埋没する親のもとで育ちながら、信者にはならなかった山上被告のような「2世」たちは、親に対してどのようなナラティブを持つのだろうか。

「まずマインド・コントロールされている家族に対して『かわいそう』という『哀れみ』と同時に、『そんなものを信じるな』『いいかげんに気づいてほしい』『許せない』という『憎しみ』があります。しかし親も被害者だという意識もある。ポジティブな感情とネガティブな感情が同時に起こるから、いかんともしがたい。本当は縁を切りたいぐらいだけれど、親への感情っていうのはどうにもすっきりしない。山上被告は親を捨てられなかった。捨てられたら別の生き方ができたと思います」

西田教授から見ると、旧統一教会を告発した元2世信者の小川さゆりさん（活動名）はカルト教団が放つ洗脳的なナラティブからはもちろん、それを絶対視する親のナラティブからも離脱している、つまり「親を捨てている」ように見えるという。しかし2世信者や、信者の親を持つ子供の多くは親を捨て切れない。だから頭の中で、親が提示するカルト的なナラティブと現実社会を動かしているナラティブが不協和音を鳴らし続ける。

ところでインセル的なナラティブは、母親との関係性にも影響されるのだろうか。

「母親にはみんな特別な感情があって、優しく包まれたい、癒やされたい、といういわゆる愛着があります。それが許されなかったということが憎しみになって、どうして愛してくれないんだとなっていく。そういう中で、女性というのはみんなそういう奴らなんだということにしてしまう、ミソジニスト的な発想となり、本当は女性に愛情を求めているのだけれど、接近したいけど接近できないようなことを経験し、その結果、こうしたインセル的なナラティブになった可能性もあります」

ミソジニストとは、女性を嫌悪したり蔑視したりする傾向が強い人のことだ。西田教授によれば、私たちは、自分自身の限られた経験を根拠に他者をひとくくりにする偏見やステレオタイプを持ってしまいがちだという。

「ローンオフェンダー（単独の攻撃者）」「無敵の人」「強い犯罪者」の時代

異性との関係に限らず、成功体験がないことでネガティブ思考のスパイラルにはまってしまうことはある。さらに被害者ナラティブに捕まってしまうと、無差別殺傷事件を起こすような過激思考にもつながりやすい。自分を被害者とすれば、そのナラティブと対立する主張はすべて虚偽であり、陰謀論にも見えてくる。周囲がそのナラティブの暴走を食い止めようとすればするほど、当事者は被害者意識を強めやすい。過激派組織やカルト教団の主張を強力に支えるのもこうした、ある意味「無敵」の被害者ナラティブだ（大治2020）。山上被告の投稿からも被害者意識はうかがえるのだろうか。西田教授はこう見る。

「ありますね。母親に相手にしてもらえず、教団にも自分の人生を奪われたと。大学にも行けなかった。夢がつぶれていく状態だった。バブル崩壊後に就職活動をした世代でもあり、『残念ながら氷河期世代は心も氷河期』と、夢が抱けない感じ。彼に限らず、給与がもう何十年も上がらないといった、日本の社会の中で将来のサクセスストーリーが描けない人は少なくない。さらに彼は教育を受ける権利まで失い、何も期待できないという状態だったと思います」

そんな彼が最終的にたどりついたのはどのようなナラティブだったのだろうか。

「愛と憎しみと、そうさせた何かへの怒りをぶつけたいというストーリーではないかと思います。どうせやるならなるべく大きなことをやりたい、やはり存在感を示したかったのではないでしょうか。自分が生きてきた、こんな人間だっているんだぞって訴えたかったのかなと思います。ただ母親に対しては『愛と憎しみ』で『愛』が入っているので、殺すことはできません。ターゲットとしてはやはり教団だったのでしょう」

報道によれば、山上被告は当初、旧統一教会の韓鶴子《ハンハクチャ》総裁ら教会幹部を狙っていたが、新型コロナウイルス感染拡大の影響で幹部の来日が不確実になった。そんな矢先、安倍元首相が旧統一教会の関連団体に祝辞を寄せた動画を見て、「憎しみを転化したのかもしれない」(西田教授)という。

西田教授とのやり取りの中でふと私の胸に浮かんだのは、最近、大学生らとの雑談で聞いた「無敵の人」という言葉だ。若者の間では、山上被告はそんな風にも呼ばれているそうだ。失うものが何もなく、捨て身で何も恐れていない状態の人を指すのだという。

同時に米田壮元警察庁長官《よねだつよし》から聞いた言葉も浮かんだ。米田氏には2019年秋にインタビューし、翌年夏に予定されていた東京オリンピック・パラリンピックにおける警備上の課題について聞いた。米田氏は現代社会の脅威として「現代型テロ」や「アベンジャー型犯罪」を挙げた。現代型テロとは「ホームグロウン（自国育ちの）テロリストによるテロ」。アベンジャー型犯罪とは、他者を巻き込みながら自暴自棄的に攻撃に走るもので、「拡大自殺と呼ぶ専門家もいる」という。米田氏はこうしたタイプの犯行を試みる者を「強い犯罪者」と位置付けたうえで、その特徴として次の3点を挙げた。

（1）刑罰による抑止力が効かない（死ぬこと、捕まることを恐れない）
（2）ローンオフェンダーで組織的ではないため、事前情報の収集が極めて困難
（3）1人だけでも高いテロ実行力

「無敵の人」「強い犯罪者」という概念は、私がエルサレム特派員時代に取材した、テロ攻撃に走る中東の青年らにも見事に重なるイメージだ（大治，2020）。彼らは失うものが何もないかのように命を投げ出し、ひるむことなく白人やユダヤ人たちを襲った。治安当局はその行動を事前に把握できず、彼らのナラティブとその破壊力に魅せられた新たな「無

敵の人」」らが果てしなく後に続いた。

岸田文雄首相襲撃未遂事件と現代型テロ

「強い犯罪者」の特徴は山上被告にもあてはまる。捕まること、現場で射殺されるかもしれないことを恐れず、ひとりで秘密裏に準備を進めるから計画が漏れることもない。そして多数の人々が見守る中、自分で製造した銃で元首相の命を奪った。

西田教授はそんな山上被告の犯行に破滅的な思考を感じるという。

「何もかも破壊して終わりにしたかったのではないでしょうか。自分も人生を終わりにし、復讐のような形で一矢報いないと気がすまない。何かしたいけれど自殺では嫌だったのだと思います。結果として死んでも構わない。後のことは考えていなかったのでしょう」

2023年4月15日、和歌山市の雑賀崎《さいかざき》漁港で衆院補選の応援演説に駆けつけた岸田文雄首相に爆発物を投げつけ、威力業務妨害容疑で現行犯逮捕された木村隆二容疑者（24）の手口にも、米田氏が語った「現代型テロ」の特徴は見てとれる。現場で逮捕されることも覚悟の上と思わせるような態度、状況次第ではより大きな被害をもたらしていた可能性もある凶悪性。だが組織性はない模様で、警察が事前に察知するのは困難な存在だった。

また米田氏は2019年秋のインタビュー当時から、こうしたホームグロウンの「強い犯罪者」が爆発物を使う危険性にも言及していた。誰もが「ネットから製造ノウハウを得て、材料もネットで購入できる」と指摘。2017年に英国で起きた自爆テロ事件の犯人が、イスラム過激派制作の動画をもとに、見よう見まねで爆弾を作った例などを挙げた。

日本でも2008年に元陸上自衛官が皇居の濠《ほり》付近で消火器爆弾を爆発させたほか、時限装置付きドラム缶爆弾を仕掛けるなどして現行犯逮捕されている。米田氏はこうした事例を挙げ、「原材料と製造ノウハウは、ともにネットから得ていた」と語った。また、単独犯が互いに手口などを模倣し合う危険性にも触れていた。

本書を執筆している現時点ではまだ木村容疑者の供述内容の詳細は伝えられていないが、山上被告の事件に影響を受けた可能性は否定できない。

テロリズム研究の専門家によれば、ローンオフェンダーと呼ばれる単独犯は、先人の「成功例に学ぶ」傾向がある。「憧れる」という言い方の方が近いかもしれない。

例えば1999年から2011年にかけて欧米で起きた学校施設を標的とする銃乱射事件28件を調べた調査によると、大半の実行犯は、1999年に起きた米コロンバイン高校における銃乱射事件に感化され、事件を起こした生徒2人組に畏敬《いけい》の念すら抱いていたことが供述などから分かっている。2人は学校でいじめを受けていたのだが、その報復を誓う内容の告白動画や日記が残され、一部がネット上に流出。多くの若者らがその内容に引き込まれ、追随したとされる(Malkki, 2014; United States Secret Service and United States Department of Education, 2002)。この現象は米国では「コロンバイン効果」と呼ばれ、欧米の治安当局は、いじめの被害者などが感化されやすい暴力的な復讐ナラティブの拡散には今も神経をとがらせているという。

最強の被害者ナラティブ

海外に目を転じてみる。

「これは私のメイク・アメリカ・グレート・アゲイン運動を破壊するための魔女狩りだ。民主党は『トランプを捕まえる』という強迫観念にとらわれてウソをついてきたが、今回は考えられないことをやった。露骨な選挙妨害でまったく無実の人間を起訴したのだ」

米東部ニューヨーク州の大陪審に34件もの訴因で起訴されたトランプ前大統領が、

２０２３年3月に公表した長い声明文の一部だ。起訴後、トランプ氏の支持率は上昇傾向に転じたと伝えられる。

私たちは、被害者ナラティブを唱える語り手に引きつけられやすいようだ。

２０１６年秋の大統領選挙でトランプ氏が勝利した時、多くの米メディアは予想外の勝利に驚き、その原因を分析した。米中西部を中心とする「ラストベルト（さびついた工業地帯）」の白人労働者層らが「政治に見捨てられてきた」という意識を強め、トランプ氏の新たな支持者となった――。

こうした見方はその後、日本でも頻繁に伝えられるようになったが、それだけでは説明しきれない要素もある。白人の富裕層は彼の支持層だし、白人同様に「見捨てられた」はずの有色人種の労働者の多くは彼を支持していない。

そんな中、彼の支持層とは、「被害者意識を抱えた白人ではないか」といった分析が示されている。

米南部ミシシッピ大学とルイジアナ大学の研究者が２０１９年と２０２０年に全米の市民計１８００人余りを対象に実施した「被害者意識」調査によると、「社会システムは一部の人に有利になるよう操作されている」というナラティブを信じている人は白人、有色人種のいずれも半数余りにおよんだ（Armaly & Enders, 2022）。男女別でも、支持政党別でもそれぞれ同程度の人々が「差別されている」と感じていた。

しかし平均賃金で比較すると米国で最も優位な状況にあるのは白人男性で、最低は有色人種の女性だ。つまり社会的にはかなりの面で優位とされている白人男性が、そうではない人たちと同じような被差別意識を抱えているということになる。

またこの研究者らは2020年の大統領選前に、出馬したバイデン現大統領とトランプ氏の支持者を対象にそれぞれ被害者意識を調査した。「支持する候補者が、中産階級は被害者だと語った」という内容の紙を読んでもらった人々は、そうでない人々と比べ、「自分は被害者」との意識を強め、それを語ったという候補者への支持を強めた。この傾向は、バイデン氏の支持者もトランプ氏の支持者も変わらなかったという。

つまり、人間は「おまえは被害者だ」と言われるとそう思い込んでしまう傾向があり、また、そう語った人を信奉してしまいがちなようだ。

こうした結果から研究者らは、米社会で優遇される白人男性にも強い被害者意識はあり、しかもそれをあおるような語り手を支持する傾向があると分析。トランプ氏の演説は常に「被害者物語」であり、支持者はそこに自分自身を重ねて魅せられるのではないかと指摘している。

優遇されてきた人々ほどその地位凋落《ちょうらく》には敏感で、被害者意識をあおられやすいということかもしれない。起訴されたトランプ氏の「被害者物語」に我が身を重ね、その政治的反撃を誓って支持を強めていく――。そう考えると、トランプ氏の起訴後、その支持率が上昇していることも何ら不思議ではない。

また多様性重視の世界的潮流の傍らで、特に近年、欧米社会を席巻しているのが排外主義的なナラティブだ。それまで特権的な地位、階級にあった白人たちが移民に対して感じる反感や不満を刺激し、排外主義をけしかける。

このナラティブに感染した若い白人の男が事件を起こしたのは2022年5月のことだった（Barbaro, 2022; Feola, 2022）。米東部ニューヨーク州のスーパーの入り口に銃を持って立った白人の男（18）はSNSでライブ動画の配信を始める。「やるしかない！」。そう叫ぶといきなり店内に向けて銃を乱射した。13人の死傷者のうち大半が黒人だった。男は事前に犯行動機などをしたためた180ページもの声明文を書いていた。そこにはこうある。

「できるだけ多くの黒人を殺す」

米国で銃乱射事件が起きるのは珍しくない。ただ、近年のこの種の事件の多くがあるひとつの排外主義的ナラティブでつながっていることは、あまり日本では知られていない。いわゆる「大交代理論（The Great Replacement Theory）」（Anti-Defamation League, 2021; National Immigration Forum, 2021）だ。

実行犯の男はコロナ禍で自宅待機が続いていた2020年5月ごろから、退屈しのぎに匿名のウェブ・フォーラム「レディット（Reddit）」に立ち寄るようになり、黒人やユダヤ人への差別的な投稿を見たり書き込んだりするようになった。

そこには、黒人は遺伝的に白人に劣るとか、ユダヤ人は銀行やメディアの上層部を牛耳っている、といった虚偽と偏見に満ちたナラティブが渦巻いていた。一部の人種が他の人種に比べて遺伝的に劣るという言説は「人種現実主義」と呼ばれ、科学的な根拠はもちろんない（Harvard Library, n.d.）。その源流をたどると奴隷制やナチスによるユダヤ人迫害の根拠とされた「科学人種主義」に行き着く。人種の優劣は科学的に証明されている、という根拠のない主張だ。

この「科学人種主義」は第二次世界大戦でナチスとともに絶滅したかのように思われがちだが、さまざまなバージョンを生み出しながら、まるでウイルスがより耐性を強めて再生するように現在まで生き長らえている。近年ではグローバリズムに伴う移民問題と結びつき、白人至上主義者らが掲げる陰謀論として蔓延《まんえん》している。

大交代理論はそのうちのひとつだ。生まれつき白人より知性で劣る有色人種の移民らが国内で際限なく増え続け、もはや白人は少数派に追い落とされようとしている、と主張する。銃乱射事件を起こした先の男もこのナラティブに感染し、「ひとりでも多くの黒人を殺さねば」と銃を取った。彼の犯行声明には、「大交代理論」という言葉が繰り返し使われていた。

この大交代理論の「核」をなすのは、(1)自分たちの国は白人のものである(2)劣った人種が多数押し寄せ、優秀な白人は少数派に転落しそうである(3)国家的な脅威、危機である――といった被害者意識だ。共鳴した人がさらにそれぞれのナラティブで味付けをして拡散させるので、無数のバージョンが派生している。

大交代理論が恐ろしいのは、感染した白人らが実際に有色人種を殺害していることだ。2019年にはニュージーランドのクライストチャーチで、イスラム教徒を憎悪する白人の男(28)がモスク(イスラム教礼拝所)で銃を乱射。この男も匿名のサイト匿名掲示板「8chan」(現8kun)の常連で、大交代理論にはまり犯行声明にも盛り込んでいた。

こうした過激思考に感化されているのは一部の層にとどまらない。

世論調査によると、米国では約3人に1人が「米国生まれの(白人の)米国人を移民と置き換えようとする選挙狙いの試みが進んでいる」と考えている(AP & NORC, 2022)。また米共和党支持者の中には、米民主党が白人より知性で劣る、コントロールしやすい移民をたくさん受け入れて選挙を優位に運ぼうとしている、と考えている人が少なくない。これも大交代理論から生まれた強力な亜種で、共和党の主張にかなう選挙向けバージョンとして広まっている。

数々のスキャンダルに見舞われながらトランプ氏がいまだに2024年の大統領選で有力視されるのは、こうした感染性の高いナラティブを使った人心操作のノウハウにたけていることが大きいのではないだろうか。

パラノイア・ナショナリズムと弱者による弱者叩き

レバノン生まれでオーストラリアを拠点に活躍する文化人類学者、ガッサン・ハージ氏はその著書『希望の分配メカニズム――パラノイア・ナショナリズム批判』（御茶の水書房2008）で、現代社会が直面する脅威として「パラノイア・ナショナリズム」を挙げる。パラノイアとは妄想にとりつかれるような偏執病のことで、病的にナショナリズムにこだわる風潮、という意味だ。1990年代後半以降、欧米諸国をはじめ世界的に広がる潮流だという。

ハージ氏によれば、そもそも人間は「希望する主体」であり、社会は「希望」とそれを生み出す「機会」を作って人々に分配する、いわば「希望の分配システム」を担う。ところが経済のグローバル化に伴う規制緩和や格差の拡大、福祉政策の縮小などにより、各地で既存の分配システムが破綻。そこからはじき出され、「新たに周縁化」される人々を大量に生み出した。

彼らは、国家にもともと差別されてきた先住民族や移民・難民らとは異なり、希望を持てない環境に慣れていない。そこで国家との一体感が感じられるナショナリズムを「希望のパスポート」にしようと試みるという。そして母なる国家が、税金を使って移民・難民やシングルマザー、生活保護受給者といった既存の社会的弱者を守ろうとすると嫉妬し、敵視し、彼らは国家を食い潰す外敵だと訴えて国を「憂える」。

そうすることで自分は国家に包摂されている、国家に必要な存在だ、自分たちこそ国家を管理しているのだ、という心理的な一体感を一方的に見出し、生きる希望に代えようとするのだという。だから自分を支え続けるためにも必然的に偏執的にならざるをえない。あらゆる事象に強迫的に不安材料を見出しては国家を憂慮し、自尊心や自己愛を維持する。ハージ氏によれば、そんな彼らは国家から希望の分配を拒否された「内なる難民」とも呼ぶべき存在だという。

トランプ氏の支持者の中には、経済のグローバル化を推進する中央政治に見放されたと感じている人々が少なくない。そんな彼らに移民・難民の排除やアファーマティブアクション（少数・弱者への積極的な差別是正措置）の廃止などを呼びかけるトランプ氏のナラティブは、まさに「弱者による弱者叩き」に「お墨付き」を与え、さらにけしかけるようなものだろう。

ちなみに政治学者の宇野重規《しげき》・東京大学教授は著書『〈私〉時代のデモクラシー』（岩波新書　2010）でハージ氏のパラノイア・ナショナリズムを引用し、その片鱗は日本社会にも見えるとしている。確かに母なる国家への片思い的な「憂国」のナラティブは、いわゆる「ネトウヨ」的な人々のナラティブにも通じるものがあるようにも見える。彼らは必ずしも国家から「厚遇」されているわけではないのに、SNSなどで国家を憂え、そんな「憂国の士である自分」にどこか酔いしれているような気配もある。

ハージ氏は、パラノイア・ナショナリズムに感染する人々にはナルシシスティックな感情があると述べているが、未来に希望を持てない人が手っ取り早くその寄る辺《べ》なき心の空洞を穴埋めする手段として、憂国のナラティブは日本にも広がりを見せているようだ。

SNS戦争を勝ち抜くための10カ条

ロシアのプーチン大統領はウクライナへの侵攻初日となった2022年2月、演説でこう述べた。

「冷戦崩壊で軍事力が低下したロシアの状況に西側諸国はつけ込み、その偽善と欺瞞《ぎまん》により、旧ソ連系の国々にまで次々と支配力を拡大し、ついにロシアの裏庭であるウクライナにまで侵食してきた。多勢に無勢の西側諸国に対し、ロシアは断固として立ち上がる。ロシア国民やロシア系住民を守るための戦いだ」

ロシアは西側諸国の好戦的な態度による犠牲者であり、これは防衛戦である――。そんな典型的な被害者ナラティブだった。反米、反西欧諸国といった「下地」がすでに形成されている中東やアフリカ諸国、一部アジア諸国はこれを支持した。英エコノミスト誌がロシアによるウクライナ侵攻直後に行った調査によると、「#プーチン支持」「#ロシア支持」といった投稿は特にインドやスリランカ、パキスタンやイランをはじめ、サハラ以南のアフリカの国々でも顕著に拡散されているという（The Economist, 2022）。

P.W.シンガー氏＝本人提供

ロシアによるウクライナ侵攻をめぐる情報戦については、『「いいね！」戦争　兵器化するソーシャルメディア』（NHK出版　2019）

の共著者で米シンクタンク「ニュー・アメリカ財団」の戦略担当、P・W・シンガー氏に聞いた。

シンガー氏は子供兵やドローン戦争など戦争の変化をいち早く捉えて分析してきた研究者で、ワシントン特派員時代に一度、オバマ大統領によるドローン戦争について取材したことがあった。インタビュー当日の朝、ワシントンDCは豪雪に見舞われ、キャンセルになるのではと落ち着かなかったが、予定通り取材に応じてくれたのを覚えている。

彼は今回のインタビューで、ウクライナによる影響工作について、「オンラインのハーツ・アンド・マインズ（人心）を掌握し、ロシアに勝利している」と評価し、その勝因として以下の10項目を挙げた。

（1）偽情報は修正するのではなく、あらかじめ暴露する
（2）ヒロイズムに訴える
（3）都合の良い情報を取捨選択して出す
（4）殉職者を神話化する
（5）市民とともにあると訴える
（6）市民の犠牲を強調する

（7）市民の抵抗を最大化する
（8）周囲の参戦を促す
（9）自らの人間的側面を示す
（10）ユーモアを駆使する

シンガー氏によれば、これらは情報戦を試みる国家や政治家にとっては、必須の要件だという。いずれの項目にもナラティブが深く関わっていることが分かる。

例えば（1）の「偽情報の暴露」においては、ウクライナ側の米国やＮＡＴＯ（北大西洋条約機構）加盟国、およびインターネット上の公開情報でオープンソース・インテリジェンス（Open-source Intelligence＝ＯＳＩＮＴ）を駆使する独立系調査グループ「ベリングキャット」などが連携。早い段階から「インテリジェンス公表作戦」を推し進めた（瀬戸 2022）。米国は２０２１年12月３日、ウクライナ国境付近でロシア軍が戦車などを集結させる様子を捉えた衛星写真などを公表。従来なら非公開とされるインテリジェンス（諜報）だが、翌年２月の開戦以降もこうした「証拠」を次々と公開し、ロシアが掲げる「戦争の大義」は実はでっち上げの「偽旗作戦《にせはた》」だと訴えた。英国防省も日々の情勢分析を連日のように公表した。

ここで検証すべきは、偽情報は事前に抑止すべきか、それとも流された後、つまり事後に修正すべきかという点だ。

スタンフォード・インターネット観測所の代表で元フェイスブック幹部のアレックス・スタモス氏は「リアルに人命がかかっていて展開の早い戦いにおいては、ファクトチェックには限界がある」と指摘する（Thompson & Alba, 2022）。特にロシアが流すような「ウクライナが一部の市民を虐殺している」といったナラティブは「そもそも存在しないので証明できない、悪魔の証明と呼ばれるしろものだ」。ファクトチェックでは時間がかかりすぎるし、「ないものは証明できない」と述べる。

一方、今回欧米諸国が試みたようなインテリジェンスの事前「暴露」は、最初に見聞きした情報ほど信用しやすいという人間の認知のクセを巧みに捉えている。英ブリストル大学のステファン・レワンドウスキー教授（認知心理学）らが発表した「陰謀論ハンドブック」によれば、先に客観的な事実を知らされると、陰謀論などにだまされにくくなる（Lewandowsky & Cook, 2020）。

だがこうした事前の暴露以上に強力なワザもある。それは「反復継続」だ。

米デューク大学のエリザベス・マーシュ教授（脳科学）らの有名な実験によると、被験者は事前にウソだと聞かされても、繰り返し同じ情報に触れていると信じてしまう傾向が見られた（Brashier et al., 2020）。またファクトチェックなどで偽情報を修正したり否定したりしても、修正情報を通じて元の偽情報に触れてしまい、さらなる感化を促してしまうこともあった。自分が信じている情報が「間違っている」と指摘されると、素直に聞き入れる人もいるがかえってムキになり、偽情報に固執してしまう傾向を示す人もいたという。「ウソも100回聞くとホントになる」（認知心理学では「真理の錯誤効果」と呼ばれる）といわれるが、結局は「できるだけ早く、なおかつ繰り返し同じ情報を流し続ける者」が人心を制す、ということになりそうだ（第4章P200）。

ただこれらはいずれも対症療法であり、フェイクニュースや陰謀論への本質的な対策にはならないとの指摘もある。抜本的な対策にはまず、私たちがナラティブに魅せられてしまうメカニズムを理解する必要がある。

ナラティブで人を動かす闘い

10項目のうちの（2）の「ヒロイズム」や（4）の「殉職者」の例として、シンガー氏は2022年2月のロシアによる侵攻初日に起きた事件を挙げた。

ロシア軍は黒海に浮かぶウクライナの小島スネーク島の制圧を試みて島のウクライナの地域防衛隊に投降を呼びかけた。すると防衛隊の市民は無線でこう返したという（Lendon,

2022)。

「ロシアの軍艦、くたばれ！（Go Fuck Yourself !）」

これを知ったゼレンスキー大統領は「ウクライナの英雄的殉職者だ！」とほめ称えた。実際には彼らは殺されなかったのだが、ともかくこのヒロイズムたっぷりの、ウクライナ側の気持ちを凝縮したナラティブは、実際の音声データとともにSNSを駆け巡った。ウクライナ国内の高速道路の電子掲示板やTシャツにまで使われ、戦争初日から、ウクライナの「不屈の精神」を象徴するナラティブとなった。シンガー氏はこうしたSNSの投稿が「ウクライナの戦いに崇高さを与え、共感と怒りを増幅させた」と指摘する。

その成果か、ゼレンスキー大統領が外国人部隊を編成すると表明すると外国人兵士1万6000人が志願し、米国からはイラクやアフガニスタンからの帰還兵3000人が参加した。日本でも在日ウクライナ大使館が義勇兵を募集し（その後、日本の外務省の要請もあり募集は停止）、約70人の日本人が志願した。全員が男性で、うち約50人は元自衛官。「ウクライナの若い人が亡くなるぐらいなら自分が戦う」などと語ったという。

ナラティブは人の心を動かすだけでなく、文字通り物理的に人を動かすのだ。

ウクライナの広報戦略はこのほか(5)の「市民とともにあると訴える」や(9)の「自らの人間的側面を示す」、(10)の「ユーモアを駆使する」も網羅《もうら》しているという。ゼレンスキー大統領は「暗殺説」が流れれば、自撮りをしながら街を歩き「元気だよ」とアピール。兵士たちと会えば肩を抱き、杯を酌み交わす映像を流した。

私はインタビューの最後にシンガー氏に、「ナラティブは、ロシアとウクライナのように軍備に格差のある戦争において不可欠な兵器でしょうか」と質問した。

「間違いなく不可欠だ。ソーシャルメディアを兵器化するには、まず標的であるSNS利用者にたどりつくだけでなく、自分たちが掲げる大義の戦いに参戦するよう説得する必要がある。それには人を動かすナラティブを創らなくてはならない。こうしたナラティブは大抵、昔からのヒロイズムや殉死、被害者意識などをテーマにする。現在我々が目撃しているロシアとウクライナの情報戦は、まさにいかなるナラティブを誰がどう発信できるかの戦いである」

ナラティブの力とSNS拡散のメカニズムを理解し、いかに強力なナラティブをタイムリーに広めることができるか。それこそが現代情報戦のカギを握る。

第2章　ナラティブが持つ無限の力

ローンオフェンダーは模倣する

ナラティブがもたらす力について初めて深く考えさせられたのはエルサレム特派員時代だった。

２０１５年10月3日、深夜のエルサレム旧市街で、ヨルダン川西岸パレスチナ自治区スルダに住むアルクッズ大学法学部2年のムハンナド・ハラビ容疑者（19）が、ユダヤ教指導者の家族ら計４人を刃物で襲い、男性２人を殺害、女性１人と２歳の幼児に重軽傷を負わせた。ハラビ容疑者は、駆け付けたイスラエルの警官にその場で射殺された。

後日、ハラビ容疑者の自宅を訪ねた。大きな門がある、とても立派な家だった。庭先のベンチで取材に応じてくれた母スヘルさん（41）は「私はあの子を誇りに思っています」

息子ムハンナド・ハラビ容疑者を描いたポスターを誇らしげに家の壁に掲げていた
母親スヘルさん＝ヨルダン川西岸パレスチナ自治区スルダで2015年10月21日、筆者撮影

と言い切った。憎むべき占領者ユダヤ人を命と引き換えに殺害したのだから、神にも誇れる行為だ――。それはパレスチナ社会の隅々にまで行き渡る殉教者ナラティブだった。

ハラビ容疑者は勉強が好きで成績も良く、弁護士を目指していた。ただ、スヘルさんによれば「事件の2週間ほど前に大学の同級生である親友がイスラエル軍との衝突で死亡し、ひどくショックを受けていた」。友人が亡くなったのは9月中旬。ちょうど、エルサレムにあるイスラム教の聖地「アルアクサ・モスク」でパレスチナの若者とイスラエル警察の衝突が激化し始めたころだった。ハラビ容疑者はフェイスブック（FB）にこう書き込んでいた。

「（イスラエル警察が土足でモスクに踏み込んだのは）聖地への侮辱だ。（そのような蛮行を）受け入れてはならない。我々は報復する。第3次インティファーダの始まりだ」

インティファーダとはパレスチナによる反イスラエル民衆蜂起だ。これまでに第1次（1987〜1993年）と第2次（2000〜2005年）インティファーダがそれぞれ起きている。

その後、ハラビ容疑者のFBへの投稿は連日のように続き、事件の前夜、最後の詩をしたためた。黒、緑、白、赤の4色からなるパレスチナの旗を少女に見立てた美しい詩だった。

「黒い髪と緑の瞳、白い肌と赤い唇の少女が悪者（筆者注：イスラエル）に捕らえられ、陵辱《りょうじょく》されている。少女を解放するため、僕は最後まで戦う。アルアクサ・モスクに対して行われた（同：イスラム教徒を辱める）行為は他の僕たちの聖地でも行われている。アルアクサの女性に行われた（同：暴力的な）行為は僕たちの母や姉妹に行われたも同然だ。僕はパレスチナ人がこのような陵辱を受け入れるとは思わない」

スヘルさんによると事件後、この詩には数万もの「いいね」がつけられ拡散されたが、間もなくアカウントそのものが「何者かに閉鎖された」。ハラビ容疑者の自宅にはパレスチナの若者らが瞬《またた》く間に自宅に集まり、彼の凶行を口々に称えてスヘルさんを励ました。拡散された彼の「詩」はネット上にその後も生き続け、模倣するような攻撃が続発した。

それは2015年秋から約1年間にわたり続いた、パレスチナの若者によるユダヤ人への波状攻撃の始まりだった。「ローンウルフ（一匹オオカミ）・インティファーダ」とも呼ばれ、イスラエル全土に波及した（Benoist, 2017）。

10代の少年や少女が台所の小さなナイフを手に取り、重装備のユダヤ人治安当局者らに襲いかかる。そんな「前例のない」現象を深刻に受け止めたイスラエル政府は、首相直轄機関で本来は海外での諜報活動にあたるモサドに実態を調査させた。私はその担当者から詳細を聞く機会があった（大治, 2020）。

モサドは2015年9月13日から同年11月24日までの約70日間に起きたユダヤ人に対する109件の暴力未遂事件の実行犯から直接事情聴取を重ね、事件を以下の四つに分類した。（1）自殺願望モデル（全体の約9％）、（2）社会的に感化されて起きる伝染モデル（同74％）、（3）①と②の両方（同9％）、（4）不明・そのほか（同8％）。

特にモサドが注目したのは（2）の社会的な伝染、インスピレーション・モデルだった。

ユダヤ人襲撃に「成功」した「殉教者」らのナラティブ（ハラビ容疑者の「詩」のような主張）をSNSなどで見聞きして刺激を受け、まるで感染したように同様の事件を起こすというパターンが大半だったという。

感染は基本的に、直接的には知らぬ者同士の間で起きていた。SNSでその投稿や攻撃の様子を捉えた映像を見ただけで、強い共感を覚え、感化されていた。心理分析官によれば、彼らはテロ行為を完遂したパレスチナ人の投稿に共感すると「自分も強くなった気分になり、人を殺したり、それで自分が死んだりする不安や恐れが緩和されるようだ」という。また犯行を遂げれば自分も「パレスチナ社会で『英雄』と称賛される」という強い期待感を抱いているケースが多かった。

分析官は最後にこう語った。

「攻撃を完遂したローンウルフは、新たなローンウルフを生み出す伝染性を持つ」

西田教授も指摘していたが、安倍晋三元首相を殺害したとされる山上徹也被告や小田急線での殺傷事件の被告は、映画の主人公ジョーカーに自分自身を重ね、その「英雄ナラティブ」に魅せられていた可能性がある。

第1章のナラティブ分類表（図表1－1＝P20）でいえば、ハラビ容疑者の投稿も、ジョーカーという映画の主人公の言動も、受け手にとっては「他者」が発した「他者」についての3人称のナラティブだが、ノンフィクション、フィクションを問わず、強烈に受け手の心を揺さぶり、伝染性を伴って他者を突き動かすのだ。

私はハラビ容疑者が死の直前に放った「詩」の強い伝染性を目の当たりにし、ナラティブがもたらす共感と感染の世界をもっと詳しく知りたいという衝動に駆られた。

AIで「潜在的テロリスト」をあぶり出す

2017年春、エルサレム特派員としての任期を終えた私は、東京本社に戻るのを遅らせてイスラエル・ヘルツェリア学際研究所（IDC、現ライヒマン大学）の大学院でテロリズムをはじめとする暴力的過激主義のメカニズムに関する研究を始めた（大治，2020）。同時に大学に併設されたシンクタンク「国際テロ対策研究所（ICT）」でインターンも務めた。ICTはイスラエル治安当局と「テロ対策」で緊密に連携する機関だ。そこではアルゴリズム（コンピューターがデータ処理をする際の計算手順、計算式）を駆使したテロ対策の研究も行われていた。

かねてよりイスラエル治安当局は「単独犯テロリスト対策」として、パレスチナ人のインフルエンサーのSNSアカウントを閉鎖したり、その投稿活動を妨害したりしていた。

信号傍受（シギント）や人的情報収集（ヒューミント）から「危険人物」をデータベース化する「プロファイリング」は1990年代から世界的に普及した。さらに2010年代に入るとインターネット上の膨大な情報（ビッグデータ）の解析とAIの技術が飛躍的に向上。「AIの機械学習（ディープラーニング）によるビッグデータの解析が可能になり、人間が考えもつかないような情報の関連性を見つけられるようになった」（元モサドの情報分析評価部門代表、ハイム・トメル氏）

これに伴いイスラエルは、過去のテロリストのネット上のふるまい（behavior）をAIに学習させ、「潜在的テロリスト」としてあぶり出しに使うといった技術の開発を進めた。例えばテロ容疑で拘束された人物から押収したパソコンやスマートフォンなどからSNSへの投稿や、いつ、どのようなサイトを見に行ったかが分かるブラウザ履歴などを取得する。こうした情報を集積してAIに学習させ、ローンオフェンダーに特徴的なウェブ上のふるまいを解析させるのだ。

どのような場所に住み、いかなる年齢層の人々がサイトをどのような順番で閲覧していくと思考の過激化が起きやすくなるか、つまり「自己過激化（self-radicalization）」の状態に陥るのか。それを学習したAIにネット上の動向を監視させれば、未来のテロ攻撃を予測したり、一定のパターンに近いふるまいをした者を「潜在的テロリスト」としてあぶり出したりすることもできる――というわけだ。今でこそ世界各地の治安当局が導入している手法だが、当時はまだそれほど普及していなかった。

一方、私がインターンを務めたICTでは、非公開の「ダーク（闇）ネット」に設けられた過激派のフォーラム（電子会議室）に潜入して彼らのやり取りを分析するといった研究もしていた。これはアラビア語圏で育ったユダヤ人らが、イスラム教徒の過激派が発するナラティブやふるまいを分析し、イスラエルに対する攻撃を示唆するような人物や集団のナラティブを研究してアルゴリズムに落とし込むという作業だった。

過激派フォーラムで以前、潜入活動をしたことがあるというイスラエル軍諜報機関アマン工作部門（504部隊）幹部のデビッド・バルカイ氏は私の取材に対し、「フォーラム参加者の3～5割は実は諜報機関のアバター」だったと振り返った。アバターとは「分身」という意味で、インテリジェンスの世界では「仮想スパイ」の隠語だ。フォーラムでのやり取りに潜入して過激派のナラティブを学び、テロ対策に役立てていたという。

前出の元モサド幹部、トメル氏は「最近の過激派はダークネットで連絡を取り合う。我々はパスワードなどで管理されたフォーラムに潜入して情報を収集するが、彼らは我々のアバターとの会話で違和感を覚えるとすぐにフォーラムを閉鎖してしまうので、長期的な情報収集は難しい」と指摘した。アバターの運用で高い技術を持つのはイスラエルや米英、スウェーデンなどごく少数だという。

こうした状況を目にするにつれ、私の中で必然的に問題意識が芽生えた。それほどナラティブが人間を動かすのなら、より良い目的に使うことはできないのか。

虐殺を生き延びた11歳の少女

私はＩＤＣでの1年間の研究生活を終え東京に戻る予定だったが、さらに1年、滞在を延長して２０１８年10月、イスラエル国立のテルアビブ大学大学院のプログラム「危機・トラウマ学」に進んだ。暴力的過激主義の背景にはトラウマの問題がありそうだと考えたからだ。また「危機」や「トラウマ」といったテーマは、記者としても学ぶべきことが多い。

さらに私は別のインターンも始めた。ホロコースト・サバイバーの公的心理ケア施設「アムハ」での研修だ（Amcha, 2016）。アムハの本部はイスラエル最大の商業都市テルアビブ中心部にある。２階建ての施設で、１階にはサバイバーがお茶を飲んだりクッキーを食べたりする大きなリビングのような部屋があり、その奥に２００平方メートル程度のホールがある。ここでサバイバーたちは、「クラブ」と称して外国語や絵画、体操などを学ぶ。1回のレッスンは45分程度。無料でいくらでも受けられ、講師の多くはボランティアだ。

ホロコーストを生き延びた彼らの多くはすでに80歳を超え、大半は幼少期に戦争を体験していることから「ベイビーサバイバー」と呼ばれる。

クラブは一見、学校の授業のようだが講師は決して参加者を「評価」しない。クラブの最大の目的は、トラウマのケアだからだ。

そこには二つの大きな目的がある。ひとつは「ベイビーサバイバー」として戦時中、学校に行けなかった人々に「学童生活」をやり直してもらうこと。施設の精神科医によれば、それは「空白の子供時代」を埋める、トラウマ・ケア上とても重要な意味があるという。

ホロコーストはユダヤ人にトラウマを植えつけ、その後の人生に長期のPTSDをもたらした（Kellermann, 2001）。彼らの多くは、仕事を引退したり伴侶に先立たれたりした晩年になってPTSDの症状を発症する。晩発性PTSDとも呼ばれ、トラウマを受けて何十年もしてから恐ろしい光景などがフラッシュバックとして蘇る（Bonanno, 2004; Yehuda et al., 2009）。

米軍の中にも戦争体験から半世紀以上を経てからPTSDの症状を発症する帰還兵が少なくない（U.S. Department of Veterans Affairs, n.d.）。若いころは気力や体力でつらい思い出を記憶の底に押し込めるが、加齢とともにその「重し」が失われ顕在化していくのだ。

私がアムハを通じて出会ったユダヤ人の女性、トバ・ベラフスキーさん（89歳、以下トバ）

もそのひとりだった。第二次世界大戦下のポーランド（現在はウクライナ）でホロコーストから生還。夫との間に末っ子のアビウを含め４人の子供に恵まれたが、１９９５年に夫と死別。２００３年には父を亡くし、テルアビブの自宅でひとり暮らしをするようになった。ＰＴＳＤの症状に悩まされるようになったのは80歳を過ぎたころからだ。

そんなトバが7年もの年月をかけて自伝を書き上げたことを、アムハで顔見知りになったアビウから聞いた。アビウは「いつか外国人にも読んでもらえるように英訳した」と言って、製本された1冊をくれた。

ホロコーストということで強制収容所での話かと思ったが、トバは11歳から3年間、ナチスの手を逃れるために家族とともに森の中で逃亡生活を送っていたという。アビウによれば、虫を食べたり、飲料水を確保するために朝露を集めたりと文字通り、サバイバルな生活を続け、生き抜いたのだという。

そう聞いて、小さな女の子がポーランドの極寒の森で生き延びる姿が浮かんだ。冒頭をちょっとだけ、と思って読み始めると、ページをめくる手が止まらなくなった。いつの間にか、「がんばれ、がんばれトバ」と心の中でつぶやきながら読み進めていた。それはまさに少女の「英雄伝説」であり強烈なナラティブだった。読む者を力づけ、生きる力を与えてくれた。

トバの父親は現在のウクライナの首都キーウ近郊の村カラシンで牧畜業を営むかたわら、地元の企業に財務処理のサービスも提供するビジネスマンだった。妻との間にトバのほか長男と次男、次女の計4人を授かり、村一番の大きな家を建てた。地元の使用人も多数出入りしていた。

だが1941年6月、村の光景は一変する。ドイツ軍が進駐し、地元の警察を支配下に置いて反ユダヤ主義を打ち出した。村人があちこちのユダヤ人の居宅を襲って金品を強奪する事件が起き始めた。ユダヤ人に何をしても警察に逮捕されることがないと知った市民が略奪行為に走り始めたのだ。トバの家にも強盗が入ったが家族は何とか無事に生き長らえた。だがもはや村に住み続けるのは危険な状況となり、近くの森に潜むことになった。トバの著書には、その過酷な日常が綿々とつづられている。

「虫を食べ、牛の尿や雨水を飲み、食べ物を求めて10キロ以上も歩く毎日でした。やがて地元の羊飼いの少女に『靴をくれ』とせがまれ、私はあげてしまいました。以来3年間、極寒の冬も私はずっと裸足でした」

氷点下の森の中で、裸足で立つ少女の姿が浮かび、胸が締め付けられた。２００ページにのぼる彼女の自伝を、私は一気に読み終えた。そしてアビウに言った。「トバに会いたい、話を聞きたい」。トバもアムハに通っていたが、面識がなかった。私がボランティアに通う日と、彼女が参加する美術クラブの曜日がずれていたからだ。私はテルアビブにある彼女の自宅を訪ねた。

　ドアを開けると、トバのヘブライ語を英語に通訳してくれるという孫娘のシリが輝く笑顔で迎えてくれた。その後ろに優しい微笑みをたたえるトバの姿があった。「よく来ましたね。お茶とケーキを用意したから、まずはくつろいで」。トバはそう言って、私をもてなした。コーヒーとケーキの香りが立ちこめる部屋には、彼女が描いたという温かな色使いの油絵がいくつも飾られていた。

少女時代に極寒の森の中で3年間生き延びたホロコースト・サバイバーのトバ・ベラフスキーさん(左)と孫娘のシリさん
＝イスラエル・テルアビブ市内で２０１９年、筆者撮影

だが1枚だけ、とても暗い色合いの作品があった。黒や灰色、深い緑などを重ね合わせているのだが、何を描いているのかよく分からない。

私はトバに尋ねた。「これは何を?」

トバがその絵を見ながら小さくつぶやく。

「私が3年間暮らしていたあの森です」

私たちはソファに戻り、少しずつ彼女の記憶をたどった。

自伝執筆とＰＴＳＤ

なぜこの自伝を書こうと思ったのか。ＰＴＳＤを抱える人にとって、凄絶な記憶をたどる作業はとてもつらいはずだ。

「森での逃亡生活で出会った農民らが、食べ物を分け与えてくれることがありました。それはとても良い思い出で、ぜひ子供たちに伝え残したいと思ったのです。ところが思い出そうとすると、他のつらい記憶も一緒に蘇って、悪夢に悩まされるようになりました」

フラッシュバックに悩まされ、彼女は何度も執筆作業を中断した。大好きな絵画で気持ちを落ち着かせてようやく再開する。そんな状況を7年間繰り返したという。

森の中での生活は、当然ながら住む家もなければベッドもない。昼間は両親が食べ物を探しに出かけ、トバは人目につかない木々の陰で、病気がちな兄や幼い弟を見守る。トバの胸に深く刻まれたあるエピソードがある。母からの指示で、具合が悪くなった兄に飲ませるミルクをもらいに村に戻った時のことだ。

「使用人だった彼女の家に行ってミルクをもらってきて」

大人が村に戻るのは危険だが、さすがに子供までは襲うまい。そう判断した母親が使用人だった女性の家からミルクをもらってきてほしいと頼んだのだ。トバは、「きっとおいしいミルクをくれるだろう」と希望に胸を膨らませて村に戻った。

「ドアを叩くと見慣れたその女性が顔をのぞかせましたが、すぐにドアをぴしゃりと閉めて、私を追い払いました。他の使用人の家もみな同じでした。人間がいかに素早く豹変するのかを知りました。世界中が自分たちを迫害していると感じました」

その言葉に、トラウマの研究で学んだ知識が頭をよぎった。人は生まれながらにして「世界は慈愛に満ちている」「自分には価値がある」という漠然としたポジティブな世界観、自己認識を持っているという。ところが幼少期に戦争や虐待といった大きなトラウマを受けると、こうした世界観が破壊されやすくなる(Janoff-Bulman, 1992)。

トバも、村人や社会に対する信頼感が「傷つけられた」そうだ。その後、兄と妹がそれぞれ相次いで亡くなり、両親はさらに打ちのめされた。

「あれほど弱った父を見たことがありませんでした。父は自信を失っていました。何度も森の中で方向感覚を失い、私たちはそのたびに食べ物を探して同じ場所をぐるぐる回りました」

いつも力強く輝いていた父親が弱り果てている。トバの「父親像」もまたガラガラと音を立てて崩れた。ところがトバは、苦しい日々の中にも何度も光明を見出している。

「森の中で、同じように隠れているユダヤ人の若いカップルに出会いました。彼らは森の中をとてもよく知っていて、何より本当に良い人で、私はとても癒やされました。彼らは大別の場所に行く必要があって数週間で別れることになったのですが、私は本当に彼らが大好きで、元気をもらいました。それだけではありません。時々、森の中で偶然出会ったウクライナ人の農民が、食べ物をくれたのです。ある時は無料で、ある時は母が裁縫の仕事をしてあげたお礼として。私はこういう良い機会に恵まれるたびに神様に感謝し、生き延びていけばきっと良いこともある、と希望を抱きました」

森で出会った別の若い夫婦はある日、泣きやまない双子を置いて去った。トバはそれを見てショックを受けた。森の中で知り合った他のユダヤ人たちがトバの両親に、「子供を置き去りにして逃げなさい」と小声で「助言」するのを耳にしたこともある。

「でも両親はそんなことは一度も言わなかったし、そんなそぶりも見せませんでした。だから私は両親に本当に感謝したのです」

トバの心の中では当時、どんなセルフ・ナラティブ（自己物語）が作られていたのだろうか。親しかったウクライナ人たちからの冷たい仕打ち、「力強い」はずの父親の変わり果てた姿、両親に捨てられるかもしれないという不安。そんな中で11歳の少女が「絶望のナラティブ」に落ちたとしても何ら不思議ではない。どうやって心身のバランスを維持していたのだろうか。

「ないものより、今あるものに目を向けるようにしていました」

それは持っているものを最大限に「過大評価」し、現在抱えている巨大な負荷をできるだけ「過小評価」するような心の持ち方で、生きるための知恵だった。意識的か無意識かは分からないが、トバは養老孟司さんが指摘した脳内一次方程式の「y=ax」の係数「a」をあえてこのように再設定することで、前向きな行動「y」を導き出していたようだ。希望のナラティブは、ポジティブな行動の連鎖を生み出していくのだ。

親からは「幼い弟を育てる」という役割を与えられていたが、彼女はその責任を「支え」にするようになったという。逃亡生活の直前に生まれた弟はまだ歩くことさえできない。だが食べ物を与え、寝かしつけ、遊び相手をした。飲ませる水が足りない時は、自分の頭に巻いていたスカーフを木の葉の上に置くと夜露を集められることに気づき、それを惜しみなく弟に与えた。

「私は自分自身がまだ子供だったのに、今考えると本当によい仕事をしたと思います。弟が最初に言葉を話した時も、歩いた時も、私には本当に大きな喜びで、弟の成長を見るのが私の達成感や生き る力になっていました」

過酷なホロコーストの状況を生き抜いたサバイバー133人を対象に、彼らのレジリエンス（復元力）を支える要素を調査した研究がある。それによると、サバイバーたちはいずれも（1）日々のストレスへの耐性、（2）他者とつながる力、（3）創造性、（4）前向きに希望を見出す力など計7点で高いスコアが確認されている（Greene et al., 2012）。トバはこのすべての要素を持っているように思える。

インタビューの終わりに、トバは自伝の最後のページを私に示してこう言った。「私の人生にはどんな意味があったのか。なぜ今になってこのすべての話を書いたのか。その答えをここに書きました」。そこにはこう記されていた。

「私は満足しています。やれることはすべてやったのですから、心は安らかです。私は困難を克服し、自分自身や家族を再構築しました。そして子孫に私の価値観や勤勉に働くことの大切さを伝え、実践的で、感情を制御する方法も授けました。ユダヤ人の国で成長し繁栄する新たな世代が生まれ、持続しているのを見届けることができて幸せです。これこそが私の勝利であり、我々の勝利なのです」

ナチス・ドイツはユダヤ人の絶滅を図った。その大虐殺をくぐり抜け、生き長らえ、トバは現在、４人の子供たちが残した11人の孫、１人のひ孫にすべてを引き継ぎ、新たな世代の繁栄を見ている。その繁栄と幸福こそがナチスに対する勝利だという。それはまさにユダヤ人の絶滅を図ったナチスへの、トバなりの最大の報復であり、勝利の証しなのだという。私は最後に、この自伝の執筆が彼女に何をもたらしたのかと聞いた。

「書き始めたころに比べ、精神的なつらさがとても緩和しているのを実感しました。何をするにも、うんとラクになりました。これほど苦痛が和らいだのは初めてです」

セルフ・ナラティブ創りは、ＰＴＳＤに苦しむ人々の大きな助けとなりうるのだ。

人間が生まれながらにして持つ「人生物語産生機能」

トラウマを抱えた人はなぜフラッシュバックに悩まされるのか。それはナラティブ創りと大いに関係がある。

一般に、信じていた世界観がトラウマ的な体験で傷つけられたり破壊されたりすると、私たちは「道標」を失ったように途方に暮れる。トバの場合も、幼いころから信じていた世界観と合致しない、敵意に満ちた迫害の経験が、彼女の中で腹落ちしないまま、いわば「未完のナラティブ」として残っていた。

ＰＴＳＤを抱える人は、自分の中で収まり場所が見つからない記憶の数々を持っている。それらを整理し意味付けをしながら、トラウマに出会う前に抱いていた世界観とともに再構築し、１本のセルフ・ナラティブにする必要がある。そうすることで、その人の自己認識、アイデンティティが再構築され、人生に意味を見出しやすくなるとされる（Crespo & Fernández-Lansac, 2016; Kaminer, 2006; O'Kearney & Perrott, 2006; Stein & Tuval-Mashiach, 2017）。

カナダの精神科医、犯罪学者で深層心理学の専門家であるアンリ・エレンベルガー氏は、人間には無意識的に物語をつむぐ「神話産生機能」があり、これが個人の人格の統合にも役立っていると提唱した（エレンベルガー, 1980）。

また米心理学者のダン・Ｐ・マクアダムス氏は、そもそもアイデンティティとは人生物語であり、人生にまとまりや目的、意味を与える個人的な神話だと指摘している。セルフ・ナラティブはその人の現在と過去と未来をつないで１本のストーリーにするが、結びつけていく作業そのものがアイデンティティの形成につながるというのだ。

心理療法家の河合隼雄氏も、「人間は自分の経験したことを、自分のものにする、あるいは自分の心に収めるには、その経験を自分の世界観や人生観のなかにうまく組み込む必要がある。その作業はすなわち、その経験を自分に納得のゆく物語にすること、そこに筋道を見出すことになる。筋（プロット）があることが、物語の特徴である」と記している（河合, 2016,pp.3-4）。

河合氏によれば、不安神経症の人は「不安を自分の物語のなかに入れて、納得がいくように語ることができない」。だから人間が生まれながらにして持つナラティブ生成力を活性化させて過去の記憶にプロットをつけて再構築する必要がある。そうやって不安神経症の人が「全体をなるほどと見渡すことができ、自分の人生を『物語る』こと」ができるようになると不安症状は消えるという。その意味では、心理療法家の仕事は、来談者が「自分にふさわしい物語をつくりあげていくのを援助する仕事」だと河合氏は述べている。

ホロコースト・サバイバーの多くはカウンセラーの支援を受けながらセルフ・ナラティブを少しずつつむぐ。だがトバはカウンセリングには抵抗感を示し、受けられずにいた。その結果、幼いころから持っていた平和な世界観の中に迫害された体験が収まりきらず、そうした記憶が時にフラッシュバックとなって暴れ出した。だが自伝を書くことで1本のナラティブがつむぎ出され、心に落とすことができたようだ。

ホロコースト体験に伴うトラウマ研究の専門家によれば、過去のつらい記憶も、そこに意味が見出され落ち着くべき場所が見つかると、フラッシュバックやそれに伴う情動も低減される。これがトラウマとナラティブの密接な関係性だとされる。

トバの子供たちは、彼女から森の中での体験の詳細を一度も聞いたことがなかった。この伝記を読んだ息子のアビウは、最近初めて実際にこの森を訪ね、11歳の女の子が裸足で冬を3度も越したという事実に「驚愕した」と語っていた。

トバのナラティブは子孫の中で永遠に伝えられ、さらにこうして海を渡り、日本にまで語り継がれている。

論理科学モードとナラティブ・モード

２０１９年秋に帰国した私は、ナラティブについての調査を進めた。

ナラティブに関する本格的な研究は１９７０年以降に始まったという。先駆者とされるひとりが米国人の心理学者で、認知心理学、教育心理学、教育哲学などの分野に多大な貢献をしたジェローム・S・ブルーナーだ。人間の認知能力には「論理科学モード」と「ナラティブ・モード」の二つの形式があると提唱した（Bruner, 1991; 野口, 2009a; 川端 & 藤井, 2013）。

論理科学モードは複数の出来事の間の因果関係を論理的に明らかにし、「普遍性」「一般性」「法則性」を見出して、「一貫した命題」を解き明かそうとする。一方のナラティブ・モードはさまざまな事象を時系列的に並べ、矛盾やあいまいさを排除せず、むしろそれらを抱えたまま「もっともらしいリアリティ」を作り上げようとする（北出 et al. 2021,p.15; 川端 & 藤井, 2013,p.2)。

前出・東京学芸大学名誉教授の野口裕二さんによれば、その違いは次のような例文で示すことができる（野口 2009a,pp.5-7）。

（1）昨日、酒を飲みすぎたので、今日は体調が悪い
（2）酒を飲みすぎると、翌日、体調が悪くなる
（3）飲みすぎた日の翌日は、体調が悪いことが多い

野口さんによれば、（1）は個人の体験や感覚を時系列的に並べて語っているものでナラティブ・モードの語りといえる。一方、（2）は普遍性を帯びる。「いつも」とは書いていないが、「いつでも起こりうる一般的な出来事」で、「誰にでもあてはまることとして語っているようにも聞こえる」。これがより普遍性を帯びた論理科学モードの語りだ。（3）は経験を根拠に確率的に述べていて、（1）と（2）の間ぐらいに位置する、エビデンス・

モードと呼ばれる語り方だという。

当然ながら、現実の会話はこのように明確に切り分けられるものではない。ただ、例えば医師など論理科学系の専門家の表現は（２）や（３）に偏りやすい。医師に「その手術の後遺症は？」と聞くと、（３）のエビデンス・モードで「こういう症状が起きるケースもある」といった答え方をすることが多い。「根拠に基づく医療」（エビデンス・ベースド・メディシン＝ＥＢＭ）といわれるアプローチで、統計的な有意差などを分析した結果に基づく語りだ。ただ医療の世界では、（２）や（３）に走り過ぎて、患者やその家族のナラティブ、つまり（１）の視点を軽視する傾向も課題視されている（第６章Ｐ３１６）。

また、ナラティブ・モードと論理科学モードでは、使う脳の回路も異なるようだ。

東北大学大学院医学系研究科生体システム生理学分野の教授（脳神経科学）、虫明元《むしあけはじめ》氏はこう述べている。

「ナラティブ思考は事実に基づいた思考というより、自由な物語の想像を許す思考です。人でないものを人に見立てたり、擬人的な思考や、事実を否定した反事実的な思考も含まれてきます。したがって、論理思考が一つの事実理解に収束する思考であるとするのに対し、ナラティブ思考は発散的思考とも呼ばれます」（虫明，2019,p.26）

法則や答えを探していく収束的な思考と、矛盾やあいまいさを抱えながらも自由に発想を伸ばしていく思考。どちらか一方が優れているとか劣っているというものではない。

一般に、主観的なナラティブ・モードは客観的な論理科学モードより劣るように思われがちだが、ナラティブ・モードは自己の心身や他者との関係性をつなぐ役目を果たしているため（第5章P293、第6章P299）、特に近年はその重要性が再認識されている。

心理分野と医療分野における展開

調査を進める中で、ナラティブ・アプローチという言葉があることを知った。前出・野口裕二さんによれば、「ナラティブという形式を手がかりにしてなんらかの現実に接近していく方法」だという（野口2009a,p.18）。最初にこのアプローチが実践されたのは心理療法としてのセラピー分野だった。１９９０年代に、それまで個人の問題とされてきたものを家族関係から読み解いていく「家族療法」の領域で「ナラティブ・セラピー」という新しい実践が生まれた。

カウンセリングに訪れる人々は、なんらかの価値観や考え方に支配されて生きづらさを覚えていることが少なくない。ナラティブ・セラピーでは、その人を支配する物語を「ドミナント（支配的な）・ストーリー」と呼び、これとは別の見方、つまり「オルタナティブ（別の選択肢としての）・ストーリー」を専門家と相談者が共同で作っていく。

ナラティブ・アプローチは、ほぼ同時期に、心理療法の分野だけでなく医療の分野でも広がりを見せた。医療界ではそれまで、1991年に提唱された「根拠に基づく医療」の考え方が支配的だった。当初は医療の「根拠」を医学知識や現場の医師の限られた経験に依存するものだったが、その後、より統計的で疫学的なデータを考慮すべきだという風潮が広がった。正確性を高めたという意味では大きな進歩だったが、結果的にデータにばかり目を奪われる医師が増えるようになった。

患者や家族、医師は互いに1、2人称で語り合うが、同時に医師は治療法などをめぐり3人称の医学知識やデータを提示する。この時、医師が専門家としての3人称の語りに偏り過ぎると、患者側は十分に理解できず、「お医者様にお任せするしかない」と依存的になりやすくなる。さらに医師が1、2人称の語りを軽視するような人格だと、この不均衡がさらにひどくなり、患者が望まぬ治療を受けるような事態になったりもする。

そうした問題が顕在化する中で、1999年に提唱されたのが「ナラティブに基づく医療（ナラティブ・ベースド・メディシン＝NBM）」だ。患者という「一人ひとりの『物語』が重視」される医療を目指す。

例えば末期がんの患者の中には、抗がん剤投与などを最後まで続けたい人もいれば、残された時間をマイペースで生きたいという人もいる。個人のQOL（クオリティ・オブ・ライフ＝人生・生活の質）は患者やその家族が語るナラティブに表れる。ナラティブ・ベースド・メディシンは、医師がそれを十分にくみ取って「その人にとって最善」の治療法を提示していく。

医療現場にナラティブ・アプローチを生かすため、英オックスフォード大学プライマリケア学科は2001年、世界に先駆けて「患者体験データベース（Database of Individual Patient Experiences＝DIPEx）」を立ち上げ、がんや糖尿病、うつやHIV（ヒト免疫不全ウイルス）感染などの経験を当事者が語る音声や動画を公開した（DIPEx International, n.d.）。患者同士が互いの語りに励まされるのはもちろん、彼らのナラティブから医師らがそのニーズを反映させる助けにもなるという。

日本でも2009年に創設されたNPO「健康と病いの語りディペックス・ジャパン」が、がん患者をはじめ認知症、障害のある人々の本人や介護者としての家族らのナラティブを共有している（健康と病いの語り ディペックス・ジャパン, n.d.）。それは病についてだけでなく、人間関係なども含めて語るもので、動画として公開され、医師や介護者らからも学びの多い情報源だと評価されている。

それは「幻聴さん」

福祉の現場でもナラティブ・アプローチは近年、広がりを見せている。

北海道浦河町《うらかわちょう》の一角に、精神障害等を抱える当事者の地域活動拠点「べてるの家」がある（べてるの家, 2021）。「べてる」は「Bethel（神の家）」の意味だという。1984年に設立され、現在100人以上が暮らす生活共同体、つまり働く場であり、ケアの場でもある。

ここでは2001年から「当事者研究」というプログラムが続けられている。「自分自身で、ともに」を合い言葉に「自分の苦労の起こり方や自分の助け方などを『研究』していく」ことをモットーにしている。

例えば幻聴に悩まされている人がいたら、その幻聴を「幻聴さん」と擬人化してナラティブ・モードでその体験を書いたり、仲間同士で語り合ったりする

統合失調症を持つある女性は「幻聴さん」を「みどりマン」と名付け、彼女（みどりマンは女性らしい）と「うまくやっていく方法」を「研究」している（NHK, 2020）。ある日、自分が男になってみどりマンと結婚してみた。すると「しばらくは良くなってみどりマンが来なくなった」。仲間に報告すると、別の入所者が「一緒に歌おうって誘えば？」と提案し、それも実践してまた結果をシェアする。そうやって当事者が協力し合いながら自分

の幻聴への対処を「研究」していくうちに、幻聴が本当に緩和されたこともあるという。医師に幻聴を訴えれば、大抵は薬を投与される。多くの入所者はこれがいやなので医師に幻聴を訴えず、ひとりで抱え込んでさらに悪化してしまうことも少なくない。だが「幻聴さん」についてのナラティブを交換し、それを親身に聞いてアイデアを出してくれる仲間の言葉に支えられることで、本当に症状が改善されることもある。それはまさにナラティブをつむぐことで何らかの問題に対処していくというナラティブ・アプローチの典型だ。当事者だけでは身動きが取れなくなることも、周囲とのネットワークで解きほぐしていく。

ちなみにここでは、当事者が語る「幻聴さん」「妄想さん」を広く地元の市民にも聞いてもらい、当事者たちで考えた対処法のグランプリを決めるという「幻覚&妄想大賞」も例年開催している（札幌司法書士会, 2019）。

同様の取り組みは近年、「当事者研究」としてさまざまな施設で導入され、さらにその経験を共有するネットワークも広がっている（当事者研究ネットワーク, 2019）。

心理療法家の河合隼雄氏によれば、物語は人々の人格の維持、統合に役立ち、誰しもそうした物語を持っている。また河合氏は、「心と体の分離を癒やすことは、近代医学の方法ではできない」と指摘し、「ある人を支える物語というものは、不思議な普遍性を持っているものなのだ。だからこそ、神話や昔話が時代を超えて多くの人に共有される」と述べている（河合, 2016,pp.4-18）。

因果関係と意味を執拗に探す脳

ナラティブ・アプローチが実践されるようになった経緯を見てきたが、ここで私たち誰もが持つ認知上のクセについても簡単に触れておきたい。

いわゆる認知バイアスと呼ばれるものだが、私たちは日々の経験を単なる事象の羅列と受け止めることはまずなく、Aが起きたからBになった、という風に因果関係でつなぎがちだ。AとBがそれぞれ別々の原因で無関係に起きたとしても、その真の原因を知るまでは、いや知ったとしても、頭の中で、勝手に因果関係で結んでしまう。例えば何か悪いことが起きた時は自分を責め続け、原因は別にあると言われても自責の念が消えず、自己否定のナラティブにはまっていくことがある。

ノーベル経済学賞受賞の米認知心理学者、ダニエル・カーネマン氏は、「ナラティブの問題とは我々に過去の出来事は因果関係で説明できると思わせてしまうことだ」と指摘している（Avoiding Falling Victim to The Narrative Fallacy, n.d.）。統計的な推論をすべきところで事実無根の因果関係をあてはめて勝手に「教訓」を引き出したり未来を予測できると考えたりするという。

では、そもそも人間は何歳ごろから因果関係を探す認知のクセを持つのだろうか。各種研究によれば、生後6カ月の乳児はすでに因果関係に基づくナラティブを創り始めている。連続するコマ送りのようなイラストを乳児に見せると、それに因果関係を加えて理解していると思われる研究結果が複数報告されている。因果関係をひっくり返すようにイラストの順番を変えると、驚いたような表情を見せたという報告もある（カーネマン、2014a,p.140）。

3歳児を対象とする研究になるとさらにこうした事例の報告は増え、連続する現象（情報の羅列）に因果関係を見出すクセが間違いなくあると報告されている。

こうした因果関係を求める認知のクセを「見える化」したのが、オーストリア出身の心理学者のフリッツ・ハイダーと、ドイツ出身のマリアンヌ・ジンメルによる実験だ（Heider & Simmel, 1944; ナショナル・ジオグラフィック, 2019）。1944年に2人が公開した実験動画（2人の名前をとって「ハイダー・ジンメルの実験」などと呼ばれる）から一部抽出したので図表2－1（P96）を見てほしい。

大きな▲と小さな▲、ひとつの小さな●の三つの図形が家のようなものの中に入ったり出たりしながら動いている。それだけなのだが、これを見た114人の被験者の大半は、仲良く遊んでいた小さな▲と●を大きな▲がいじめた。小さな▲が●を救出して大きな▲

図表2-1●ハイダーとジンメルが実験に使った動画のシーン

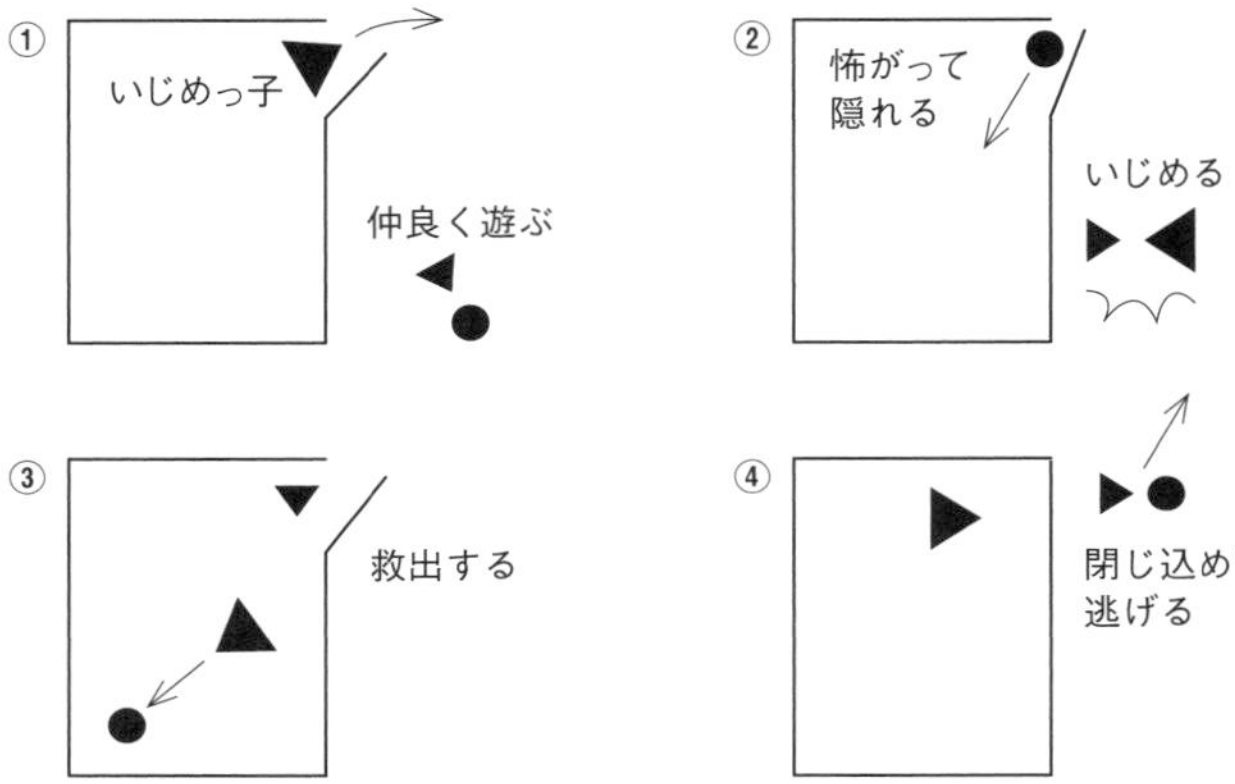

被験者が擬人化した場合の主な筋書きを筆者が追加

を閉じ込めたりしながらうまく逃げ出した、などと擬人化して解釈した。図形が動いているだけなのに、因果関係のナラティブに変換したのだ。

なぜ私たちは因果関係を求めるのか。それはあらゆる現象に「意味」を見出そうとする認知バイアスとも関係している。意味がない現象の連続にも意味を見出そうとするので、偶然性を無視してしまう。

ではなぜ私たちは脳内で因果関係を自動検索し、その先にある意味を追求しようとするのか。

子供を病気で失ったら、親は自分自身や医療関係者を責めてしまいがちだ。遺伝子や環境要因が重なった偶発的な結果だとは思いたくない。それでは亡くなった子供が浮かばれない、などと思ってしまう。仕事で成功したら、偶然ではなく自分の努力のたまものだと思いたい。そうやって意味があると考える方が、「すべてに意味はなく、大半の出来事は偶然の連続だ」と考えるより心地良く、偶然に支配されてはいないと思うと安心できる。私たちはすべてを認知的なコントロール下に置きたいという欲求を抱えているようだ。

山上徹也被告の母親は、家庭内で不幸な出来事が続いた時期に旧統一教会に入会したという情報がある。事実であれば、彼女はその不幸の連続を説明してくれる「因果関係」やそれが示す「意味」を求めてしまったのかもしれない。だがそれは、私たちすべてにあてはまる認知のクセでもあるだろう。

そうした心理につけ込み、陰謀論ナラティブや被害者ナラティブを吹き込むのがカルトであり、過激派でもある（辻, 2021）。だから特に不幸なことが続いた時は、むやみに因果関係を探そうとせず、ただ「事象が重なった」「こういうこともある」と淡々と受け止める方が自分や他者を不必要に責め立てずにすむ。

思考のハイジャック――ペテン師からアルゴリズムへ

「見たものがすべて効果」という認知バイアスも、ナラティブ創りに大きく影響する。手元の限られた情報だけで大きな物事の判断をしてしまうクセだ。情報が少なければ少ないほど、むしろ「自信」を持って決断をしてしまいがちだ。

これは私も記者としても最も警戒する認知バイアスのひとつだ。取材が不十分な時ほど原稿はすぐに書けてしまう。「見たものがすべて」なので、その「すべて」が少ないと思考は複層的にならない。頭の中はやけにすっきりしているのだが、往々にしてそういう原稿は視野狭窄《きょうさく》で、非常に偏った内容になるので危ない。

これとは別に「ハロー効果」という罠もある。

あいさつのハローではなく、英語でHalo（光の輪）と書く。天使の頭の上にある光の輪、つまり後光を意味する。例えば好きな友人がやることは「すべて良い」、嫌いな人がやることは「すべて悪い」などと過剰に一貫性を持たせるバイアスだ。

これと「見たものがすべて効果」が重なるとひどい事態になる。自分が信じる人や組織などが提示するナラティブを鵜呑《うの》みにして、全体像は見えていないのに「自分はすべてを知っている」「分かっている」と思い込んでしまう。

微笑ましい例でいえば「あばたもえくぼ」「恋は盲目」だが、口のうまい詐欺師やカルト教団の教祖、政治家などペテン師たちのナラティブにも乗せられてしまいかねない。

さらにこうした強い思い込みに拍車をかけてしまうのが、最近ではすっかり有名になった「確証バイアス」や「認知的不協和」と呼ばれる認知バイアスだ。

確証バイアスは自分が「こうだ」と思っている信念をさらに固めるような情報ばかりを集めてしまう認知の偏りだ。認知的不協和は自分の中で複数の矛盾する認知を抱えると不快になり、自分の思い込みに沿わない方を無視しようとする認知のゆがみだ。

SNSではあらかじめ設定されたアルゴリズムがユーザーの志向を分析し、その認知バイアスに沿った情報を提供してくるのでさらにタコツボにはまりやすくなる。自分の意見や興味に合った情報ばかりに「いいね」をしたり共有したりしているうちに、異なる考え方に触れる機会が少なくなる、いわゆる「エコーチェンバー（反響室）」状態に陥る。

なお、個人の認知バイアスはナラティブとしての言葉の表現によく表れる。逆にいえば、個人のナラティブにじっくり耳を傾けると、その背後にある価値観、つまり「重み付け」が分かる。これを養老さんの脳内一次方程式（y＝ax）にあてはめていえば、どのような情報（x＝入力）を与えれば、どのような行動（y＝出力）に出るかが予測可能となる。

これこそがまさにカルト教団や詐欺師が使う手口だ。苦境にある人にまず悩みや思いを語ってもらい、そのナラティブからその人ならではの「重み付け」を掌握し、自分たちに都合の良い行動（y）に導くために必要な入力情報（x）を算出して「説法」「アドバイス」などとして与える。

英ロンドンに拠点を置くデータ分析企業ケンブリッジ・アナリティカの元研究部長、クリストファー・ワイリーさん（33）は私のインタビューに「人の心をハッキングしたければ、まずそのナラティブ、その背後にある認知バイアスを特定する必要がある」と語った。デジタル時代の昨今においては、カルト教団や詐欺師が勧誘対象者にやってきたような「聞き取り」は、ＳＮＳに公開される「いいね」の大量分析で可能だ（第4章Ｐ１８５）。あとはそれをもとに、特定の標的に刺さるであろう「だましのナラティブ」を生成してＳＮＳに流し、標的に被曝させるだけだ（第4章Ｐ１８８）。

かつてはカルト教団の教祖や希代の詐欺師が「天賦の才」を生かして「人を動かすナラティブ」を創ったが、今はアルゴリズムがすべてを代行するので、誰でもある程度の資金と技術があれば、多数の人々の心を簡単に操作できる時代になっている。

ジョージ・ルーカスの座右の書

そもそも人の心をつかむナラティブにはどのような特徴があるのか。調べてみると、ある有名人のエピソードに行き着いた。

米映画界の巨匠、ジョージ・ルーカス監督の大ヒット映画「スター・ウォーズ」シリーズ（１９７７年初公開）は、アメリカの比較神話学の第一人者、ジョーゼフ・キャンベルの著作『千の顔をもつ英雄〔新訳版〕上・下』（ハヤカワ・ノンフィクション文庫　２０１５）なしには生まれなかった。ルーカス氏は「スター・ウォーズ」がまだ草案段階だったころにこの本に出会い、自分の作品が「ヒーローズ・ジャーニー」のパターンによく似ていることに気づいて「座右の書」としながら脚本を完成させたという。

キャンベルは、語り継がれる膨大な神話の数々を分析し、伝承される神話には一定の原形があり、すべてはそのバリエーションに過ぎないと分析した。その原形を「単一神話（モノミス）」と名付けたのだが、ルーカス氏は１９８４年のインタビューでこう語っている（キャンベル，2015,pp.294-295）。

「彼の本に出会っていなければ私はまだスター・ウォーズ・シリーズの脚本執筆に追われていただろう」

ちなみにスイスの心理学者カール・ユングも、私たちが見る夢や妄想の中に出てくる人物は神話の登場人物に非常に似ていると感じた。「どちらも人の心のさらに深いところからやってきているものではないかと考え、その源を人類の〝集合的無意識〟」と呼んだ（ボグラー＆マッケナ，2022,p.91）。

キャンベルはこのユングの分析に基づき、欧州、米国、アジア、日本といった異なる文化圏の神話が似ているのは、「人間が普遍的に持つ無意識の欲求や恐れなどが象徴的に表現されているのが神話」だと考えたという（キャンベル，2015,p.296）。

キャンベルによると、神話には「ヒーローズ・ジャーニー（英雄たちの旅）」とでも呼ぶべき一定のパターンがある。その典型的なストーリー展開はこうだ。

主人公は平凡な日常生活を送る「普通の人」だが、何かのきっかけで冒険の旅に誘われたりその必要に迫られたりする。当初は気乗りしないのだが、そのうちに敵が現れたり仲間が登場したりして、やがて大きな困難が待つ冒険の旅に出る。その過程で挫折しそうにもなるが、次第に主人公は精神的な成長を遂げ、最大の難局を乗り越え、大きな成果を遂げて日常生活へと戻っていく――。

こうした物語は主人公や設定を変えながら再生産され続けているという。確かに私が好きな映画もドラマも小説も、このパターンにおおむねはまる。

「ヒーローズ・ジャーニー」という、いわば「黄金のルール」を映画に取り込んだのはルーカス氏だけではない。ハリウッドで脚本作りに長年取り組んできたクリストファー・ボグラー氏もディズニー・アニメーション社で制作した『ライオン・キング』にそのパターンを取り入れたと明かしている。

ちなみにこのボグラー氏は、良質なおとぎ話には二つのナラティブがあると述べている。

ひとつは目前の迫り来るチャレンジに挑む物理的な旅路、もうひとつは、それを通して成長を遂げていくという心の旅だ。大人気漫画『鬼滅《きめつ》の刃《やいば》』にも通じるストーリー展開だが、こうした要素は人の心を動かす重要な役割を果たしているのだ。

物語が道徳観を育てる？

神話研究で知られる英国の社会人類学者、ジェームズ・フレイザー卿によると、人々を魅了する伝承系のナラティブには「神話」「民話」「伝説」の三つのジャンルがある（Frazer, 1930）。

「神話」についてはある程度分かったので、「民話」についても調べてみた。日本の民話には、必ずしも「英雄」は登場しない。むしろ過酷な自然や現実社会を生き抜く知恵や道徳的な教示を含むものが多い印象がある。

調査の結果、ドイツを代表する民話「グリム童話」と日本の民話を比較した興味深い2本の研究があることが分かった。

まずグリム童話と日本の民話の中からそれぞれ代表的な50本を選んでパターンを比較分析した研究である。それによると、日本の民話では主人公が「貧しいおじいさんとおばあさん」というパターンが圧倒的に多かった（井上, 1995）。これは昔の農耕・大家族文化を反映したものとみられるという。一方、グリム童話とも共通する特徴として、「教訓」を含んだ作品が多いことも挙げられる。日本の民話では50本のうち6割の30本、グリム童話でもその半分の25本に教訓的要素が見られた。研究者は「もともと民話というものは、炉端で親から子へと語られる躾や道徳といった教育的な要素が大きいものだっただけに、当然といえるかも知れない」と述べている（井上, 1995,p.174）。

　ちなみに心理学の実験や研究によると、道徳観を盛り込んだ物語に幼いころから親しむと、その後の道徳観にも良い影響を及ぼすことが指摘されている（Dehghani et al., 2009; Prasad, 2006）。物語から学んだ道徳観は記憶に残りやすく、個人のアイデンティティに影響を与えやすいとの指摘もある（Kaplan et al., 2017）。

　また、日本の民話もグリム童話も「勧善懲悪」や「因果応報」の要素が含まれるが、日本の民話では特に「恩返し」や「約束もの」が目立つという。

　このほか宗教性についてはグリム童話がキリスト教の影響を受けて「神」の存在が明確に示されているのに対し、日本の民話は「氏神様」（例『雷になったごろべえ』）、「仏教」（同『文福茶釜《ぶんぶくちゃがま》』『三枚のお札《ふだ》』）、「神道」（同『一寸法師』）、「観音様」（同『わらしべ長者』）など多様性が見られた。農耕文化に基づく日本の「自然信仰、自然崇拝が元になっていることが推察できる」という（井上, 1995,p.174）。「八百万の神」の国といわれる日本ならではの相対的な価値観を反映した結果といえそうだ。

もうひとつの研究は、三重大学人文学部の太田伸広教授による「グリム童話と『日本の昔ばなし』の比較：変身について」。人間と動物の描かれ方やその関係性からさまざまな分析をしたものだ（太田, 2012）。

日本の昔ばなしでは人間が動物に変身するが、神罰や罰、感情の昇華としての変身であり、人間には戻らない。他方、グリム童話では魔法や呪いに伴う変身であり、基本的に人間に戻る。

逆に動物が人間に変身するというパターンは、日本の昔ばなしには多く見られるが、グリム童話では一話しかない。動物を人間として迎え入れて子供も授かるという展開は日本民話では見られるが、グリム童話には一話もない。

これは日本では「動物と人間を隔てる壁は低く、動物へのまなざしは温かく優しいが、後者は動物への視線は蔑みである。前者は輪廻転生、後者はキリスト教の思想（動物を支配すべく人間を神が創造）の影響がある」と解釈できるという。また日本の昔ばなしでは人間や動物さえ神になることもあるが、グリム童話にはそうした例は皆無で、これも「一切《いっさい》衆生《しゅじょう》悉有《しつう》仏性《ぶっしょう》という仏教思想」と神を頂点とするキリスト教の違いの表れだという。

こうした違いには、動物も人も神との関係性が相対的で多様性に富む日本の伝統的な文化と、神を頂点として人、動物という上下関係、ヒエラルキーが固定的な西欧的な文化が反映されている。

いずれにせよ童話や民話に現れるナラティブは、その時代のその社会で共有される常識感や価値観としての「集合的無意識」が映し出されているといえそうだ。

アテにならない企業伝説

三つ目の伝承系ナラティブの形式は「伝説」だ。偉業を遂げた実在の人物や組織の伝説には心を打たれる。ただ、リアルと見せかけて実際は虚飾、脚色だらけの伝説もあるというから用心が必要だ。

ダニエル・カーネマン氏は、企業伝説がいかに信用ならないかを指摘している。

「企業の成功あるいは失敗の物語が読者の心を捉えて離さないのは、脳が欲しているものを与えてくれるからだ。それは、勝利にも敗北にも明らかな原因がありますよ、運だの必然的な平均回帰だのは無視してかまいませんよ、というメッセージである。こうした物語は『分かったような気になる』錯覚を誘発し、あっという間に価値のなくなる教訓を読者に垂れる。そして読者の方は、みなそれを信じたがっているのであ

る」（カーネマン，2014a,pp.364-365）

平均回帰とは統計学の考え方で、簡単にいえば、長い目で見れば平均に戻っていくという意味だ。例えば一時的に良い業績を挙げている企業でも、20年後30年後はひどく経営が悪化している可能性もあり、長期的に見ればその企業の業績は平均程度でさほど優れているわけではない、ということも往々にしてある。だが私たちの脳は統計学も確率も一切無視してしまいがちで、つい一時的な成功に「極意」があるように思い込んでしまう。

カーネマン氏は、こうした「伝説」をいくら読んでも意味がないし教訓にもならない、としている。またナラティブそのものについても次のように警鐘を鳴らしている。

「矛盾や不一致がなく頭にすらすら入ってくるストーリーは受け入れやすい。だが認知が容易でつじつまが合っているからといって、真実だという保証にはならない（筆者注：脳内の）連想マシンは疑いを押さえつけるようにできており、いちばんもっともらしく見えるストーリーにうまくはまる考えや情報だけを呼び出す仕組みになっている」（カーネマン，2014b,pp.22-23）

養老孟司さんがナラティブに警戒心を崩さないスタンスにも通じるものがある。

スポーツ選手や各界で活躍する人々の「伝説」も、往々にして「日ごろの地道な努力」が軽視され、際立った成績や取り組みばかりがクローズアップされやすい（残念ながら、特にメディアにより）。それはとりもなおさず、私たちの脳がそういうエピソードを欲しがるからなのだという。

ちなみに米ビジネス誌『フォーチュン』が選ぶ、最も称賛される企業にランキングした企業を四半世紀にわたり追跡調査したある研究によると、ランキングでほぼ最下位レベルの企業の株式リターンが首位の企業を上回っていたというデータもある（Anginer et al., 2011）。

ＷＢＣ栗山英樹監督が語った「物語」

最後に番外的ではあるが、第５回ワールド・ベースボール・クラシック（ＷＢＣ）で侍ジャパンを優勝に導いた栗山英樹監督が語った「物語」について報告しよう。インタビューで幾度となく「物語」という言葉を口にしていたので、前出の東京学芸大学名誉教授の野口裕二さんにその内容を分析してもらった。

まずは優勝後間もなく、テレビ朝日「報道ステーション」に出演して栗山監督が語った言葉だ。

「ゲッツーで2アウトになって、（筆者注：エンゼルスの）トラウト選手が入った瞬間に『勝てるかもしれない、この**物語**』って思いました。**物語**ですよね完全に。最後に大谷対トラウトで試合が決まるっていうのは、全世界の夢なはずなので『野球の神様がこう作ってくれたのかな』って思った時に初めて『勝てるかもしれない』って思いました」

「あの試合の最後の展開っていうのは、良いピッチャーをつないでいくって思っていましたけど、まさか、こういう**物語**の終わり方をするんだっていう。もしかすると、一人ひとりのジャパンだったり、大谷翔平の持っている大きさだったりとか、野球の神様に祝福されてる選手なのかなっていうのは感じます」

野口さんによれば、この栗山監督の語りにはナラティブのある特徴が見出せるという。

「ここでいう『物語』というのは『試合の展開』『試合の流れ』という意味に近いですね。『ドラマを超えたドラマ』『事実は小説より奇なり』というような意味で使われています。現実を物語の一場面として捉えることはよくあることですが、ここでの特徴は、その物語の作り手が『神様』だという点です。『神様』がこういう幕切れを仕組んでいた。そこには人間には変えようがないという意味合いもあります。その点では、『宗教的な物語』、時代的には近代以前によく見られた物語、『前近代の物語』に近いですね。ある運命的な物語を神様は我々に与えたという感じでしょうか」

なるほど、確かに試合の流れを作ったのは神様で、その物語を私たち人間が生きている、という設定がうかがえる。次に野口さんに見てもらったのは毎日新聞の記事「特集ワイド：栗山英樹監督が語るＷＢＣと愛弟子　翔平の物語は続く」（２０２３年3月31日東京夕刊）だ。栗山監督は「翔平の物語」を語っている。

「大会が終わって思うのは、翔平が日本ハムに入ってからの10年を考えると、中間地点として一つの区切りになったということ。ここから本当の意味でひとり立ちし、誰も歩いたことのない道を歩んで、**物語**を紡いでいく」

「翔平はＷＢＣ以上のプレーをこれからどう見せてくれるかということ。例えば、ワールドシリーズでダルビッシュ投手と投げ合って、完全試合を達成するとか。彼ならば、想像するだけでわくわくすることをきっと、見せてくれるはずです。まだまだ、大谷翔平の**物**

語は続いていくので」

野口さんによれば、ここでは物語の作り手が、前者とは大きく異なるという。

「ここでの『物語』というのは『人生物語』という意味に近いですね。大谷選手のこれまでを振り返りこれからを展望しています。物語の作り手が『神』ではなく『大谷選手自身』であるところが前のインタビューと大きく異なる点です。大谷選手が自分の物語をこれまでどう作ってきて、これからどう作っていくのだろうかという話になっています。人生を物語として捉えることはよくあることですが、ここでは、さまざまな苦難を乗り越えてどのように成長していくかという点で、『自立と成長の物語』、時代的には近代になって多く語られるようになった『近代的な自己の物語』に近いといえます」

最初の「神様」の物語は前近代的、この「翔平物語」は時代的にもう少し進んでより近代的だが、苦難を乗り越えて成長し偉業を達成していく、というどこかお決まりの「偉人伝」のようにも見えるということらしい。

最後はスポーツ情報サイト『ＴＨＥ ＤＩＧＥＳＴ』に掲載された記事「【ＷＢＣ】『監

督とは〝人《ひと》生かし〟』――選手の個性を信じ、ともに物語を紡ぎ上げる栗山英樹監督の哲学〈SLUGGER〉」（2023年2月27日）だ。ここでは栗山監督は「物語」という言葉を直接的には使っていないが、記事の筆者であるベースボールジャーナリストの氏原英明《うじはらひであき》氏は「選手の個性を信じ、人柄やたどってきた道のりも捉えながらともに**物語**を作り上げる。それが栗山監督の最大の特徴と言っていいだろう」と分析。監督の次のような発言を紹介している。

「選手の〝らしさ〟というのは、身体的な能力だったり、技術的な能力だったりもありますけど、ベースにあるのは人間だと思うんです。つまり、人なんです。人間力です。その人そのものを生かしてあげるというベースがあれば、何かが生まれると思っている。監督とは〝人生かし〟だと思っています」

野口さんによれば、ここには最も現代的なナラティブのかたちがうかがえるという。

「これも『人生物語』という意味ですが、さきほどの『翔平の物語』とは異なり、物語の作り手は栗山監督と大谷選手の2人になっています。そして、明確には書かれていませんが、おそらく、コーチをはじめその他の関係者も作り手に含まれるはずです。つまり、みんなの共同作業で作っていく『共著の物語』になっている。この点で『構成主義』の考え方に近いといえます。上からの指導ではなく、本人の努力でもなく、ともに物語を作ることの重要性が強調されている。栗山監督が優れた教育者のような役割を果たす点では『近代的教育の物語』のようにも見えますが、『ともに物語を作り上げる』というところはナラティブ・セラピーとまったく同様の考え方であり、近代を超えた『脱近代の物語』の香りがします」

構成主義とは、「ナラティブがなんらかの現実を構成すると考える」アプローチだ（野口，2009a,pp.20-21）。「個々のナラティブが結果としてどのような現実を構成しているかに注目する」という。「神様」が定める物語でもなければ、大谷選手ひとりがつむぐ物語でもない。「みんなで作っていく共著」であり、そのプロセスそのものが新たな物語を生み出す、と考える。

野口さんが指摘したように、栗山監督の3種の物語には、偶然だが異なる時代背景を持つナラティブの存在が見て取れる。最初の「物語」には、全知全能の神や宗教的な権威が絶対的な存在だった「前近代（プレモダン）」の価値観が漂う。2番目の「翔平の物語」は、自己鍛錬＝成功、といったどこか画一的な近代的（モダン）視点も感じられる。3番目の「共著の物語」はまさに現代的（ポストモダン）で、一人ひとりの個性を持ち寄り、「ともに物語を作る」という共著のアプローチがうかがえる。

もちろん栗山監督は自然と浮かんだ言葉を口にしているだけだと思うが、私たちはこのいずれの語りも日常的に口にしている。その意味においても、ナラティブの多様な要素は日常にちりばめられ、私たちの心に深く染みこんでいることがよく分かる。

次章では、ナラティブ的なアプローチが現実社会でどのように実践され、またナラティブ間でいかなる闘いを繰り広げているのかをさまざまな実例から見ていく。

第3章　ナラティブ下克上時代

伊藤詩織さんが破った沈黙

２０２２年６月17日。梅雨の曇り空の下、少し蒸し暑さを感じながら私は東京・港区にあるイタリアンカフェの屋外席でジャーナリストの伊藤詩織さんを待っていた。

伊藤さんが受けた性暴力については、イスラエルから帰国した２０１９年秋ごろに詳しく知った。彼女は事件について、警察や記者会見、司法の場で繰り返し自分のナラティブを訴えた。だがその声は当初、加害者が発信した別のナラティブにかき消されそうになった。大手メディアに勤務し、当時の安倍晋三首相とも懇意だという「大物記者」の加害者は、「合意の上での性行為だった」と訴えたのだ。

だが伊藤さんは沈黙しなかった。

ナラティブには階層性がある（川端＆藤井，2013; 野口，2009a）。社会全体を覆うような大（マクロ、メタ）ナラティブ、企業やコミュニティレベルで共有される中（メゾ）ナラティブ、個人が発する小（マイクロ）ナラティブ——（図表3-1＝本章P137）。

彼女は性被害を小ナラティブのレベルから発信し、一部海外メディアがそれを取り上げ、裁判所が動き、米国で始まった性暴力告発キャンペーン「#ＭｅＴｏｏ（私も被害者）」や日本で拡大した性暴力に抗議する「フラワーデモ」ともあいまって、大ナラティブを揺るがすほどの巨大なうねりになった。

闘った相手は加害者やそのナラティブだけではなかった。「性被害を訴えるのは難しい」「被害者なら被害者らしく振る舞え」。そんな日本社会を覆う大ナラティブとの格闘でもあった。厚い壁に風穴を開けた伊藤さんを米『タイム』誌は２０２０年9月、「世界で最も影響力のある１００人」に選んだ。

だがそれは平坦な道ではなかった。険しく、とても急勾配な道。そんな彼女の歩みを支え続けたものは何か。

小走りに駆けてくる女性の姿が見えた。伊藤さんだ。立ち上がって彼女を迎える。あいさつを交わしながら、私と同じくらい長身であることに気づいた。額の汗をふき、大きな瞳が揺れる。記者会見の映像で見るよりずっと快活で柔らかな印象だった。

事件は2015年春に起きた。伊藤さんが2017年10月に上梓《じょうし》した著書『Black Box ブラックボックス』（文藝春秋）によると、ニューヨークの大学で学びながらジャーナリストを目指していた伊藤さんは2015年3月末、以前に偶然知り合ったTBSのワシントン支局長、山口敬之氏にメールを送った。支局のインターンとして働く機会はあるかという問い合わせだった。山口氏はメールで「検討します」と答え、一時帰国するので「来週は東京にいますか?」「空いてる夜ある?」と尋ねた。

4月3日金曜日の夕刻、恵比寿で落ち合い、串焼き屋へ。山口氏は詳

インタビューに応じた伊藤詩織さん。意志の強さと柔軟さを兼ね備えた人だと感じた＝東京都内で2022年6月17日、筆者撮影

しい仕事の話はせず、伊藤さんはビールを2杯とワインを1、2杯飲んだが「お酒にはかなり強い方」で酔いは回らず、次は鮨屋へ。山口氏の馴染みの店だったがやはり鮨は頼まず、伊藤さんは日本酒の2合目を飲み終わるころにトイレに行き、調子が悪いと感じて便器に座ったまま記憶を失った。

意識が戻った時にはホテルのベッドの上にいて、山口氏にレイプされていた。膝を負傷するほど全力で抗《あらが》い、ホテルを飛び出した。自宅に戻ってすぐに衣服を洗濯し、シャワーを浴びた。あざや出血している部分もあった。親友らに相談して事件から5日後、意を決して警察の門をくぐった。

警察に被害を訴えれば、裁判で証言をしなければならなくなるかもしれない。性犯罪の裁判ばかりを傍聴するマニアもいる。心理的負担は大きい。しかも相手は大手メディアの記者だ。日本で記者として就職する道が閉ざされるかもしれない。

だが彼女は訴えた。何がその決意を支えたのか。私の問いに、彼女はこう答えた。

「自分を責めたフェーズ（筆者注：局面）もありました。自分に起きたこと、衝撃的だったけれども、それまでも色々な形で、レイプとまではいかないけれども痴漢行為だとか、男性にすごく抑圧的に扱われることは日常的にあって、その一番悪いバージョンみたいな感じでした。だからどこかで麻痺していたのかもしれません。それで『あ、日本で生きていくということは、大人になってもこういった暴力やハラスメントと生きていかないといけないのかもしれない』と、それまでの傷つきを重ねて、自分の中で普通のことなのだから気にしてはダメと言い聞かせていた。メディアの世界に入ることも同じで多くの人はこういうことを受け入れて進んでいるんじゃないかと。ただ私はそれに耐えられるのかって思った時に、やっぱりこのジャーナリストの仕事をやりたいのは真実を伝えること、人の声を届けることなのに、自分に起きていること、真実に素直になれないということは、そのうち自分の内面が崩れていってしまうなと感じて、そこからのスピークアウト（筆者注：発言）でした」

私はこの言葉を聞いて、伊藤さんが大事にしている何かをおぼろげながら見た思いがした。自分を偽り、真実を押し隠して沈黙する。そんな人間に、誠実さが求められるジャーナリストなど務まるのだろうか、という自問自答。矛盾を抱えたまま生きていけば、いずれ自分は内面から崩壊するかもしれないという不安。性被害の告発は、自分にも他者にもできるだけ誠実でいたいという彼女の思いから必然的に生まれた決断だったのではないか。「セクハラ」「パワハラ」の記事を書きながら、自らそれを犯したり傍観したりするジャーナリストは少なくない。伊藤さんは社会的に孤立する可能性も考えたうえで、ひとりの人間としての「一貫性」を大事にすることを選んだように見えた。

誹謗中傷は「私たちの世代で終わらせる」

告発を決意した理由として、伊藤さんはさらに二つの点を挙げた。ひとつは「自分を変えたい」という思い。それまで何度も痴漢被害を受けながら、抗議の声をあげることができなかった、何もできずにいた「自分を変えたかった」という。

10歳の時にプールで痴漢に遭った。その時に一緒にいた友達の母親から「そんな可愛いビキニ着てるからだよ」と言われて「打ちのめされた」。悪いのは自分なのか、もうプールには行かない、ビキニも着ない、そんな風に「自分を変える」ことで対処しようとしてきたという。

「薄着をしていたから」「ミニスカートをはいていたから」。そんな言葉で性暴力の被害者に自責の念を植えつける。これもまた、日本社会に広くはびこる悪しき大ナラティブだ。被害者なのに、いつの間にか責められる立場に立たされる。

伊藤さんは自分の「着たいもの」「やりたいこと」を少しずつ我慢して、そんな大ナラティブに従おうとしてきたがそれで救われることはなかった。長い「沈黙」に決別する時が来たと感じたのだという。

伊藤さんはその後、記者会見を開く際に周囲から何度も「リクルートスーツを着るように」とアドバイスされた。でも「言われた制服を着たくなかった」。なぜそんな服装をしなければ性被害の告発を信じてもらえないのか――。

伊藤さんは「リクルートスーツ」と言われるたびに、「ビキニで行ってやろうかな、ドレスで行ってやろうかなと思っていた」そうだ。最終的に会見には紺色のブラウス姿で臨んだが、首元のボタンを開けていただけで誹謗中傷を受けた。

告発を決めたもうひとつの理由は、愛すべき妹への思いだった。

「事件の直後に会ったのが、年の離れた、可愛がっている妹だったので、自分が我慢し続けたら彼女も同じようにこの世界で生きてくんだろうなと思ったら……。私は言葉にできる方だけれど、彼女は全くそういうタイプじゃないから、ここで言葉にしなかったらどうなっちゃうんだろうと思ったらものすごく恐ろしくなって。でもやっぱり警察で話していくっていうのは、体力的にも精神的にもつらかったです」

警察では異なる部署の警察官に同じ説明を何度も求められた。ある捜査員からは「1週間経っちゃったの。厳しいね」「よくある話だし、事件として捜査するのは難しいですよ」と言われた。加害者側が求める示談に応じるよう警察にも勧められ、警察車両で弁護士事務所に連れて行かれたこともあったという。

それでも伊藤さんは示談には応じず、山口氏は準強姦《ごうかん》容疑で書類送検された。準強姦とは、飲酒や知的障害で判断能力がない、抵抗できない状態の人をレイプした場合に適用される罪で、強姦罪と同じ3年以上の懲役が科される。しかし「逮捕は間近」と聞かされた直後、突然、「逮捕はできなかった」との報を受けた。理由について担当刑事は「ストップをかけたのは警視庁のトップです」と語ったという。

それは当時警視庁刑事部長だった中村格《いたる》氏（後に警察庁長官に就任し、安倍晋三元首相の殺害事件に絡み警備の責任をとって辞任）だった。当時取材した『週刊新潮』（2017年5月18日号）によれば、中村氏は捜査の中止については「当然」と断言。その後の同誌の報道によると、中村氏は周辺に「女も就職の世話をしてほしいという思惑があったから飲みに行ったのであって所詮男女の揉め事。彼女は2軒目にも同行しているんだしさ」との趣旨の発言をしたとされる（同誌の取材に対し中村氏はこの発言を否定）。

事実であれば、これは性暴力事件が起きるたびに出現する悪しき大ナラティブの典型だろう。

私は兵庫県警や神奈川県警で計7年半、警察や司法の取材を担当したが、性犯罪の被害者に対して「女の側にも下心があった」などと一部警察官が口にするのを聞いたことがある。SNSでも同様の投稿を目にする。そこには「食事の誘いに同意する＝セックスへの同意」といった昭和的な古き悪しき価値観の存在がうかがえる。

東京地検は2016年7月、山口氏を容疑不十分で不起訴処分とした。

だが伊藤さんは沈黙しなかった。

2017年5月、実名と顔を出して記者会見し、検察の判断に不服を申し立てた。検察審査会はその年の9月、不起訴相当と議決した。

それでも伊藤さんは沈黙しない。

山口氏に損害賠償を求める民事訴訟を東京地裁に起こした。最終的に裁判は最高裁まで争われ、判決は2022年7月、両者の間に性行為をするような親密な関係は認められず、「性行為に同意はなかった」とする伊藤さんの主張を認めて山口氏に約332万円の賠償を命じて確定した。

このほか伊藤さんは2020年6月、事件についてツイッター上で誹謗中傷した漫画家らを相手取り、東京地裁に提訴した。いわれなき誹謗中傷は「私たちの世代で終わらせる」。伊藤さんは会見でそう語った。

伊藤さんの言葉に多くの人々が心打たれ、ＳＮＳでも拡散された。私自身もこの言葉に、大きな力をもらった気がした。

東京高裁は２０２２年11月、漫画家らの賠償責任を「許容される限度を超えた侮辱行為」と認定した１審・東京地裁判決を支持し、さらに賠償額を88万円から１１０万円に増額した。

伊藤さんが発したナラティブが司法を動かし、社会を動かした。

主語を変えて語る

伊藤さんは民事裁判が始まるのとほぼ同時期に先の著書を書いた。出版は当初、自ら望んだことではなかったが、文藝春秋の編集者がこう説得したという。「メディア報道を見ても、あなたの声がちゃんと伝わっているとは思えない。だから今しかないですよ、自分の言葉で伝えられるのは。せっかくここまでやったんだから」。だが書き始めるとつらい記憶が蘇り、２、３週間、全く手につかないこともあった。

伊藤さんは執筆中、どうやって心身のバランスを保っていたのか。

「体力的にも精神的にもつらかったので、自分の中で主語を変えていたと思います。もちろん自分に起きたことですが、何かのストーリーをカバー（筆者注：取材）しているように。自分のことだったら何でもいいやって結構思っちゃうんだけど、これが例えば妹だったりしたら、いや、もうほっとけないしって思うことができたので。だからどこかで主語を変えて、警察やメディアには対応してきたと思います。じゃないと自分が壊れてしまうから」

当事者としてただ事件を振り返るのはつらい。だが妹が生きていくこれからの時代に向けて、ひとりのジャーナリストとして、事件を第三者的に調査・取材し、3人称的な語りで発信するならばその意義はある、と感じたのかもしれない。

ナラティブの分類表（図表1－1＝P20）でいえば、トラウマを抱える人は通常、セラピーなどを受けながらセルフ・ナラティブ（自己物語）を1人称で語る。だが、トバ・ベラフスキーさんや伊藤さんのように、誰かに語る代わりに自伝的なものを、1人称としての目線と、より第三者的な3人称の目線を合わせて書くことで、出来事を自分の中でじっくりと整理する人もいる。

伊藤さんの著書を読んでいると、伊藤さんと一緒に事件の真相を追いかけているような気持ちになる。その筆致は伊藤さんにとって最も受け入れやすいアプローチだったのかもしれないが、同時に、必然の流れであったのかもしれない。

国立精神・神経医療研究センター犯罪被害者等支援研究室長を務めた精神科医の中島聡美・武蔵野大学教授によると、レイプなどで強いトラウマを受けた人は、「自分の体が自分のものと感じられない」、いわゆる解離症状を起こすことが少なくない。事件が自分に起きたことと受け止めにくく、無意識的に当事者感覚から離脱してしまう状態だ。

それは心を守るための自己防衛的な反応であり、私が出会ったホロコーストのサバイバーの中にも、今もなお当時のつらい体験については3人称的にしか語ることができない人々が少なくない。それぐらい、1人称で語ることはつらいのだ。

事件を担当した東京地検の検事は「密室で起こったことは第三者には分からない」と繰り返し、それを「ブラックボックス」と呼んだという。伊藤さんはそれでもその「ブラックボックス」に光をあてようと、自力で証拠を集めた。鮨屋からホテルに向かった際に乗ったタクシーの運転手を割り出し、重大な証言を入手した。さらに当時、警視庁刑事部長だった中村氏に朝駆けまでしている。

朝駆けとは、主に大手メディアの記者が当局者らにアプローチする時に使う取材手法で、自宅の前で張り込み、出勤時に捜査状況などについて聞く。私も警察取材を担当していた時代は夜討ち・朝駆けを繰り返した。3時間以上運転してたどりついても「あ、ごくろうさん」とだけ言われて玄関ドアをピシャリと閉められてしまうことも珍しくなかった。伊藤さんは中村氏に手紙を出したが返信がなく、何度か朝駆けを試みた。だが中村氏は猛スピードで走り去り、「意外に足が速くて」（伊藤さん）取材は成功しなかったそうだ。ともあれ伊藤さんはこうして自力でかき集めた証言や証拠と、それをつなぐ自分の記憶を適切に埋め込み、事件を一筋のナラティブとして再構築して著書にした。

執筆作業について、伊藤さんが振り返る。

「『自分が記憶しているところ』『全く記憶がないもの』『ほかの人の証言』『録音された言葉』ということをクリアに分けて書くことができたので、それがたぶん一番、良かったこと。自分の中で繰り返しこの話をしてきたけれど、ちゃんとそこで、『ここはね、私が覚えていること』『覚えてないこと』と提示できて、頭に叩き込めたので、すごくその後の裁判にも役立ちました。自分の中で整理していたつもりでしたが、それが極められたっていうところは一番良かった」

伊藤さんは客観的な情報と個人的な記憶や思いを明確に区別して著書に書いている。感情を入れるところはふんだんに入れているので読む者の心を揺さぶる。だが一方で、客観的な情報は淡々と冷静に書いているので、それが読者に安心感と信頼感を与える。

そこには私が重要だと感じる「2・5人称ジャーナリズム」の視点があるように思える（第6章P349）。

「言葉は旅する」──コレクティブ・ナラティブの共鳴

彼女が発したナラティブは国境を越え、海を越え、世界各地に波及した。

文藝春秋によると、伊藤さんの著書はこれまでに韓国や中国、米国、フランスなど世界10カ国・地域で翻訳され出版された。伊藤さんの経験を「我が事」のように受け止めた人がそれほど世界各地にいたということだろう。

伊藤さんは、海外で出版されるたびにその国・地域でのイベントなどに足を運んだ。

「いろいろな国の状況に関して、日々挑戦している女性たちだったり、頭を悩ませている男性だったり。彼らと話す機会を与えてもらい、そういった意味ではこの本が色々なところにつれて行ってくれたし、いろんな人に出会わせてくれた。それはただ記事が出ただけでは、公の場に出ただけでは、絶対になしとげられなかったことだから、すごく貴重な体験でした」

中でも記憶に残るのは中国でのイベントだという。

米ニューヨーク・タイムズ紙が２０１７年10月、映画界の大物プロデューサー、ハーベイ・ワインスタイン氏のセクハラ疑惑を報じたのをきっかけに、ＳＮＳでは「#ＭｅＴｏｏ」のハッシュタグでセクハラを告発するケースが広がった。名指しされた俳優や企業の幹部、国会議員らが辞任や降板に追い込まれるなど世界的な現象になった。

伊藤さんが中国での出版を記念して北京などを訪ねたのは２０１９年。中国の出版元からは「ＭｅＴｏｏ」とか「フェミニズム」といった言葉は検閲対象になるので使わないようにと求められた。また警察当局からも３００人以上集まったら解散させる、といった趣旨の連絡があったという。

「本にサブタイトルが付けられていたんです。『日本の恥』と。『まじか、わー聞いてない』って思ったんですけど、でも聞きに来ている人は本当に、そんなことどうでも良くて、若くて熱意のある人ばかりで、男性もいました。別に『日本の恥』とか書かれていたとしても、そのナラティブを使って問題を話せたというのは私にとってはすごく嬉しいことでした。いろんなやり取りがありました。本にサインをしている時、同年代ぐらいの女性が

2冊持っていて、『1冊は母にあげるの。母がサバイバーだから』『トラウマはチェーンのように私にもつながっている』と。本当に短い言葉のやり取りだったけれど、すごくそれが印象的で、世代を超えてトラウマが受け継がれているっていう状況を、そのチェーンをどうしたら緩めることができるのか。私は、それを言葉にしていく、コミュニケーションをしていくことだって、今は思っています」

２０２２年春、伊藤さんはウクライナでの取材の帰り道に立ち寄ったトルコのイスタンブールで、見知らぬ女性から話しかけられた。レストランで食事をしていると、中国から欧州に留学中だという若い女性が「イトウシオリですよね」と話しかけてきた。

「まったく知らない街角で、すごく嬉しくて、『いろいろあるけど、お互い頑張ろうね』と言って別れて。日本に戻ってきて『言葉は旅するな』って思いました。本当に感じている人には（言葉が）とどまるんだなって思いました」

誰かの語りを聞いて、「これはまさしく私の物語だ！」という感覚を覚えることがある（野口, 2009b,p.272）。「我が事」のように感じられる要素を含む物語は「コレクティブ・ストーリー」とも呼ばれ、第1章の図表1－1（P20）の分類4（他者が他者について語る）にあたるナラティブだ。他者の物語に深く共鳴し、その世界に没入（ナラティブ・トランスポーテーション）することで起きる心理状態である（本章P151）。

伊藤さんの著書に引きつけられた人々は、これまで何らかの性暴力を直接・間接的に経験し、伊藤さんの語りに「これはまさしく私の物語だ」と感じたのかもしれない。そうした人々の連帯の輪がSNSを介して#MeToo運動やフラワーデモへと成長していく。伊藤さんが発信したナラティブは世界を駆け巡り、さまざまな人々の心をひきつけ、つなぎ、そして今も一人ひとりの胸に息づいている。

五ノ井里奈さんが突き崩した組織防衛の物語

ナラティブ同士の闘いは、SNSの誕生でより高速かつダイナミックになった。小ナラティブがSNSの波に乗り、強大なナラティブを一撃で倒す事態も起きている。

陸上自衛隊郡山駐屯地（福島県）に所属していた元1等陸士、五ノ井里奈《ごのいりな》さん（23）の告発もその一例だ。

2022年6月末、五ノ井さんは自衛隊内で受けた性暴力を動画投稿サイト「YouTube」で顔と実名を出して告発した。

自衛隊は男性社会であり階級社会でもある。五ノ井さんは「女性」「下級」という極めて弱い立場にあった。日常的に胸を触られる、男性隊員の下半身を触らされる――。2021年夏の訓練中には、宿舎の男性部屋のベッドで男性隊員に柔道の決め技をかけられ、身体接触を何度も繰り返された。その場には「上司」も含め十数人がいたが笑いながら見ていた。口外するな、と口止めもされたという。

五ノ井さんは後日、中隊長や内部のセクハラ担当部署にも訴えたが、事実上無視された。組織が共有する中ナラティブにひねりつぶされた格好だ。

彼女は自殺を考えるほど追い詰められたが、関係者が内部で証拠隠滅や口裏合わせまで図っていると知り、告発を決意した。その時の思いについて彼女は記者会見で、「これは闘わないといけないと思いました」「次に入ってくる子たちが同じ目に遭ってしまいますから」と語った。伊藤さんと同様に、「後に続く女性たち」への思いが、彼女に自らのナラティブを訴え続ける力と勇気を与えたようだ。

五ノ井さんの告発を受けて、防衛省には現役やOBらから1400件以上の多数のハラスメント被害の声が寄せられた。また、第三者による公正な調査を求める署名も10万筆も集まった。2022年9月29日、防衛省はようやく性暴力の事実を認めて謝罪。12月15日、直接関与した男性隊員5人を懲戒免職とし、上司への報告や調査を怠った中隊長も停職6

カ月とするなど計9人を処分した。福島地検郡山支部は2022年5月に強制わいせつ容疑で書類送検された隊員3人を不起訴としていたが、郡山検察審査会が同年9月に「不起訴不当」と議決。福島地検は2023年3月、3人を在宅起訴した。

五ノ井さんが発した小ナラティブはSNSの波に乗り、怒りのナラティブを形成し、組織防衛を図る防衛省の中ナラティブの壁を突き崩したのだ。

部隊内では性暴力を「接待」、それを訴えることを「チクリ」「裏切り」などとする「意味のすり替え」も日常的に行われていたという。彼女はそれを「へんな団結力」と呼んだが、こうした「組織防衛」的な中ナラティブはさまざまな学校や職場でも見られ、いじめやハラスメントを訴える被害者の声を押しつぶしている。

従来ならそんな組織ナラティブにひねりつぶされた小ナラティブだが、現代SNS社会においては、アリの一穴のごとく中・大ナラティブの厚い壁を突き破る武器にもなりうる。どれほど小さなナラティブでも、SNSを使えば一発逆転もありうるのだ。

その意味では現代はまさに、ナラティブ下克上時代だといえる。

ナラティブ間の覇権争い

ナラティブには社会全体を覆う大ナラティブから組織やコミュニティで共有される中ナ

ラティブ、個人の語りとしての小ナラティブまで、さまざまな階層性がある。

ナラティブについて研究を続ける野口裕二さんによると、フランス人哲学者のジャン・フランソワ・リオタールは「大きな物語」と「小さな物語」を区別し、前者を「様々な物語を背後から正当化する物語」、後者を「大きな物語の支えなしに成り立つ物語」と位置付けた（野口, 2009a,p.12）。封建制社会（前近代）から科学や資本主義を基軸とした近代（モダン）社会（17世紀から20世紀半ば）へと移行するに伴い、それまで社会を支えてきた「宗教」や「神」などに代わって、「解放の物語」「進歩の物語」といった「大きな物語」が登場し、新たな価値基準をもたらした。さらにその先のポストモダン、つまり現代社会は、「大きな物語」の支えを必要としない、新たなアイデアを生み出す「小さな物語」が存在感を増した時代だとリオタールは捉えたという。

日本のポストモダンは学生運動が盛んになった1960年代後半ごろに遡る。それまで社会で当然視されていたような「暗黙の前提」（野口さん）としての「大きな物語」に疑いの目が向けられるようになり、「大きな物語」に「正当性」を与えられなくても独自の価値観を主張する「小さな物語」の動きが活発化するようになった。その一例として野口さんが挙げたのが「オタク」の存在だ。

「典型的な例はオタクです。かつてオタクはバカにされていました。すごく狭い世界にこだわって、とうとうと語る。でも、そんなことに関わって世の中の何の役に立つのか、そんなものはこの世の正義とかと全然関係ないだろう、とバカにされていた。だからそれを好きでも、隠れて、あまり目立たないようにするしかなかった。『社会の何の役にも立たない』という言い方でどれだけさまざまなことが差別されてきたか、という話ですよね。でも今は堂々とオタクでいられる。市民権を得られるようになりました」

「社会の役に立つ人が立派」という「大きな物語」は、日本の近代社会を背骨のように貫いていた。2023年4月から放映のNHK連続テレビ小説「らんまん」では、植物研究に没頭する主人公の植物学者、牧野富太郎（1862-1957）が周囲に幾度となく、「草の研究なんて、社会の何の役にも立たない」などと言われる場面が出てくる。その後の戦争においても「お国のために役立つ人間」が求められた。養老孟司さんは、社会に普及するナラティブには強い不信感があると述べたが（第1章P29）、「教科書に墨を塗った」時代に生きた彼にとって、ある意味「大きな物語」ほど恐ろしいものはないのだろう。

伊藤詩織さんや五ノ井さんが発した告発のナラティブにも、日本社会や組織に蔓延する「性被害を受ける側にも問題がある」といった根拠不明の、しかし極めて強力な「大きな物語」が立ちはだかった。以前ならそのまま沈黙して終わるしかなかったが、価値観のグローバル化や多様化、SNSの普及もあり、その壁を突き崩すことができた。

ただ、大きなナラティブの支配力が相対的に低下する現代社会においては、良くも悪くも何が「リアル」で何が「虚偽」か、何が「正義」で何が「不正義」かの境目は見えにくくなっている。その結果、個人の語りを抑圧してきた大きなナラティブの壁は薄くなったが、真偽不明の陰謀論ナラティブがあちこちで暴れ回ったりもしている。

これはつまり、「前近代や近代の時期に社会を覆っていた、暗黙の了解に近い大前提が崩れて、さまざまな価値観や見解が多元的に錯綜する時代に突入した」ことを意味する（川端 & 藤井, 2013,p.9）。それは「多くの人々にとって自明であるような基本的な合意を議論の土台にすることが困難」な時代になっているということでもある。

図表３－１は、こうしたナラティブの階層性と日本社会の時代性を表した。

左は主に昭和や平成後期にかけての前SNS社会におけるナラティブ同心円図で、右側は現代SNS社会（特にコロナ禍以降）のナラティブ同心円図のイメージだ。先にも記した通り、同心円図の中心にあるのは個人が発する小（マイクロ）ナラティブだ。その外側に家族や職場、コミュニティ、組合や市民団体などで共有される中（メゾ）ナラティブ、さらにその外側にはより大きな集団、つまり社会一般とか国家・地域全体などで共有される

図表3-1●ナラティブの階層性と時代に伴う変化

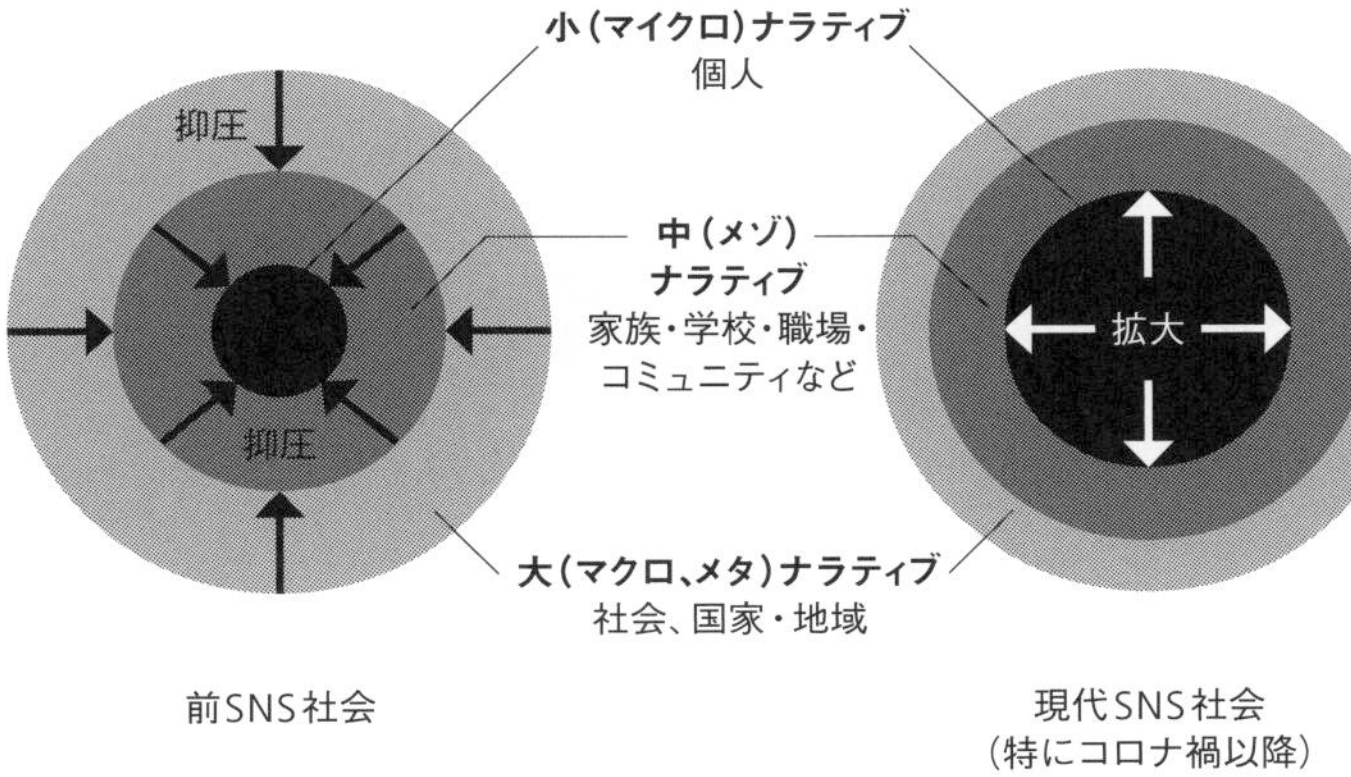

大（マクロ、メタ）ナラティブがある。

かつての小ナラティブは抑圧されて萎縮し、外側の中ナラティブや大ナラティブが持つ「権威性」に「正当性」を与えてもらう存在だった。中・大ナラティブの壁は厚く、突き崩すのは至難の業で、そこに違和感を覚える個人は息苦しさを抱えながら生きるしかなかった。しかし半面、個人の外側の家庭や会社、コミュニティは「肉厚」で、個人が所属意識を感じられる「居場所」としてのスペースを内包し、他者とのつながりを実感できる場所を提供してきた。家庭ならばテレビを囲んでの団らんの場、会社なら社内旅行や仕事の後の赤ちょうちん、コミュニティなら町内会や地元の行事が孤立・孤独を防ぐセイフティネット的な役割を果たしてきた。

一方、右側の図に見るような現代SNS社会においては、中心の小ナラティブが持つ潜在的な可能性（ポテンシャル）は巨大化したが、コロナ禍などに伴うオンライン重視の環境変化ともあいまって、家庭や学校、会社やコミュニティが提供するスペースは縮小し、個人の孤立・孤独が深化し、人々の関心はより内側、個人の内面へと向かいつつある。アフター・コロナを見据える2023年春においても、この状況はあまり変わっていないように見える。

SNSという現代社会特有の「デジタル拡声器」を手にした私たちは、中・大ナラティブに隷属する必然性や組織への帰属意識を低下させた。だがその結果、自由になったのと引き換えに、今まで以上に地に足のつかない、寄る辺ない、ふわふわとした孤独感や孤立感を抱いているようにも感じる。

解放され、ばらばらになった「孤」の危うさ

ナラティブには垂直方向の階層間バトルだけでなく、同じ階層上の覇権争いという水平ベクトルの闘いもある（第2章P89）。個人の心や社会の中で、より「ドミナント」（支配的な）ナラティブと、オルタナティブ（別の選択肢としての）なナラティブとが互いに支配したり、支配されたりしながら繰り広げる闘いだ。

トランプ前米大統領は事実に反論する際、それを否定する対抗的なナラティブ（カウンター・ナラティブとも呼ばれる）ではなく、「別の見方」と称して「オルタナティブ」なナラティブを提示する。「否定」より「別の見方」と言われる方が、人間は受け入れやすい。かつてなら無視されて終わった「別の見方」も、最近は、誰もが大前提とするような価値観としての「大きな物語」の存在感がゆらいでいるから、説得力を持ちやすい。

ドミナントなナラティブが常に悪者で打倒されるべき存在だとは限らないが、いずれにせよこうしたナラティブ戦国時代においては、ますます何が「リアル」で何が「虚偽」か、何が「正義」「正当」で何が「不正義」「不当」なのかの線引きが見えにくくなり、社会はより不安定で、どこから矢が飛んでくるのか分からないような不穏な空気に包まれている。

大きな物語の呪縛《じゅばく》から解放された現代人は「私らしさ」を支えに生きようとしている。多様性の時代といわれ、やや強迫的に「私らしさ」を探す。SNSで即興的なセルフ・ナラティブを披露し、「いいね」をしてもらえると少し安心したりもする。ただそれは、じっくりと個人の内面でつむぐ自己物語が生成する自分らしさ、つまりアイデンティティとは本質的に異なるので、個人の「寄る辺なさ」は解消されていない。

その結果、逆説的だが今まで以上に私たちは支配的な「大きな物語」を欲しがるようになっているようにも見える。すべての価値が不安定化し相対化する社会で生きるのは、地図を持たずに森の中をさまようように過酷だからだ。

ユダヤ系ドイツ人の社会心理学者、エーリッヒ・フロムがその著書『自由からの逃走』（1941年）で書いたように、社会的な絆から解放された人々は、自由に生きることに伴う重圧や不安に耐えかねて自ら自由を放棄して権威に追従しようとした。ナチスはそこに根を張った。

現代社会においても暴力的過激主義やカルト教団が提示する、全体主義的で排外主義的なナラティブが急速に求心力を高めている。

その意味では、「個」はさまざまな規律やしがらみから解放されたが、その結果「ばらばら」（野口さん）になり、「孤」となる危機を迎えている。野口さんは、そこに「共同する物語」の必要性を感じているという。


「近代的な教育やセラピーにおいては、教師とかセラピストが正解を分かっていて、正解を分かっていない人を教えて導いた。これに対し、ポストモダンの時代のナラティブ・アプローチでは、指導する側も正解が分からない、どこに行くかも、行き先も分からない。ただ、今より少しでもましな地点へ行こう、という運動です。自分を抑圧するドミナント・ストーリーからいかに脱出するか、解放されるか、その解放の方策としてのナラティブ・アプローチを私自身、ずっと強調してきました。つまり『解放の物語』です。しかしその後、私はオープンダイアローグという実践を知り、人と人が共同することによって癒やされていく、苦しみを少なくしていくという『共同の物語』の重要性を知るようになりました。『解放の物語』は引き続き大事ですが、分断とか孤立が深刻化する時代においては、解放されてばらばらになったままでいるのではなく、人々が新たにつながる『共同の物語』、その重要性がすごく出てきていると思います」

野口さんの著書『ナラティヴと共同性　自助グループ・当事者研究・オープンダイアローグ』（青土社　２０１８）によれば、オープンダイアローグとはフィンランドで実践される精神医療のシステムだ。薬をできるだけ使わず、しかも5年で症状が見られなくなる割合が約８割にのぼるという実績で注目を集める。その治療法には、本人や家族だけでなく地域や職場、援助専門職などが参加するミーティングを開催すること、そしていかなる決定も本人が参加するミーティングの中で行うことなどが掲げられている。

オープンダイアローグのチームは、精神の病は人間関係の問題、破綻から生まれ、「人と人の間に宿る」と考える（野口, 2018,p.114）。精神の病を抱える人は「誰もいない場所」で、「耐えがたい経験が言葉にならず、声にならず、主体としてふるまえないでいる」と捉える。このため治療の目標を「彼らの経験を言葉にしていくこと」に置き、「開かれた対話」(オープンダイアローグ)を目指すのだという。

「べてるの家」の営みでも、当事者がセルフ・ナラティブを語り、それを地域社会も含めた周囲のネットワークが温かく受け止めることで新たな物語を再構築した(第2章P93)。野口さんは、「『愛』のあるネットワークを生み出すことが目標となりうる。このことをオープンダイアローグは教えてくれた」と述べている(野口, 2018,pp.236-237)。

孤立・孤独は個人やコミュニティの脆弱性《ぜいじゃく》となり、何者かに支配の余地を与える。現代社会においても引き続き「解放の物語」が必要な局面は多々あるが、解放された「孤」の群れをそのまま放置すれば脆弱性となる。「孤」と「孤」をつなぐ新たな物語の再構築が、かつてないほど求められている。

元2世信者、小川さゆりさんの語り

宗教2世の問題に目を向けてみる。

そこには「大きな物語」を失った、寄る辺なき現代社会でカルト教団のナラティブに魅せられた宗教1世と、現実とカルト的ナラティブの狭間でジレンマを抱えながら生きる宗教2世、そして宗教2世への対応ナラティブが確立されない社会で実務に携わる人々の葛藤が錯綜している。

旧統一教会の献金強要などが社会問題化したのは1980年代だ。先のナラティブ同心円図でいえば左側の昭和下の状況で、「宗教2世」の声は親や教団が押しつけるカルト的なナラティブに抑圧されてきた。旧統一教会の元2世信者、小川さゆりさん（活動名）たちの声がメディアやSNSで堂々と発信され始めたのは、山上徹也被告による事件が起きてからだ。それまでは、声を発することさえはばかれる雰囲気が社会に充満していた。

参院消費者問題特別委員会に参考人として出席し、質問に答えるため挙手する元2世信者の小川さゆりさん（活動名）＝国会内で2022年12月9日、竹内幹撮影

宗教2世らと長年交流を続けてきた立正大学心理学部の西田公昭教授に、問題が放置されてきた状況について聞いた。

「児童相談所などがどうして今まで対処しなかったのかというと、おそらく怖かったんだと思います。何か強権（子供と親を引き離すなど）を発動した時に、必ず教団は言ってきますよね。その時に立ち向かう勇気と元気はないでしょう。マンパワーが常時不足していて社会が壁になって守ってくれるというイメージもない。矢面に立って負けるだけだろうと思ったら、それはやっぱりひるみますよ。当たり前だと思います。学校の先生だってそうです。特にエホバの証人の信者は学校生活に適応してこないから、『あの子の親は信者だな』と分かるはずです。けれども、手を出せなかった。おそらく『信教の自由』とは何なのかということに対する、法律的な詳しい理解もなかったのでしょう」

憲法で保障される信教の自由には、宗教2世の「信じない自由」も含まれる。しかしそれに寄り添って、教団や信者の親を相手にどこまで闘うのかというところまで「社会的に議論されていない」（西田教授）。幼い児童であれば、そもそも自分の思いをうまく表現できないこともある。「そうなるとやはり親権の方が強くなって、それが何十年も続いて『アンタッチャブルで行こう』となってきたとしても、それを簡単には責められない」（同）

宗教2世の子供をどう守るのか、という社会的に議論された大ナラティブがあれば、それが組織や機関に取るべき対処法、進むべき道を示すこともできる。だが日本社会は問題自体が存在しないかのように放置してきた。これはメディアの責任が大きいことを、自戒を込めて指摘しておきたい。

つまり教育施設は行動を起こそうとしても、そこに「正当性」を与える社会的な共通認識としてのナラティブが存在しなかったのだ。

厚生労働省は2022年12月、宗教信仰に伴う児童虐待への対応指針を初めて策定し、全国の自治体に通知した。これにより、子供の自由な意思決定を阻む脅迫《はば》的な行為があれば児童相談所に一時保護することが可能になった。児童虐待防止法は保護者による子供への暴行や暴言、ネグレクトなどを虐待と定義しているが、「信教の自由」が絡む場合も例外なく適用するよう改めて明示した。宗教的な理由で学校行事などへの参加を制限したり、適切な食事などを与えなかったりする行為も虐待だと明確にした。新たな法規制を設けたわけではないが、「法解釈の具体的な提示」は大ナラティブをある程度は提示した形になり、中ナラティブを担う教諭や教育施設の職員らは指針が一定程度、明確化され動きやすくなっただろう。

こうした変革を強力に促したのが宗教2世の言葉であり、小川さんが発信した小ナラティブだった。彼女が切々と訴えたナラティブが人々の感情を揺さぶり、その反響が急速に広がり、政治を動かし、新たな大ナラティブの生成につながった。

ただ法解釈といった論理科学モードの語りは人間の記憶には残りにくい（本章P162）。

「どういう行為が虐待に当たるのか」というイメージを信者の親にも子にも、近隣住民にも、しっかりと認識し記憶にとどめてもらう必要がある。

そんな時に役立つのがナラティブという形式だ。大衆の心に残り、具体的な行動を促しやすい。隣近所で宗教2世の子供が生きづらそうにしているのを見かけたら、以前なら見て見ぬふりをしてしまった人も、ふと小川さんの語りが胸に浮かび、「自分に何かできることはないか」と行動を起こすかもしれない。

それこそが、個人が発する小ナラティブが社会にもたらす変革の力だ。人間を動かすのは知識だけではない、感情であり、共感が必要なのだ。

エホバの証人など宗教2世が語る「毒親」

そのためにも宗教2世が抱えるナラティブをさらにしっかりと認識していく必要がある。そう考えて、西田教授に改めて解説してもらった。

「彼らは家庭でカルトの教育を受けるわけですが、年齢が上がるにつれ親とは別の人間関係ができてくる。中学校、高校へと上がるにつれて、当然『気づき』が起こるわけです。『なんか違う』と。ほかの人々とは全く違った価値観で生きている自分たちに気づくわけです。日本の等質性というか、同調精神が高いところからすると彼らはマイノリティになるので『変な奴らだ』と言われる。友達も付き合ってくれない。差別を受けるような感じでだんだんとこう、窮屈になってくる。今までの生き方が。例えばエホバの証人なんかはものすごく細かい禁止事項があるので、いわゆる普通の日本人の文化、お正月であったり、友達の誕生日パーティーであったりが全部禁止ですから、窮屈だろうと思います。そんなところを我慢してまで信仰が大事なのかと分からなくなってくるのが2世の立場です」

西田教授によると、キリスト教系新宗教「エホバの証人」の2世の場合、現世は近いうちに起きるハルマゲドン（世界終末戦争）で終わると信じ込まされているので、人生を長いスパンで捉えて高校卒業以上の教育を受けたり会社の正規社員になったりする必要性を感じにくくなりがちだという。結果的に仕事は非正規が多くなり、信者以外の人との恋愛や結婚前の恋愛も禁止なので生きる喜びも見出せない。中にはカルトに心酔する親を「毒親」と呼んではばからない2世もいるという。西田教授が続ける。

「毒親って呼ぶんですよね。子供たちからすると信仰を続けることが揺らいでいくわけです。でも罰が当たるとか、信仰を捨てることへの恐怖感みたいなものを与えられている。

ところが地獄に落ちているはずの一般の人々も意外と幸せに暮らしているじゃないかと。しかもハルマゲドンも来ない。こういう矛盾を感じて、もしかしてこれってだまされてない?という気持ちが当然出てくる。決定的になりやすいのは好きな人と結婚できないとか、恋人として交際できないとか。そういうことが大きなつまずきになって、怖いけどやめてもいいんじゃないの?となってくる」

だが「毒親」から離脱して自分自身のセルフ・ナラティブを再構築するのは容易ではないという。

「カウンセラーがついて脱会の支援をしてくれるなら（筆者注：自分の物語を）整理しやすくなりますが、大抵はそういう機会もないので現状では自分で闘うしかない。悶々としながら、言われてきたことの方がウソなんじゃないかと一生懸命調べますよね。あれも矛盾してる、これも矛盾してると。自分が信じてきた現実の方がおかしかったんだということを、時間をかけて、色を真逆に変えていくような世界観の変え方をします」

教団や親が発するナラティブの呪縛から離脱するにしても、若過ぎると親への依存度が高くて難しい。逆に30歳、40歳になると、これまで信じてきた自己認識、アイデンティティの喪失感が大きくなり、ナラティブの再構築が難しくなる。それでも離脱を決意する宗教2世は、親との関係にどう折り合いをつけていくのか。

「親との縁をまず切れるかどうかですね。親子の縁を切るっていうのは、特に日本社会ではきつい。そもそも親子関係が相互依存的であったりしますし、親を裏切るというのはやってはいけないことというような価値観も強い。だから縁を切って決別するのはみんな嫌がって、大抵の人は内緒で信仰をやめるんですよ。メンバーのフリをしている人が圧倒的で、信じているフリ。でも心の中ではやめているんです」

そんな彼らの支えとなるのが仲間だという。「同じような疑問を持つ宗教2世同士でこっそり会って話すことができると互いに心情を分かり合えるので安心する」。仲間同士で交換し合うナラティブが、自分はひとりではない、という心の支えになるのだという。

SNSが普及したこの10年ほどは、オンラインで出会った2世同士が「オフ会」で互いにカミングアウトしながらナラティブを語り合う機会が増えている。彼らは親との関係を最低限維持したうえで、世俗的な生活に重心を移す。そんな「二重生活」の中で何とかバランスを取っているという。

西田教授には最後に、宗教2世たちが山上被告の起こした事件やその影響をどう受け止めているのかを聞いた。

「半分は共鳴できるようです。彼の怒りの気持ちは分かる。けれども殺人とかは考えられないし、これで社会的に自分たちの存在をオープンにしづらくなったと感じている人もいるようです。『山上被告＝2世』というような認識をされてしまうとさらなる偏見・差別を経験することになる。それが恐ろしいのでますます宗教2世、カルト2世であるということを明かせなくなるんじゃないかと、そういう不安を口にしている人もいました。好奇心だけで見られたりさげすまれたり、哀れだという目で見られたりするのもつらい。本来ならばその境遇は境遇として、普通に付き合ってほしいと思っている。ところが妙な気の遣い方をされると、言わない方が良いのかなとなってしまう。そうなると、生きづらい人たちがいるということを社会に認識してもらうのと真逆の方向になるので非常にジレンマがある。カミングアウトするべきか、しない方がいいのかという……」

宗教2世の中には自分の人生ナラティブを再構築しなければというプレッシャーを抱え

ている人も少なくないという。彼らが山上被告の事件でさらなる差別や偏見を経験することがないよう、私たちは大ナラティブを構成する一人ひとりとして、リアルの世界でもSNSの世界でもその言動に細心の注意を払う必要があるのだと改めて認識したい。

心を飛ばすナラティブ・トランスポーテーション（没入）

これまで伊藤さんや五ノ井さん、小川さんが発信した小ナラティブが社会を覆うナラティブを破壊し、政治や社会を突き動かすさまを見てきた。

ここからはフィクションのナラティブが現実社会を動かした実例やそのメカニズムに視線を投じてみたい。

人間が引き込まれるのは実在の人物が発するナラティブとは限らない。物語の主人公に憧れて夢を実現する人もいれば、殺人犯に共感して本当に他者を殺してしまう人もいる。

ナラティブという概念を初めて本格的に提唱した米国人の心理学者、ジェローム・S・ブルーナーはその論文で、レーガン元米大統領の妻ナンシー氏がテレビドラマにのめり込み、「失明」した登場人物宛て（俳優宛てではない）に手紙を書いたというエピソードを引用し、人が架空の存在に没入することは「決して珍しいことではない。いつだって文化は自分のナラティブのしっぽを飲み込んで文化そのものを再構築するのだ」と述べている

(Bruner, 1991,p.19)。

文化の中で生まれた架空の物語が大きく成長し、やがてその文化全体のナラティブを書き換えていく。そんな循環システムが文化を進化させていくというのだ。

実例のひとつが黒人奴隷の物語『アンクル・トムの小屋』だろう。黒人差別という悪しきナラティブが支配的な米国社会で生まれたこの物語は、奴隷制度そのものを終わらせる大きな原動力になった。

黒人奴隷のトムが白人の子供らと親しくなるが、やがて白人に虐待されて殺害されてしまう。トムと親交のあった白人の少年は奴隷解放の戦いへと立ち上がる——。

物語は奴隷制度をめぐり南北が分断していた米北部で大ベストセラーとなった。奴隷制度継続を求める南部側は対抗して「白人のもとで幸せに暮らす奴隷」の物語を出版したがまったく歯が立たなかった。アンクル・トムの物語は北軍を勝利に導き、歴史を動かした。

日本でもフィクションのナラティブが現実を突き動かす現象は起きている。

1967年に『週刊少年マガジン』で連載が始まり、不朽の名作となったボクシング漫画『あしたのジョー』はさまざまな社会現象を生み出した。

1968年から翌年にかけての全学共闘会議による学生運動では、バリケード内で『あしたのジョー』がバイブルのように読まれた。学生たちは、「権力」と闘う自分たちの姿をジョーに重ね合わせた。日本初のハイジャック事件として知られる「よど号事件」（1970年）を起こした赤軍派も出発に際し、こんな檄文《げきぶん》を残している。

「我々は、明日、羽田を発たんとしている。我々は、かつて、如何なる闘争の前に於ても、これほどまでに、自信と勇気と確信が、内から湧きあがってきたことを知らない。（中略）最後に確認しよう。我々は〝明日のジョー〟であると」

私たちが物語に没入する時、心の中では何が起きているのか。

何かに没入する心理は、「ナラティブ・トランスポーテーション」とも呼ばれる。ナラティブにより、心理的にどこかに飛ばされる（トランスポート）ような状態で、「読者がテキストや音声として提示されるナラティブ情報に没入し、ナラティブの世界に自らが入り込んだかのように感じている状態」を指す。その没入レベルの度合いが高まれば高まるほど「ナラティブに示唆された価値観に影響を受け、態度を変容させやすい」ことがさまざまな実験で明らかにされている（Green & Brock, 2000; 川端 et al., 2014,p.2）。

社会派で知られる作家、山崎豊子氏の代表作のひとつ『白い巨塔』も、多くの人々を文字通り没入させた。上昇志向の強い大学病院の医師、財前五郎《ざいぜんごろう》と、権力に惑わされず自らの医道を貫く里見脩二《さとみしゅうじ》医師が繰り広げる葛藤の物語だ。

１９６３年に週刊誌『サンデー毎日』で連載が始まり、財前医師による「誤診」を裁く法廷シーンになると、誤診された経験を持つ人々などから共感の手紙がサンデー毎日編集部に殺到。逆に医学界からは「素人が軽々に（誤診問題を）取り扱うべきではない」といった批判の声が上がった。

連載小説が最終的に、誠実な里見医師が大学を追われ、不正を重ねる財前が笑うという結末に終わると、編集部には連載再開を求める反響が相次いだ（新潮社山崎プロジェクト室 2015, pp.122-123）。その内容はおおむね次のようだったという。


「この小説の社会的影響の重大さを考え、作者は患者側が控訴して勝つまで書く責任がある。現在の権力万能の世相の中で、小説の世界だけでも善良な国民の味方になってほしかった、このままでは医学も裁判も信じられない」


フィクションであってもその内容には社会的責任さえ伴うというのだ。これこそが人間がナラティブに没入した時に起きる強烈な感染状態だろう。

ドイツ人心理学者ドルフ・ジルマンによると、私たちは物語に出てくる好きな登場人物が良い行いをして成功すれば快感を覚え、嫌いな登場人物が悪行を重ねながら成功すると不満や不安を感じるという（Zillmann & Vorderer, 2000）。

読者からの声に押されて連載は再開し、財前は今度こそ「正義」に打ち負かされて物語は幕を閉じた。

コロナ禍で顕在化した「お上主義」

現代社会においては原発問題やパンデミックなど人命に深く関わる複雑な課題が山積みだ。本来ならば市民一人ひとりがさまざまな選択肢を慎重に吟味したいところだが、問題の多くが複雑で専門的なため、つい「権威」にお任せしてしまいたくなる。国民が理解できるような形で、専門家が分かりやすい説明を与えていないことも少なくない。

本来はそんな時にこそナラティブ的なアプローチが求められる。専門家が難しい問題をかみくだいて説明し市民に提示することで、市民により主体性を持った意思決定を促すことができる。コロナ禍ではそうしたアプローチを生かすべき機会がいくつもあったが、実際にはそうはならなかった。

例えば厚生労働省は２０２０年当初からコロナの感染ルートとして「接触感染」「飛沫感染」「マイクロ飛沫感染」を挙げた。だがその約半年後の２０２０年７月６日、英オックスフォード大学の学術誌『臨床感染症学』は論文「新型コロナの空気感染に対処する時が来た」を掲載し、主たる感染ルートは「空気(エアロゾル)感染」の可能性が高いとの見方を提示した(Morawska & Milton, 2020)。これは世界的な注目を集め、世界保健機関(WHO)はその3日後の7月9日、換気の悪い状況での空気感染の可能性を認め、軌道修正を図った(WHO, 2020)。日本でも国立病院機構仙台医療センターの西村秀一《にしむらひでかず》ウイルスセンター長をはじめ医師ら専門家239人がこの論文に署名し、見解を支持した(和田, 2020)。

ところが厚生労働省が空気感染の可能性を正式に認めたのはそれから1年余り後の2021年10月だった。この間、多くの飲食店やサービス業などが「接触感染」「飛沫感染」対策に私財を投じ、それでも営業は規制され、多くが閉店や廃業に追い込まれた。経済は冷え込み、コロナ禍から早々に回復する世界を尻目に、日本はその潮流からも取り残された。世界で支配的ナラティブとなった「空気感染」は、日本では最後までオルタナティブ・ストーリー的な存在として扱われた。空気感染が主な感染ルートだということがもっと早く日本社会全体に周知されていたら、ポイントを絞った対策強化(分科会は2022年夏に換気対策強化を提言)が可能だったはずだ。

日本はなぜWHOや諸外国のような軌道修正を図れなかったのだろうか。

愛知県立大学の清水宣明《のぶあき》教授(感染制御学)は、「公的機関が流行当初に空気感染(エアロゾル感染）を否定してしまったことが問題で、今に響いている」と指摘する（下桐，2022）。

これだけの規模の未曾有の感染症である。状況が変わり、その場その場で対応することはやむをえない。新たな医学的見解も出てくるだろう。そうした激流の中にあっても、「当初は接触・飛沫感染への対策が最優先と見られたが、その後の研究で空気感染の可能性が高まったのでそれに準じて対応を変える」と時系列的に順を追ってナラティブ形式で説明することはできたはずだ。そのうえで「大事なことは命を守ること。今回の対応は変節ではなく柔軟性によるものだ」と率直にひとつの「筋」を提示して見せれば、国民の理解を助けることになっただろうし、地方自治体の規制の内容もかなり変わっただろう。

ここでメンツや政治的な駆け引きにこだわり、「当初からの一貫性」に固執し過ぎると、大事なことを見失う。太平洋戦争でも同じようなメンタリティで戦争に突き進んだ。ただここには、変化を嫌い、権威主義的で、政府や権力者が提唱する大ナラティブをありがたく押しいただくような日本社会の「お上主義」が存在することも看過できない。

哲学者で歴史家のミシェル・フーコーは、「支配する側」「支配される側」は二項対立にあるのではなく、支配される側はむしろ「支配を積極的に望んでいる」のであり、「権力は、上から押しつけられるだけではなく、下からそれを支える構造」があると述べている（千葉，2022,p.85）。この「下から支える力」が、日本の場合は「お上主義」であり、また新興勢力としての小ナラティブやオルタナティブ・ナラティブを「正当性がない」と見下し抑圧する保守的な価値観ではないだろうか。

戦争末期、旧日本海軍は巨大な「戦艦大和」を造ることで国民を安心させ、心理的に操ろうとしたとされる。そこには国民を「支配したい軍部」と「支配されたい国民」の共依存の関係が存在したように思える。その閉鎖性に挑戦するのが本来、「正当性」を持たない小ナラティブでありオルタナティブ・ナラティブだが、当時はそうした声は時の権力にかき消された。長らく抑圧されてきた個人のナラティブは、ＳＮＳの力を借りて、最近ようやくミニ・ドローンの群れを形成するように逆襲を図りつつある。

だがコロナ禍では、問題が専門的で、議論を活発化させる役割を果たすメディアも海外の論文などへのアプローチが弱く、議論の土台となる情報を国民に十分に提示することができなかった。今後、同じように専門性が高く、しかも人命に関わる問題（例えば大規模災害やパンデミックなど）が起きると、この「支配したい側」と「支配されたい側」の共依存関係が再び深まって新たな政治の暴走を起こしかねないのではないかと危惧する。

米国人政治学者のエメリー・ロー氏はその著書『ナラティブ政策分析』で、政策が専門的で複雑化した現代社会においては、まずナラティブ的なアプローチで論点を整理することが大事だと提唱する。現在支配的（ドミナント）なアイデアを「始まり―中間―終わり」

という形で整理し、これとは異なるオルタナティブなアイデアなども取り込みながら、より大きな「メタナラティブ」を作って議論の土台とするのだという（Roe, 1994）。

対立・矛盾する多様な見方やアイデアも、ナラティブ形式なら同時並行的に抱えられる。そこから大きな土台を立ち上げて議論するというアプローチは、回り道のように見えて実はリスクが低く、安定した議論にもつながりやすいのではないだろうか。

「お上」が提示する論理科学モードの思考は客観的で論理的だが、半面、矛盾やあいまいさを嫌う。対立する要素をバッサリと斬り落とす「潔さ」が父性的だと捉えられがちで、マッチョ的な日本の政治体質との親和性も高い。これに対してナラティブ・モードは矛盾や対立をすべて抱えて走るという、より包含的で母性的なアプローチのようにも感じる。

どちらかを選択するということではなく、論理科学モードとナラティブ・モードを両立させるアプローチが好ましい。「空気感染」のケースでいえば、これまでの政府の見解とは異なる研究結果でも、論理科学モードの思考で必要だと考えたら柔軟に軌道修正を図る。そこで生じる矛盾はナラティブ・モードの語りでしっかりと国民に説明すれば理解は十分、得られるはずだ。

『ハリー・ポッター』を読んだ子供に見られる「効果」

ナラティブ的なアプローチを生かす力を育むにはどのような教育が必要だろうか。世界的な大ベストセラー『ハリー・ポッター』シリーズを読んだ子供たちは、人種の違いや性的指向の異なる少数派への寛容度が高かった、というデータがある(Vezzali et al., 2015)。これは作者が小説に込めた価値観が読者にも共有され、彼ら自身の血となり肉となった結果だと理解されている。

また読書と社会的認知能力との関係性を調べたメタ分析(多くの論文を分析したもの)によると、フィクションを多く読んだ人はノンフィクションを多く読んだ人より共感能力や他者の心を想像する力が高い傾向にあることが分かっている(Mumper & Gerrig, 2017)。

ナラティブ・モードの思考力を高めることは、ナラティブ的なアプローチの実践にも欠かせない。だが日本の文部科学省は、その力を育む授業を削減しようとしているようだ。

文部科学省は2022年度から、高校学習指導要領で国語分野を大幅に再編した。その結果、教室で小説を読む時間が少なくなるとの懸念がある。

かねてより政権与党は、「若者の論理的な思考が欠如している」と指摘。その原因は「現場の指導が文学作品の読解に偏り、実社会で役立つ論理的思考力の育成が十分ではないため」と見なし、「国語改革」として指導要領の再編に乗り出した。選択科目の「現代文」を、評論や学術論文、判決文などを読解する「論理国語」と、小説や詩歌といった文学的文章を読む「文学国語」に切り分けた。「文学作品の読み取りに偏りがち」な現状から、実社会で役立つ国語力の育成に力を入れ、実用的な国語を学ぶ時間を確保することで論理的な思考の向上を目指すという。

これに伴い、大学入学共通テストなど入試でも実用文が採用されるようになり、文学国語より論理国語を選ぶ高校が増えつつある。

再編の根底にあるのは「フィクションを読むこと＝現代社会に必要な論理的思考が育たない」という発想だ。仮に若者に論理的思考が欠如しているのが事実だとしても、小説の読解に充てる時間を減らすことが、果たして論理思考を育むことに資するのだろうか。

教育の現場からは、そもそも「論理」と「文学」は簡単には切り分けられないとの批判が根強い。明治大学の伊藤氏貴《うじたか》教授（日本文学）は毎日新聞の取材に、「小説では人の心が描かれ、それは時に分かりにくい。だが、その人物の論理を読み解く学習をすることで、『共感できなくとも理解する』力が養われる。日々の生活で求められ、試される『論理』は、むしろこちらの方の能力ではないだろうか」と述べている。

ちなみにアインシュタインは、子供を科学者にしたいという母親からどんな本を読み聞かせればいいかと問われて次のように答えたという言い伝えがある（Winick, 2013）。

「子供に知的になってもらいたかったら、おとぎ話を読んであげなさい。もっと知的になってほしかったら、さらにもっとおとぎ話を読んであげなさい」
「論理はあなたにAからZまで見せてくれるでしょう。イマジネーションはあなたを、どこへでも連れて行ってくれるでしょう」

物語形式を危機管理に使う

ナラティブ・モードの語りは、論理科学モードの説明より記憶に残りやすいとのデータがある（Yekovich & Thorndyke, 1981; 川端 & 藤井, 2013）。記憶に残りやすければ、人を動かしやすくもなる。この特性を危機管理に生かす手はないだろうか。

日本での取り組みを調べていく中で、防災に関する教育や啓蒙活動にナラティブ的なアプローチが使われていることを知った。

そのひとつは「防災小説」という取り組みだ。地震学が専門で、各地で防災教育にも取り組む慶応義塾大学の大木《おおき》聖子《さとこ》准教授は、子供たちに自分自身を主人公にした「防災小説」を書く機会を与える教育を提唱する（明日をまもるナビ, 2021）。防災を「我が事」として受け止めることが、意識変革をもたらすと考えるという。

文部科学省の調査によると、小中高校で防災指導をしている学校はほぼ100％だが、避難訓練も含まれるため、その他の取り組みは必ずしも多くはない。大木准教授は、南海トラフ地震による津波の被害が想定される高知県土佐清水《とさしみず》市で防災教育についての相談を受けたのを機に、「防災小説」の普及に取り組むようになったという。

災害日時や気候条件をあらかじめ設定して生徒たちに伝え、地震発生時に自分が何をしているか、その時の心境や家族、町の状況を想像しながら主人公の自分に地震を「経験」させる。それは未来の自分や家族の心、町の状況に思いをはせながら、ナラティブ・モードの思考を駆使してひとつの物語を作り上げていく作業だ。

地震がもたらす状況を予想し、頭の中で繰り返しシミュレートし、「あれが起きるかも」「これも大事だ」とさまざまな「気づき」を繰り返しながら、災害はもちろん、その時の自分の感情を疑似体験する。防災対策を箇条書きしたパンフレットなどで「学ぶ」よりずっと子供たちの感情を呼び起こし、記憶に残りやすくなるという。

例えば埼玉県川越市立霞ケ関西中学校3年のある女子生徒は、地震後に駆けつけた避難所で、多くの人々が助け合う姿を想像し、協働や共感の重要性を「疑似体験」した。この中学では1年生で「自宅でできる防災アイデア」を防衛計画にまとめ、2年生で避難所での「共助」についての4コマ漫画を描く。3年生になったら防災小説を書かせる。そうやって段階を踏むことで、子供の成長に合わせた教育を実践している。いずれもナラティブのアプローチをふんだんに盛り込んだ取り組みだ。

防災教育に「物語」を取り入れる試みは、実は歴史があるようだ。最も有名なのは「稲《いな》むらの火」と呼ばれる物語だろう（内閣府, n.d.-b）。江戸期安政の頃、現・和歌山県広川町《ひろがわちょう》に濱口儀兵衛《はまぐちぎへえ》という人物がいた。彼は1854年に安政南海地震津波の地震が起きた時、とっさにある「演出」をして多くの人々を高台に集め、命を救った。そんな伝承をモデルに、作家の小泉八雲《こいずみやくも》（ラフカディオ・ハーン）が物語を書き、それが後に「稲むらの火」のタイトルで国語の教科書に採用されている。

濱口をモデルにした主人公はある日、地鳴りを感じて高台から村を見下ろす。人々は祭りの準備に夢中で気がついていない。「津波がくる」。そう感じた主人公は稲束の山に火をつけて「火事」を演出。人々が消火しようと慌てて高台に駆け上がり、間一髪で津波の被害を回避する――。

実際には濱口が燃やしたのは藁《わら》の山で、火をつけたのも津波が来た後だったらしいが、彼はその後巨額の私財を投じて防潮堤を築造し、約90年後に起きた東南海地震（1944年）、南海地震（1946年）の津波で多くの人々の命を守った。

この物語は2004年のスマトラ沖地震・インド洋津波災害で再び注目され、アジアなど海外諸国で翻訳された。和歌山県広川町は「稲むらの火の館」（濱口梧陵《ごりょう》記念館・津波防災教育センター）を建築し、啓蒙活動に役立てているという。

物語がいかに人々の記憶に残りやすく、その「伝承力」が危機管理に生かしやすいかを実感させるケースだ。

このほか内閣府も独自の取り組みをしている。自然災害に被災した人々や被災地の行政担当者から、「災害の一日前に戻れるとしたら、あなたは何をしますか」というテーマでエッセイを書いてもらい、地域別やテーマ別に分類してウェブサイトに掲載している（内閣府 n.d.-a）。「タンスがあんなに簡単に倒れてくるなんて」「家族と連絡が取れずとても不安だった」。そんな個人の語りから、読み手はさまざまな「学び」を得る。

危機管理にナラティブ的なアプローチを使うという試みは諸外国でも実践されている。よく知られているのがスイス政府の取り組みだ。「ある国から侵略戦争を仕掛けられた」という設定で物語を作り、その対策をまとめた書籍を全戸に配布した。和訳されたのが、『民間防衛：あらゆる危険から身をまもる』（スイス政府編著　原書房　1995）である。

永世中立国のスイスといえども戦争に巻き込まれないとも限らない。突然何者かに侵略された時、市民はどう対応すれば良いのか。スイス政府は徹底的に個人の視点からその危機を描くという、ナラティブのアプローチを採用した。

それは国家存亡の危機という架空のシナリオで始まる。

消火方法や救助活動から核兵器攻撃に備えての対処法、戦時の妨害工作やスパイ戦術、情報戦にいたるまで、いずれも個人の視点に立ったナラティブの形式で訴えかける。

やがて始まる侵略行為。最初に出くわすのは敵の「偽旗情報（攻撃を正当化する情報）」だ。「平和な時代から、敵は、あらゆる手段を使ってわれわれの抵抗力を弱める努力をするであろう。敵の使う手段としては、陰険巧妙な宣伝でわれわれの心の中に疑惑を植えつける、われわれの分裂をはかる、彼らのイデオロギーでわれわれの心をとらえようとする、などがある」と警戒を呼びかける。それはまさに、ロシアがウクライナ侵攻で見せた情報戦そのものだ（第4章P179）。

いよいよ「戦争」が始まり、敵国からの猛攻を受ける。最終章の「レジスタンス（抵抗活動）」では、占領軍の「洗脳工作」に警戒せよ、「怒り」を抑えて時を待とう、と忍耐を呼びかける。

2014年にロシアがウクライナのクリミア半島を一方的に編入して以降、ウクライナでは各地で民間防衛の徹底が図られた。「地域防衛隊」などと呼ばれる民間組織を作り、元軍人や予備役兵らを講師に小銃の構え方や救命処置、バリケードの作り方、ゲリラ戦の心得を共有した。まさにスイスの「民間防衛」を実践するかのような姿だった。

「選挙はストーリー」と語った安倍元首相の1人称政治

この章では最後に、ナラティブを伴うアプローチが政治や経済、社会でどのように実践されているかを検証する。

ナラティブで人を動かすといえば政治家だ。安倍元首相は2021年秋の自民党総裁選を振り返り、NHK記者からの「河野（筆者注：太郎）氏は小泉進次郎・前環境大臣や、石破茂・元幹事長と連合軍のような形で戦いを展開したが、どう見ていたか」という問いにこう答えている（NHK政治マガジン，2022）。

「それも1つの考え方で、国民的な人気の高い人たちを集め、いわば『永田町の論理』対『国民』という構図をつくると。選挙はストーリーですから、1つのストーリーをつくったなとは思いました」

安倍氏は、「選挙はストーリー」との確信を抱いていたようだ。彼自身もその「語りのうまさ」には定評があった。特に過去の出来事を「劇画調」に語るのがうまかったという。

映画監督になりたかったという安倍氏だけに、ナラティブ創りには人一倍たけていたのかもしれない。

前出・政治学者の宇野重規・東京大学教授はその著書『〈私〉時代のデモクラシー』で、安倍氏の弁舌には意識的、あるいは無意識的に「私」を強調し、個人的な「信念」や「思い」を政治家としての意思決定と直接結びつける傾向が見られたと指摘する。

安倍氏は憲法改正の根拠として祖父・岸信介元首相が果たせなかった「無念」をはらしたいという私的な思いを掲げた。これは小泉純一郎元首相にも通じる特徴で、小泉氏も在任中、靖国神社参拝について中国や韓国から批判されると「これは心の問題」と反論し、日本の首相としての見解を問われたにもかかわらず政治的、法的な説明を拒んだ。

公私混同との批判も免れないような政治スタイルだが、宇野教授によると、かねてより政治に「距離感」を感じてきた人々の中からは好意的に受け止める声が少なくなかった。「公式発言」に終始し無味乾燥とした言葉を並べる政治家に比べ、「私」があり、親しみや共感を覚えやすかった。小泉氏のナラティブは実際に多くの有権者を動かし、投票所へと向かわせた。宇野教授によれば、安倍氏は小泉氏ほど幅広く支持を得たわけではないが、「私的な信念や思いを無媒介に自らの政治家としての公的行動の理由づけと直結させるという点においては、両者の間には興味深い類似性が存在」（同書P105）するという。

この「私」政治を、ナラティブの人称の視点から考えてみる（図表1－1＝第1章P20）。

日本の政治家は従来、「私たち」（We）としての1人称複数を使うことはあっても、「私」（I）という1人称単数をむやみに持ち出すことには慎重だった。ところが小泉氏や安倍氏は公的な意思決定の理由づけなどにおいても1人称単数を多用した。ここで注目しておきたいのは、人称の違いがもたらす印象の違いだ。ナラティブは3人称に近づくと無味乾燥とした「他人ごと」になるが、1人称に近づくほどうるおいを宿し、良くも悪くも「我が事」として伝わりやすい（第6章P316）。

米国防総省の機関である「国防高等研究計画局（DARPA＝ダーパ）」はナラティブの軍事利用について研究する中で、「話者」が個人的な考えや感情を開示すればするほど「受け手」は共感を強め、それに準じた行動を起こすことをさまざまな実験で確認している（第4章P226、229）。これはつまり、政治家も「私」を語るほど有権者をひきつけやすく、その投票行動にも影響を及ぼしやすいという可能性を示唆する。

宇野教授は、「たえず人々の『実感』に訴えかける政治的テクニック」が重要になることはいつの時代も同じだと指摘。そのうえで、近年においては「私」と「公」をつなぐ「制度的なパイプ」が目詰まりを起こしているため、こうした表面的なテクニックばかりがますます注目されるようになっているのではないかと危惧する。

「私」と「公」をつなぐ、民主主義政治を支える中間的なパイプが機能不全を起こし、その一方で、「私」と「公」を直接結びつける政治家の1人称単数ナラティブの影響力が増しているというのだ。そうだとすれば、むやみに政治家の1人称単数ナラティブに振り回される社会とならぬよう、「私」と「公」を結ぶパイプの再構築が求められる。

ポーランド出身の社会学者、ジグムント・バウマンはその著書『政治の発見』(日本経済評論社　2002)で、公的な領域と私的な領域との間には「中間領域」としての「広場(古代ギリシャ語でアゴラ)」があり、それが両者を有機的に結びつけ、政治を活性化させると提唱した。

日本社会においては職場や組合、市民団体などが「広場」にあたり、公的な領域と私的な領域をつなぐ役目を担ってきた。だが経済のグローバル化や新自由主義の拡充、世代交代に伴う価値観の変容などで広場の活動や広場そのものが縮小傾向にある。その結果、例えば格差拡大で新たに下方に押しやられた個人が抱えるようなナラティブを吸い上げ、政治の場に持ち込むメカニズムが十分に働いていない。

広場の再建が必要だが、最近の政治家は面倒な作業を嫌い、もっぱら有権者に1人称単数ナラティブで直接訴えかけるSNS政治に躍起だ。そこでは怒りのナラティブを含んだ投稿ほど拡散されやすく、一部の政治家はこの「禁断の果実」に手を出し、市民に怒りや憎悪、排外主義をたきつけ、民主主義政治を内側からさらに掘り崩す脅威そのものを作り出している。

政治や社会全体を動かす大ナラティブと、個々人が抱える小ナラティブをつなぐ位置にある広場は本来、小ナラティブの群れを精査し、既存の大ナラティブをより良きものに置き換えるオルタナティブなナラティブを育てる役目を担ってきた。そうやって新たな大ナラティブを創り出し、社会全体の新陳代謝を促してきた（本章P151）。民主主義社会の健全性を保つこうしたメカニズムが機能不全を起こすいま、社会の不活性化、膠着化は免れないだろう。

コロナ禍においては広場の機能不全がさらに加速し、本来公的な問題として取り上げられるべき問題（例えば格差の拡大など）が「自己責任」として個人の問題に帰結されたり、逆に個人的な政治家の思惑が堂々と公的な場で語られ、公私混同的なふるまいが「親しみやすさ」のように捉えられたりする倒錯の政治が深化した。

砂漠化した広場には、国家に「憂慮」してもらえない、新たに周縁化された個人のパラノイア・ナショナリズムが氾濫《はんらん》しやすくなる（第1章P54）。「憂国のナラティブ」は安倍氏、あるいはトランプ氏が実践したような1人称単数のSNS政治と親和性が高い。いずれも「憂国」と見せかけて、実は自らを憂える自己愛、ナルシシズムにつながるものだからだ。

思考ウイルスが経済変動を引き起こす

ナラティブと経済の関係については、ノーベル経済学賞を受賞したエール大学スターリング経済学教授のロバート・シラー氏はその著書『ナラティブ経済学』でこう述べている（シラー，2021）。

「最終的には、経済変動を引き起こす消費判断や投資判断を行う大多数の人々は、決して十分な情報を持ってはいない。そのほとんどは、ニュースを慎重に見たり読んだりしないし、まともに理解できる形で事実を手に入れることもほとんどない。それでも彼らの決断は全体的な経済活動を動かす。それなら、注目を集めるナラティブがそうした決断を動かすのであり、それがしばしばセレブや信頼できる人物に支援される、というのが実態であるのはまちがいない」

シラー教授によれば、日常的なショッピングから投資活動にいたるまで、私たちは「思考ウイルス」としてのナラティブを自分の中に宿したり他者に感染させたりしながら経済的な意思決定をしている。だから大きな経済現象が起きた理由を知りたければ、経済を一定の方向に動かすナラティブの群れを分析する必要がある。しかし多くの経済学者はナラティブに注目しようとしないので、この本を書く必要があったのだという。

またSNSに集積されたマイクロ・ナラティブ、つまり小ナラティブの群れとしてのビッグデータをAIで解析すれば、人々の思考がどのようなタイミングでどちらの方向に向かうのかを予測することも可能だろうと指摘している。

そしてまさにそのナラティブの動向を解析し、操作する技術を開発したのがケンブリッジ・アナリティカの元研究部長、クリストファー・ワイリーさんらだ。

ワイリーさんは、「政治を動かしたければ文化を、文化を変えたければ個人のナラティブを見ていく必要がある」と語ったが、経済においても、個人のナラティブにもっと注目しなければ本質的な流れを見失う、とシラー教授は提唱している。

第4章　SNS＋ナラティブ＝世界最大規模の心理操作

ケンブリッジ・アナリティカ事件の告発者に聞く

２０２２年5月25日夕、私は毎日新聞東京本社の小さな会議室で、英国に住むある人物にオンラインインタビューをするための準備をしていた。彼は日本メディアには以前、民放テレビ局１社のインタビューに答えことがあるが、他のメディアの取材には応じていないという。

約束の時刻の約5分後、彼はパソコンの画面上に現れた。

金髪に鼻ピアスの青年。それは間違いなく、世界を揺るがした「ケンブリッジ・アナリティカ・スキャンダル」の内部告発者、クリストファー・ワイリーさん（33）だった。

彼の著書『マインドハッキング：あなたの感情を支配し行動を操るソーシャルメディ

ア』（新潮社　2020）によると、ケンブリッジ・アナリティカは英国に拠点を置く軍事下請け業者で、軍事心理戦（PSYOPS＝サイオプス）を得意とするデータ分析企業。同社は独自に開発したアルゴリズム（コンピューターがデータ処理をする際の計算手順、計算式）を駆使し、2016年の米大統領選や英国のEU（欧州連合）離脱（いわゆるブレグジット）で、SNSを通じた世界最大規模の世論工作をしたことがワイリーさんの告発などで明らかになっている。

ワイリーさんは1989年にカナダのブリティッシュ・コロンビア州に生まれ、13歳で自分のウェブサイトを作り、18歳でハッカーのたまり場に通い始めた。カナダ自由党（LPC）でアルバイトをしていた時に米選挙調査団メンバーに選ばれ、2008年のバラク・オバマ米大統領（民主党）が誕生した選挙を視察した経験がその後の運命を決めたという。「イエス・ウィー・キャン」。多くの若者と同様に、ワイリーさんもオバマ氏のナラティブに魅了されたが、それ以上に衝撃を受けた

ロンドン市内からオンラインインタビューに応じたケンブリッジ・アナリティカの元研究部長、クリストファー・ワイリーさん
＝2022年5月25日、筆者撮影

のは選挙手法だったそうだ。有権者の年齢や職業、性別、居住区などを登録し、属性別にグループに分ける。機械学習に基づくアルゴリズムで「この地域に生まれ育った、□△な社会経済的背景を持つ人々は○×党を支持する傾向がある」といった予測を立て、各層ごとに最適と思われるナラティブを政治広告（ターゲティング広告）としてSNSに流し、選挙運動などに駆り出していく。

当時私もワシントン特派員としてこの大統領選を取材したが、オバマ陣営が新たな票田を獲得するたびに、米メディアはオバマ氏のナラティブの威力だなどと報じていた。だが現実には、ナラティブとSNSを組み合わせた選挙スタイルが大きな勝因だったのだ。ワイリーさんはそのアプローチに関心を抱き、独学で数値解析ソフトや予測分析ソフトを設計する作業に没頭するようになったという。

その後英国に渡りロンドン・スクール・オブ・エコノミクス（LSE）を卒業した彼は、ケンブリッジ・アナリティカの親会社でロンドンに拠点を置く「戦略的コミュニケーション研究所（SCL）」に就職した。SCLは当時、英軍や米軍などをクライアントとし、世界各地で軍事心理戦や「影響工作」を請け負い、特にイスラム過激派対策をウリにしていた。ワイリーさんはそこでオバマ陣営の選挙手法などを参考に、過激派のナラティブ拡散を抑止したり、西側諸国のサイバー攻撃防衛体制を強化したりするプログラムの開発に携わった。ＳＣＬ傘下のケンブリッジ・アナリティカで研究部長も務めるようになり、その心理戦の最前線に立った。

だが２０１４年ごろから、ケンブリッジ・アナリティカのプロジェクトはロシア系の勢力に丸ごと買い取られ、ロシア系のスタッフが急増。業務内容は「イスラム過激派対策」から大きく離れ、むしろ一般市民の思考を過激化させるようなプロジェクトが目立つようになった。

ワイリーさんは同年末に退職。その際に一部内部資料を持ち出し、２０１８年3月、英『ガーディアン』紙や米『ニューヨーク・タイムズ』紙、英公共テレビ「チャンネル４」と連携して告発に踏み切った。

ワイリーさんが告発の矢を放った3月17日の朝、イスラエルの大学院に通っていた私は、イスラエル諜報機関元幹部によるインテリジェンスに関する講義を受けるため、教室にいた。講義が始まるや、元幹部はやや興奮した口調でこう語った。

「今朝はとんでもないニュースが飛び込んできた。この事件は、これからの世界の政治のあり方を大きく左右するようなものになるだろうからしっかり行方を見守るように。特に、アルゴリズムとナラティブの融合がどれほど人間の心理に影響を及ぼすのか。それを物語るのがこの事件だ」

敵対的な勢力に足場をつくる

ケンブリッジ・アナリティカによる政治的な世論工作の具体例として知られるのが、トランプ氏が勝利した2016年秋の米大統領選とその年の夏に起きた英国によるEU離脱決定だ。

ケンブリッジ・アナリティカはフェイスブック（FB、現メタ）から個人データ約8700万人分を不正に入手し、トランプ氏の政治広告などに利用したとされる。だがワイリーさんによれば、選挙の数年前、少なくとも2013年ごろにはすでにケンブリッジ・アナリティカにロシア系の資金と人材が大量に流入。2016年の米大統領選に向けて、偽情報を拡散させるための心理的な下地としての「足場」作りが始められていたという。例えばSNSを介して米国市民に対し、「プーチン露大統領が強いリーダーであること、そして西洋のリベラルな指導者とは違い、同性愛や人工妊娠中絶に批判的で、伝統的な価値を守り、市民を守る力強い存在だと印象づける情報操作を繰り返していた」（ワイリーさん）。

そもそもトランプ氏が支持基盤とする、同性愛や人工妊娠中絶に批判的な米国のキリスト教系保守層と、プーチン氏が掲げる伝統的で保守的な価値観や政治思想には一定の親和性がある。ワイリーさんによれば、ロシアが発する偽情報はこうした米国の保守層に「刺さりやすい」という。

実際、ロシアがクリミアを一方的に編入した時期にケンブリッジ・アナリティカが米国市民を対象に行った調査では、「プーチンには自国を守る権利がある。自国のためにベストを尽くすのは当然」といった意見が見られた（ワイリー, 2020,p.214）。それどころか「ロシアにとってのクリミアはアメリカにとってのメキシコと同じ。でも、オバマと違ってプーチンは有言実行」などとプーチン氏を指導者として積極的に評価する声もあったという。

「プーチンは情報戦に勝つ必要はない。ただ足場を持っておくことができればいいのだ」

これはロシアによる情報操作を調査する米クレムソン大学のダレン・リンビル准教授の言葉だ（Silverman & Kao, 2022）。米国では反プーチンの世論が優勢であることは間違いない。だがそれでも米国で親露の足場を築いておけば、ロシアが偽情報を発信する際の拠点に使える。そして現実に米大統領選やロシアによるウクライナ侵攻では、こうした足場からさまざまな偽情報が発信されたという。

ＳＮＳ時代の現代においては、少数派のナラティブが何かのきっかけでより大きな影響力を持つようになることもある。そのためにも「平時」の下ごしらえが重要なのだ。

人間の脳は、新たに入ってきた情報をそのまま客観的に受け止めるわけではない（第5章P289）。自分の経験や知識をベースにナラティブ形式の世界観が形成され、そのフィルター（養老孟司さんの言う「重み付け」）を通して現実を見ている（第1章P25）。だからもともと親露のナラティブを持つ人はプーチン氏の主張の方が、ウクライナや欧米諸国の主張よりずっとリアルで受け入れやすい。

だからこそ個々人の中にナラティブ形式で保存されている「重み付け」を日ごろから操作しておく必要がある。それが「下地」となり、新たに入ってくる情報、つまり世界情勢の進展などを評価するベースになるからだ。

感情が政治を動かしたブレグジット

ケンブリッジ・アナリティカは2016年6月の英国によるEU離脱決定にも関与した。

EUやユーロ圏からの英国の離脱は「Britain（英国）」と「Exit（離脱）」をかけ合わせた造語「ブレグジット」と呼ばれた。英国は国民投票を実施し、僅差でEU離脱を決めた。だが2020年1月の離脱から3年を迎えた2023年冬、英国内で行われた各種世論調査では「離脱は間違いだった」とする声が「正しかった」という声を軒並み大きく上回っている（中島, 2023）。

ケンブリッジ・アナリティカはＥＵ離脱を支持する市民団体「リーブＥＵ」の依頼を受けて介入した。リーブＥＵは人種差別的な反移民主義を掲げる組織だ。英国でも当時、大交代理論のような排外的なナラティブが広がり、安い賃金で働く移民への反感が広がっていた。ケンブリッジ・アナリティカはそうした移民への反感を足場に、英国のＥＵ離脱を仕掛けたとされる。

「英国は毎週、ＥＵに3億５０００万ポンドも出している」

ケンブリッジ・アナリティカとリーブＥＵはそんなメッセージをＳＮＳに次々と発信した。実際のＥＵへの拠出金は1億６０００万ポンドで政府支出の1％強に過ぎない。だが「3億５０００万ポンド」という誤った数字がＳＮＳで拡散されひとり歩きした。

英国では米国と同様にグローバル経済の拡大やそれに伴う経済格差の深化が進み、新たに社会の下方に押しやられた人々が、安い賃金で働き、あるいは生活支援を必要とする移民らをＥＵ全体の「重荷」「脅威」と見なし、ＥＵ離脱や反移民の排外主義を掲げた。彼らは右派ポピュリズムとも連動し、急速にその勢いを拡大させた。

パラノイア・ナショナリズムの風は英国にも及んでいたのだ（第1章Ｐ54）。すでに市民の間に芽生えている特定の階層への怒りや憎悪の感情をたきつけ拡大させていくことは、ケンブリッジ・アナリティカのノウハウをもってすれば難しいことではなかった。彼らの不安をあおるナラティブを創り、あとはアルゴリズムを駆使してＳＮＳで効率良く拡散させるだけだ。

社会的格差はパラノイア・ナショナリズムを生み出し、市民を分断し、国家としてのレジリエンス（復元力）を弱め、特定のナラティブに感染する脆弱性を生み出していく。イスラエル・ヘブライ大学のユヴァル・ノア・ハラリ教授はブレグジット支持派とトランプ氏の支持者には多くの共通点があると指摘している（ハラリ，2021）。

「トランプとブレグジットに票を投じた人の大半は、自由主義のパッケージをそっくり拒絶したわけではなく、主にグローバル化にかかわる部分への信頼を失っただけだ。民主主義や自由市場、人権、社会的責任の価値は依然として認めているが、これらのすばらしい考えは、国境止まりにしうると考えている。それどころか、ヨークシャー地方やケンタッキー州で自由と繁栄を維持するためには、国境に壁を建設し、外国人に対して非自由主義的な政策を採用するのが最善だと信じている」

心理操作はノード（塊）としてのコアグループから

「心理的な下地」を作るということは、オンラインで構築する情報拡散の足場を作ることでもある。私はワイリーさんへのインタビューでまず、心理操作の主な流れについて聞いた。

「そのコミュニティで少数派の人々は、偽情報に感染させる際の『核』に使える。その母数は多数である必要はない。むしろ少数の方が、都合が良いぐらいだ。特定のナラティブに食いつかせるためには、その集団が非常に密な関係性を持っていることの方が重要だ。これをコアグループとしてのノード（塊）と呼ぶ。例えばある陰謀論ナラティブをノードに流すと、急速に拡散され、ユーチューブなどSNSで議論を始める。そうした議論を既存メディアがSNSでの反響欲しさに食いつき、全国規模の『ニュース』で取り上げる。そこに『票の匂い』を嗅ぎつけた政治家が参入し、極端な人々の極端な議論や陰謀論が、いつの間にかお茶の間へ、さらには国会の場へと持ち込まれていく」

ワイリーさんによると、一連の流れはこうなる。

一握りのノードにひとしずくのナラティブを垂らす➡コアグループを中心にSNSで拡

散↓既存メディアが取り上げる↓政治家が食いつく↓より公の場での議論となり、一般市民へと広がる

それは「まるで血流に乗るように社会全体に循環する。操作する側はただそれを眺めていればよい」（ワイリーさん）のだという。

この流れは前出の「大交代理論」が拡散されたメカニズムにも当てはまる（第1章P51）。大交代理論は当初、極めて極端な思想で一部の極右だけがSNSで論じた。だがそれを米FOXテレビが「ニュース」であるかのように報じ、一般市民に広く感染してテロ事件などを起こす事態につながっている。「血流」をアルゴリズムで数値化したのがワイリーさんらだった。

ケンブリッジ・アナリティカが開発した計量心理学などに基づく心理操作の詳細については本章後段で詳述するが、偽情報は言論の自由が保障された欧米諸国ほど拡散されやすい。ワイリーさんは、これこそが西側諸国の脆弱性でもあると語る。

「欧米諸国の市民は陰謀論などに感染しても、憲法で表現の自由が保護されているから治安当局は対処のしようがない。つまりそこが民主主義社会の弱みでもある。世界最強の米

軍といえども、表現の自由を攻撃することはできないのだ」

いいね300個で伴侶より正確にあなたを分析

ケンブリッジ・アナリティカが世界に先駆け実践したという、ナラティブとデジタル技術を組み合わせた世界最大規模の心理操作プログラムとはどのようなものなのか――。

インタビューは徐々に核心に近づき、私はケンブリッジ・アナリティカが開発したという心理操作技術の汎用性について尋ねた。誰にでも同じようなプログラムは作れるし、使いこなせるものであれば、それだけ市民社会は大きな脅威にさらされているということでもある。

「ケンブリッジ・アナリティカで開発した心理操作の技術は、今ではもはや特殊なものでも特別なものでもなく、誰もが使える。そのことをケンブリッジ・アナリティカ自身が世界に証明して見せた。そもそも我々が利用した、市民のSNS投稿データはあらゆる目的に使える。政治的な目的にも軍事的なプロパガンダにも。そしてケンブリッジ・アナリティカが開発したようなメカニズムはもはや、ロシア軍だろうが中国軍だろうが、イラン軍だろうが、誰でも開発できる。安くて比較的簡単な手法だが、対処するのは極めて難しい。

それは一人ひとりのアイデンティティに大きな影響を及ぼす兵器だからだ」

ワイリーさんらがこのプログラムを思いついたのは、ある研究結果を知ったのがきっかけだったという。

2007年6月、英ノッティンガム大学の学生だったデビッド・スティルウィル氏らはFBの協力を得て「マイパーソナリティ（myPersonality）」というアプリを開発し、FBのサイト内に設けた（Kosinski et al., 2013; myPersonality.org, 2018）。

アプリ上でユーザーに心理テストを受けてもらい、引き換えに性格診断結果を提示する。ユーザーには、FBへの投稿内容や心理テストへの回答、さらにFB上の「友達」の投稿情報を提供することにも合意してもらう。本来は「友達」自身の了承を別途取る必要があるが、当時の同意書はユーザーがOKすれば友達の投稿情報も提供可能としていた。FBがそれを認めていたからだが、その後、個人情報保護のためこうしたサービスはやらなくなった。

スティルウィル氏らはFBのユーザー600万人以上からその投稿や心理テストへのアンケート結果、そして友達の投稿情報までをも含む巨大なデータセットを入手した。集めた「いいね」情報は計算心理学の手法で解析し、性格診断結果やユーザーの登録情報（氏名や住所、年齢、性別など）と合わせて分析した。

その結果、「いいね」の傾向を分析すると、高い確率でユーザーの性的指向や政治的思考、性格、幸福度、依存傾向、家庭環境、信仰などが一定程度予測できることが分かった。彼らはその結果を2013年発表の論文「個人の性格と属性は、人間のデジタル上の行動記録から予測可能」で報告した。

またスティルウィル氏らは別の論文「コンピューターは人格分析で人間を追い越した」で、ある人のFBの「いいね」を10個分析するとその人の職場の同僚より、150個でその家族より、300個で配偶者より正確にその人の性格や嗜好、考え方を把握できるという実験結果を報告した（Youyou et al., 2015）。

この論文は世界の政治家、軍事関係者、広告関係者らに大きな意識革命をもたらした。「いいね」はユーザーの「アバター（分身）」そのものだとの認識を世界に広め、大衆心理の操作をもくろむすべての関係者らがSNSに熱視線を向けるきっかけとなった。

ナラティブに感染させる「人体実験」

ワイリーさんらは、スティルウィル氏らの研究結果に衝撃を受け、調査に関わっていた当時ケンブリッジ大学の大学院生、ミハエル・コジンスキ氏（現スタンフォード大学教授）らをケンブリッジ・アナリティカの研究チームに引き入れた。そして同様の手法でFBのユーザー8700万人以上の情報を入手し、独自のプロファイリング・プログラムの開発を開始した。どのような投稿をする人に、いかなる性格・心理特性があるかを分析する技術の開発だ。

そもそもSNSでは投稿を公開している人が少なくない。つまり公開情報は自由に入手できる。ワイリーさんによると、ネット上でSNSへの投稿を自動的に収集できるソフトやボット（一定のタスクや処理を自動化するためのアプリケーションやプログラム）、ブラウザ拡張機能を使えばいくらでも公開情報を効率的に集めることはできる。そうやってまずネット上に「口」を仕掛けて大量の情報を流し込み、胃袋で消化するようにアルゴリズムで分析する。そのうえで各個人のプロファイリングを作成するのだという。

インタビューはいよいよ核心に入った。

個人のプロファイリングを作るのは、その人が反応しそうなナラティブを創り、こちらが望む通りの行動を起こさせるためだ。そのナラティブは誰がどのように創るのか。ワイリーさんの著書を読んでも、その視点での詳しい情報はなかった。単刀直入に聞いた。

「狙った集団の心に刺さるナラティブとは、どのように創られたのですか？」

「ケンブリッジ・アナリティカはSNSの投稿や性格診断テストなどで収集した膨大な情報を、アルゴリズムを使ってタイプ別に分類し、プロファイルを作った。それに基づき、内部の心理学者のチームがそれぞれのタイプごとに最も効果的だと思われるナラティブを創って試験的にSNSに流し、反応を見た。こうした作業を繰り返し、このナラティブはよく拡散された、これはダメだったと吟味しながら、どういう人々にはどのようなナラティブが効くのか、写真を付けるのか、この言葉を入れるのか、といった判断と調整を繰り返した。その意味では人間とコンピューターの作業を組み合わせた半自動的なプロセスだ。ただナラティブを創る作業は人間でなければできない。クリエイティブな言葉やイメージを考えつくのは人間だからね」

ケンブリッジ・アナリティカは約100万ドル（約1億3885万円）をかけて6000万人近いFBのユーザーの投稿をアルゴリズムで分析し、プロファイリングを生成した。同社の心理学者らはそれをタイプ別に分け、それぞれの心に刺さりそうなナラティブを創り、FBに設けたサイトなどに流して「いいね」やコメントの反応をみた。こうした実験を何度も繰り返し、AIに学習させ、標的とする特定の市民層を心理操作する最適なプログラムを開発したのだ。

それはさながらナチス・ドイツによる化学兵器の人体実験のようだ。白衣の心理学者らが手作業で創ったナラティブという「新兵器」を多数の「人体」に流し、固唾《かたず》を呑んでその「生体反応」を観察する。あれは効く、これは効かないと言いながら、人体反応を記録し、AIを使って「最適化」した感染性の高いナラティブを、集団感染を引き起こしやすそうなノード（塊）へと投与していく。

「いいね」を数百個分析すれば、その人に「刺さるナラティブ」を創ることはさほど難しいことではない。ケンブリッジ・アナリティカは「標的」ごとに「効果的」なナラティブとそれを拡散させるアルゴリズムを組み合わせたプログラムを作り、政治家や組織に売っていた。ワイリー氏が辞職した2014年末ごろまでに、次期大統領選（2016年）への出馬を目指すトランプ氏や米共和党員らがその買い手になったとされる。

ローハンギングフルーツ（心理的に操作されやすい人々）を感染源に

ワイリーさんによれば、大衆の心理操作に必要な武器は、「SNS」「アルゴリズム」「ナラティブ」であり、それらをつなぐキーワードが「脆弱性」だという。

サイバー攻撃は標的のシステムの脆弱性を狙ってピンポイント攻撃をする。同様に、ナラティブを使った心理操作もいかに標的の脆弱性を正確に狙うかが成否を分ける。その上で欠かせないのが、公衆衛生学的な考え方だという。

ワイリーさんによれば、それはあえて集団感染を引き起こすようなアプローチだ。新型コロナに喩えれば、お年寄りや赤ちゃん、病気を抱える人は感染しやすい。つまり脆弱性を抱える人々で、クラスター感染、集団感染を起こしやすい。

心理操作においても「特定のナラティブに弱い集団がいると考える」(ワイリーさん)。彼らが感染しやすいナラティブを提供すれば、意のままに操ることができる。さまざまなデータから、SNSでは怒りや不安をあおるナラティブが特に強い感染力を持ち、猛スピードで拡散されていくことが分かっている(本章P202)。そうした感染の核となるノードを集団感染のクラスターの起点とすることで、より効率的に広めることができるという。

ケンブリッジ・アナリティカ内部ではこうしたナラティブを「パースペクティサイド」と呼んだ。視点を意味するパースペクティブ(perspective)と、殺虫剤を意味するペスティサイド(pesticide)を合体させた造語だ。「情報兵器」で人々に毒を回すという意味だ。では怒りや不安のナラティブに集団感染しやすいのはどのような人々なのか。ワイリーさんがその詳細を述べる。

「神経症的、あるいは被害者意識が強いとか自己陶酔的な傾向があり、なおかつSNSで

ローハンギングフルーツ（low hanging fruits）

の活動が活発な人々だ。神経症的な人々は不安をあおるナラティブに接すると、ストレスを感じてSNSなどで強い反応を示しやすい。不安定で衝動的で妄想的だ。自己陶酔的な傾向のある人も他者をねたみやすく、支配層への反感が強く、やはり怒りをSNSにぶつけやすい。被害者意識は伝染しやすい。彼らは心理的レジリエンスが弱い『ローハンギングフルーツ』であり、SNSでパンデミックを起こすための発火点に使える。ケンブリッジ・アナリティカとしては人口のほんの一部を感染させ、後はナラティブがウイルスのように拡散していくのを見ていればよかった」

「ローハンギングフルーツ」とは、直訳すると「木の下の方に実り、もぎ取りやすい果実

＝簡単に手に入る獲物」。ここでは心理的に操作されやすい人々という意味だ。ケンブリッジ・アナリティカは、こうした集団を「潜在的なクラスター」として「使える」と見なしたのだ。

ではこの神経症的な傾向がある人とはどのような人々なのか。

狙われる「神経症的な傾向のある人」

そもそも性格は遺伝子やその人固有の経験（非共有経験）により形成される。性格の分類指標として世界的に用いられているのが五因子性格特性、いわゆるビッグ５（ファイブ）だ。①外向性、②神経症傾向、③協調性、④誠実性、⑤開放性の五つに分類される。例えば外向性の高い人なら社交性や積極性、協調性が強い人は利他性や共感性がそれぞれ優れている傾向がある。誠実性は規則を重んじ、自己統制力が強い。好奇心が強く新しいことに挑戦する傾向は開放性だ。一方、神経症傾向は、「環境刺激やストレスに対して敏感で、不安や緊張を感じやすい」傾向が見られるという（虫明, 2018,pp.81-82）。

カナダ・トロント大学は学生94人を対象に、過去や未来の計画についてかなり長い文章（平均1万6500語、約55ページ）を書いてもらい、そのナラティブの傾向と性格特性を比較分析した（Hirsh & Peterson, 2009）。その結果、外向性が高い人は「人間」「家族」「社会的プロセス」といった表現を、また協調性が高い人は「家族」「包容」「人間関係」に関する表現を好んだ。誠実性が高い人は「仕事」やその「成果」に関する言葉が多く、開放性が高い人は「聞く」「見る」といった知覚プロセスに関する言葉が顕著だった。またこの4者にはいずれも「怒り」や自分の「身体」への懸念を示す言葉は目立たなかった。

一方、神経症傾向が見られる人には、「否定的感情」や「怒り」「不安」「悲しみ」の表現、「身体」への懸念などを語る言葉が目立った。家庭で何らかの問題を抱えている傾向も確認された。つまり神経症傾向の強い人は、こうしたネガティブな感情、感覚をもたらす表現に良くも悪くも敏感になりやすいようだ。

ネガティブな感情はそもそも拡散されやすい。さらにその「感染源」として神経症傾向の強い人々を使い、彼らの不安感や被害者意識をあおることで効率的に集団感染を起こす。これがケンブリッジ・アナリティカのアルゴリズムが導き出した、SNS投稿の拡散を最大限極化させ人心を操作するメカニズムだ。

ちなみに幸福感を感じやすい性格的傾向もあり、これも同様に遺伝することが、生後、別々に育った双子の研究により判明している（カーネマン, 2014b,p.300）。残念ながら、性格には「変えられない要素」がかなり絡んでいるのも事実のようだ。

「自分はそこまで深刻な神経症的傾向はないし、被害者意識も強くない」と安心するのはまだ早い。経済のグローバル化や社会的格差の拡大などにより、思いがけず神経症的になったり不安傾向を強めたりすることは誰にでもありうることだ。不運が重なり、まるで自分だけが社会の枠組みからはじき出されたように感じることもあるかもしれない。

社会から希望を分配してもらえなくなった人々（「国内難民」）はパラノイア・ナショナリズムを生み出す土壌となりやすい（第1章P54）。彼らは、自分たちを厚遇しない母なる国家を一方的に「憂える」ことで希望を見出そうとする傾向があり、右派系勢力とも結びつきやすい。ケンブリッジ・アナリティカはこうした人々の不安や憎悪の感情を感染拠点に、保守系政治家の支持基盤の拡大などを図った。

人間は不安や怒りを覚えると認知資源（考えるために必要なエネルギー）を奪われやすい（大治, 2021b）。冷静に判断する余裕がなくなれば、直情的になって単純思考に走りやすくもなる（第5章P282）。その意味では誰もが一定程度は神経症的な傾向を強めて潜在的なクラスターになりうるし、集団感染を引き起こす一群の構成要素にもなりうる。

だから社会においては、そうした「国内難民」を生み出さないための、格差是正の努力などが求められる。また個人においても不安や怒りに直情的に反応しない、ストレスを受けてもレジリエンスを発揮して心身のバランスを保つ知恵や工夫、他者との絆が求められる（大治, 2020）。

「ベータ」男をカモにする

ワイリーさんへのインタビューは3時間以上におよんだ。質問があふれて止まらない。時間を気にする私に、ワイリーさんは「ランチにピザの宅配を頼んであるから、それが来るまでは大丈夫」と笑顔で応じてくれた。

私は次のテーマとして2024年秋の大統領選で論点になる可能性もある陰謀論「大交代理論」（第1章P51）を選んだ。それは「有色人種の移民に白人の国が乗っ取られる。米民主党が仕掛けた罠に気をつけろ」といった陰謀論ナラティブだが、根底にはパラノイア・ナショナリズムがあると見られる。

このナラティブに早くから興味を示したのがケンブリッジ・アナリティカの副社長となったスティーブ・バノン氏（後にトランプ大統領の首席戦略官に就任）だった。トランプ人気を押し上げる武器になると考えてSNSで積極的に流した。神経症的で被害者意識の強いローハンギングフルーツの白人層が食いつき、集団感染につながった。それは米国では、2022年5月に東部ニューヨーク州のスーパーで起きたような銃乱射事件につながり、英国ではEU離脱の動きを加速させたとされる。

欧米諸国では2013年ごろから「インセル」（第1章P34）とか「ベータメイル（負け組

男性、アルファメイル＝勝ち組男性の逆）」といった造語が流行した。バノン氏はＳＮＳサイトの４ｃｈａｎやRedditなどで匿名の投稿を分析し、「インセルやベータメイルは使える」と直感。自身で極右系ニュースサイト「ブライトバート」を立ち上げ、白人至上主義や反ユダヤ主義を掲げる極右思想「Alternative Right（従来とは違う右派）」で彼らをひきつけた。

ワイリーさんによれば、彼らが「カモにされる流れ」とはこんなイメージだ。

未婚でガールフレンドがいない、仕事もない若者がある日、何気なくＳＮＳを見ている。彼のネットでのふるまいに一定のインセル的、あるいはベータメイル的な傾向を見出したユーチューブのアルゴリズムが「推薦動画」を提示する。女性に対する反感や「毒親」への怒りをあおったり、低賃金で働きまくる移民が白人の仕事を収奪しているという陰謀論を繰り返したりする動画だ。

ワイリーさんは、「彼らの中にある被害者ナラティブが脆弱性となり、利用されてしまう」と語る。２０２３年1月発表の世論調査によれば、共和党支持者や保守派の6割弱、民主党支持者らを含めても10人に３人が大交代理論を一定程度支持している（Sharpe, 2023）。

バノン氏は、「政治は文化の下流にある。だから政治を変えたいなら文化を変える必要がある」と口癖のように言ったという。それに対しワイリーさんはこう返した。

「文化を変えたいなら、その文化の構成要素を理解する必要がある。文化の構成要素とは人間だ。だから政治を変えたいなら、まず人を変え、文化を変える必要がある」

ケンブリッジ・アナリティカは当初、過激思考への対策という社会正義を掲げてスタートした。だがやがて、「社会変革」との名の下に、政治家の野心や野望を満たす装置へと様変わりした。人々の心の脆弱性を突き、その心理を操作する。ケンブリッジ・アナリティカが流す、憎しみをたきつけるナラティブや陰謀論と出会った人々は価値観を変え、行動を変えた。その波が同心円状に広がり、2016年には英国をEU離脱へといざない、米大統領選ではトランプ氏の勝利を後押しした。背景にはケンブリッジ・アナリティカが仕組んだ、SNSを駆使したナラティブ戦略があったのだ。

情報戦を制す先制と繰り返し

ところでワイリーさんによれば、トランプ氏のツイッター投稿は当初、あまり魅力的ではなかったそうだ。だがケンブリッジ・アナリティカの介入により、怒りや不安をあおるメッセージを自分の判断で発信できるようになったという。もともとストーリー・テラーとしての素質があることに加え、トランプ氏自身が神経症的（トランプ氏は他者と握手をするのを苦手に感じるほど潔癖な側面を持つ）で、自己陶酔的傾向があることとも関連があるようだ。そんな彼の「1人称」のつぶやきは、同様の神経症的傾向を持つ人々の共感を呼びやすいのかもしれない。

改めてそんな彼の語りの「引力」をナラティブの観点から考えてみる。

まず彼の言葉は**分かりやすく、良くも悪くもシンプル**だ。米カーネギー・メロン大学が2016年の米大統領選の候補者（共和党のトランプ氏や民主党のヒラリー・クリントン氏、バーニー・サンダース氏ら）の演説を分析し比較したところ、トランプ氏の語彙《ごい》や文法は小学6年生～中学1年生レベルで、残りの候補に比べても特に低かった（Spice, 2016）。

また同じような言葉や話を**繰り返す**のも彼のスピーチの特徴だ。

例えば彼は2017年1月の大統領就任式で「米国における大虐殺」が起きていると犯罪拡大への懸念を繰り返したが、米司法省によると、主要都市での犯罪率は過去30年間で減少傾向が続いている（R. Wilson, 2017）。有権者を引きつけるためなら真実性は無視。それがトランプ流であり、多くの扇動的政治家のスタイルでもある。

ちなみにナチスのプロパガンダを担当した世論操作の達人、ヨーゼフ・ゲッベルスは、「ウソも十分《じゅうぶん》繰り返せば本当になる」と語った（Stafford, 2016）。ヒトラー自身もその著書

『わが闘争』で、「繰り返し」の重要性を説いている。ヒトラーの心理分析で第一人者とされる米中央情報局（CIA）の心理学者によれば、彼の「大きなウソ戦術」とは次のようなものだった（Langer, n.d.)。

「大衆に頭を冷やす時間を与えるな。別の見方を持たせない。非難を受け入れない。そして悪いことのすべては（筆者注：敵対する）彼らのせいだと責める。人は小さなウソよりずっと早く、大きなウソを信じる。それを十分に繰り返せば、遅かれ早かれ人は信じる」

第1章（P61）でも触れたが、「繰り返し」は人心操作には極めて効果的だ。反復は認知を容易にする。単純接触効果とも呼ばれ、当事者が無意識のうちに印象を形成しやすい。最近は日本でも情報の真偽を確かめるファクトチェックの取り組みが広まるが、フェイクニュースと知っていても繰り返し聞いていると本当だと思ってしまいやすい。ノーベル経済学賞を受賞したエール大学スターリング経済学教授のロバート・シラー氏は、虚偽の経済ナラティブは真実よりずっと魅力的で、単純に「真実を明かすだけでは不十分だ」と断言している（シラー，2021)。

ではなぜ不十分なのか。

米デューク大学のエリザベス・マーシュ教授（脳科学）らによると、繰り返される情報は新しい情報よりも脳内での処理が容易で、記憶にも留まりやすい。また人間には、「自分が受け取る情報は大抵正しい」という肯定的な認知バイアスもある。こうした要素が重なり、ウソでも繰り返し聞いていると本当だと思い込んでしまいやすくなるという。

人間は考えるというより、感じながら生きている。「論」ではなく「感情」が人を動かす。私たちはナラティブ・モードの語りの中で生きている。

そのメカニズムを変えることはできないが、仕組みを理解し、防衛策を講じることは可能だろう。人間は理屈ではなく感情で、ナラティブ・モードで共感を抱くと動くのだということをあらかじめ十分認識していれば、それが一定程度の免疫システムを作り、心理的レジリエンスを強めることにもつながるはずだ。

トランプ現象という怒りのポピュリズム

調査を進める過程で、政治的なナラティブと**怒りの感情**の関係性も重要だと分かった。

前出のP・W・シンガー氏は私のインタビューに、「自分を売り込みたい人は注目されるためならいかなる手段も取る」と語り、「特に怒りは注意をつなぎとめておくのに有効だ。彼らは極端な主張をして他者の怒りをあおることで利益を得ている」と語った。

確かに「怒り」はSNS情報戦における便利な兵器だ。

中国版ツイッター、微博《ウェイボー》ユーザーのメッセージを分析した調査によると、最も「早く遠くまで」伝わる感情は、喜びなどの前向きな感情ではなく圧倒的に「怒り」だという（Fan et al., 2014; Hogenboom, 2013）。この調査をした研究者らは「怒りのムード」が伝わると、「世論や集団的な行動の形成を急速に加速させる」と指摘している。怒りの感情は慎重な判断を阻むことでも知られる。

またこれとは別に、1972年以降の民主・共和両党の米大統領選の候補の演説を分析した2016年の調査によると、最もネガティブだったのはトランプ氏のスピーチで、怒りをたきつけるようなトーンが特徴的だった（Sides, 2016）。

怒りのナラティブが常に「悪者」だというわけではない。米国で警察官に人種差別的な暴行を受けて黒人男性が死亡した事件への怒りは世界規模の抗議運動「ブラック・ライブズ・マター」につながり、価値観の多様化を改めて促した。

ただ一方で、怒りの感情を悪用する政治家がいることにも注意が必要だ。トランプ氏は2020年秋の米大統領選について翌年1月「選挙は盗まれた」と怒りの狼煙《のろし》を上げ、一部の有権者が暴徒化し、米連邦議会を襲撃した。

英カーディフ大学のカリン・ウォール・ヨルゲンセン教授（ジャーナリズム）はその著書『メディアと感情の政治学』（勁草書房　2020）で、トランプ氏の政治を「怒りのポピュリズム」と呼んだ。世界で台頭する右派ポピュリズムも「移民やエスニック・マイノリティのような社会の最も脆弱な者たちへ〔民衆の〕怒りを向けるために排除を伴った連帯を利用している」と述べる。

現代SNS社会においては、辺境に追いやられた人々がデジタル拡声器としてのSNSを駆使して「怒りの社会運動」を呼びかける。他方で、そうした彼らを「脅威」「異分子」と見なし、多数派の不安や反発、怒りをあおり、さらなる差別や排除を呼びかけることで支持を得ようとする「怒りのポピュリズム」も目立つ。

私たちはSNSという戦場の最前線に立つ。「怒り」を悪用しない、されない決意が求められている。

ナゾのイスラエル・情報工作企業

ところでワイリーさんの著書によれば、ケンブリッジ・アナリティカにはイスラエル人も出入りしていたという。好奇心からインタビューの終盤に「どんな人々でしたか」と尋ねると、ワイリーさんは今までの弾丸トークから打って変わって慎重な言い回しになった。

「ケンブリッジ・アナリティカでイスラエル人が働いていたのは確かだ。もっとも、私が知る限り、ケンブリッジ・アナリティカが正式にイスラエル政府のために仕事をしていたということはない。ただ、ケンブリッジ・アナリティカはイスラエルの企業やイスラエル国籍の人々と多くのプロジェクトで一緒に仕事をしていた。例えばアフリカで。そうした仕事にはグレイなエリアがあった。何が政府の公式な仕事で何が非公式な仕事なのか（筆者注：不透明だ）……。政府の非公式な仕事とは、政府の代わりに企業がやるものだ。私の経験から言えるのは、こうした企業は必ずしもいつも政府に『何をやれ』と直接的な指示を受けるわけではなく、彼らからも政府には何も言わない。そういう関係ならば（同：政府はケンブリッジ・アナリティカとの関係などを）否定できるし、企業は柔軟に動ける」

奥歯に物がはさまったような言い方だが、要するにケンブリッジ・アナリティカに入っていたイスラエル人とイスラエル政府がつながっていたとしてもおかしくはない、ということらしい。私的企業を使うのは、政府にとっては色々と便利だ、とも言っているようだ。私はケンブリッジ・アナリティカにイスラエル企業が出入りしていたのなら名前を教えてほしいと尋ねたが、ワイリーさんはただ「言えない」とだけ答えた。それ以上は聞けない雰囲気を感じたので自力で探すことにした。

イスラエル軍にはサイバー諜報部隊（通称8200部隊）と呼ばれるエリート部隊がある。国民皆兵のイスラエルでは原則として高校卒業後に男女とも入隊するが、理系分野に特に極めて秀でた人材は8200部隊に入ることが少なくない。軍役を終えると多くの若者がサイバー関連の民間軍事会社に就職する。

私はエルサレム特派員時代に取材で知り合った8200部隊出身のイスラエル人たちに「アフリカで仕事をしていた」「サイバー技術がある」「ヒューミント（人的情報収集）の能力もある」企業というとどんな企業が思い浮かぶかと聞いた。複数が口にしたのが「ブラック・キューブ」という名前だった（BlackCube, n.d.）。

2010年に設立され、イスラエル最大の商業都市テルアビブやロンドン、マドリードに本社を構えている。世界的な運動に発展した「#MeToo（私も被害者）」のきっかけになったハリウッド映画界の大物プロデューサー、ハーベイ・ワインスタイン氏（71）による性的暴行事件で、ワインスタイン被告の依頼を受けて工作員を派遣し、情報操作を企てたとされる（ブラック・キューブは違法行為を否定）。

2015年のアフリカ・ナイジェリアの大統領選ではケンブリッジ・アナリティカ側が世論工作を請け負い、ブラック・キューブが当時新人候補だったイスラム教徒（現大統領）

のメールをハッキングしてその内容をSNSで暴露したとも伝えられる（ブラック・キューブ側は否定）。

ナイジェリアといえば当時イスラム過激派「ボコ・ハラム」が猛威をふるい、イスラム教徒の新人候補が勝てば事態はさらに悪化するとの予測もあった（Cadwalladr, 2019; Timberg & Helderman, 2019）。イスラエルにとっては好ましい事態ではないだろう。

またトランプ政権は２０１７年、ブラック・キューブと契約を交わし、オバマ前政権でイラン核問題を担当していた高官のスキャンダルを暴いてほしいと依頼したとされる。トランプ氏はこの情報を、イラン核合意を破棄する理由に使おうとしていたとの報道もある（ブラック・キューブ側は否定）（Wamsley, 2018）。

日本ではロシアや中国といった「国家」による情報操作ばかりが注目されがちだが、ケンブリッジ・アナリティカやブラック・キューブのような私企業に「極秘の仕事」を発注する政府は増えている。国家が民間企業を介して情報を盗取し、一部の事実に虚偽のナラティブを上塗りして偽情報を拡散させ、政治や選挙を動かしていく。サイバー攻撃からSNS操作まであらゆるデジタル技術を持ち、かつ国家ほど法に縛られない民間企業は「政府」の便利な情報工作ツールと化しているのだ。

「日本は特に危ない」

「ケンブリッジ・アナリティカ内で日本絡みの話題を聞いたことはありますか?」。私の質問にワイリーさんは少し考えて「ないと思う」と答えた。だが「安心はできないよ」と言葉をつないだ。日本は「ターゲットにされやすい国だから」だという。

「日本は大規模な情報攻撃を仕掛けるにはまさにパーフェクトな存在だ。米国の同盟国として米軍基地を抱えながら、地政学的に敵対的な中露という二大国家と接している。自衛隊の憲法上の問題に関する議論も続いている」

ワイリーさんはそう語り、中国やロシアが「日本社会を分断する破壊的なナラティブ」や「自国の利益につながるナラティブ」を流し込まない理由が見つからないと語った。近隣国との紛争は国内の分断を広げ、SNS時代にはそれが国家の脆弱性にもつながるのだ。

また高齢化社会も脆弱性につながるようだ。SNSリテラシー教育を受けている世代とそうでない世代の違いは非常に大きいという。

「若い人より年配の人々の方が偽情報にだまされやすいことはさまざまなデータで分かっ

ている。なぜか。年配の人々は既存メディアによってチェックされ、編集された情報を受け取る時代に生きてきた。ニュース＝事実、という強い固定観念を持った人々で、その認識のままこのSNS社会に生きている。これは大きな脆弱性だ。しかも日本でファクトチェックをする組織の数は韓国にすら及ばない。それでも日本にあまり危機意識が見られないのは、国民に浸透する『例外主義』のためだろう。日本は島国で、戦争が世界のどこかで起きていても自分たちに関係することはまずないと思っている。だがインターネットの世界は違う。国境を越えて脅威の砲弾が飛び込んでくる。日本が大規模な偽情報戦の標的にされたとしても何ら不思議ではない」

しかも日本人は民族的な傾向として、不安感情が強い傾向があるとされる。気持ちを安定させる神経伝達物質セロトニンの調節に関わる遺伝子（5－HTTLPR）には、脳内のセロトニンの量を増やし、鈍感だが前向きな方向に導くL型と、敏感で慎重な方向に導くS型がある。父母からそれぞれひとつずつ受け継ぐためかなり前向きなLL型と敏感になりがちなSS型、さらにその中間のSL型という3種に分かれる。日本人は66%がSS型だとするデータがある。一方、LL型は北米などには多いが日本にはわずか3%程度で、世界的にも最低レベルという（杉山, 2016, pp. 46-47)。つまり日本人の約3人に

2人は「敏感さん」の傾向があるのだ。

これは日本社会を覆うナラティブのトーンがよりネガティブになるか、よりポジティブになるかといった傾向にも影響を与えている可能性がある。

ロシア式＝トローリング（荒し）＋サイバー攻撃

ケンブリッジ・アナリティカに関連する情報として、ここでは最後にロシアのナラティブ戦術も見ておきたい。

ロシアは2016年の英国によるEU離脱決定に関与したとされる。「リーブEU」の代表らは2015年11月ごろからロシアの駐英大使とやり取りを重ね、大使に「離脱の運動を助けてもらう支援」を求めたという（House of Commons - Digital Culture Media and Sport Committee, 2018）。

ロシア国営メディア「RT」とロシア政府系メディア「スプートニク」は国民投票の半年前の2016年1月1日からEU離脱と反EU的要素を盛り込んだ記事を少なくとも計236本発信。SNSで広く拡散され、その範囲は国内の市民団体「リーブEU」や「ボートリーブ」を大きく上回った（Harris, 2018）。

ケンブリッジ・アナリティカと同様にロシアもSNSを通じて平時から、人々の心に

「既存の価値観への疑いのタネ」を植えつけることを重視する。ドミナント（支配的）と思われている言説に「本当か？」と疑問を投げかけさせる。その社会が深い分断を抱えていればいるほど、オルタナティブなナラティブは支持されやすい。

偽情報分析を続ける米シンクタンク「アトランティック・カウンシル」はこうしたロシアによる世論工作を「クレムリンのトロイの木馬」と呼ぶ。クレムリンは「ロシア大統領府」、「トロイの木馬」は姿形を隠して敵陣に乗り込む戦術を意味する（Polyakova et al. 2016）。ロシアはその価値観を支持する外国の政治家や専門家、組織を自分たちの手足、つまり「トロイの木馬」として使い、そこから社会の分断、政治の不安定化を図るのだという。

英国によるEU離脱のケースでいえば、「トロイの木馬」は過激な離脱派リーブEUだった。英国がEUを離脱すれば、英国もEUも弱体化する。ロシアにとってそれは好都合な選択肢だ。国内の「分断」は敵対的な外国勢力に悪用されやすい。

ロシアによるデジタル上の世論工作は10年余り前に本格化した。冷戦崩壊に伴い軍事力で米国に大差をつけられていたロシアは、ハードな物理的軍事力と、ソフトな軍事力（偽情報やサイバー攻撃など）を組み合わせた「ハイブリッド戦争」へとかじを切った。

中でもロシアが特に注目したのがSNSで対立や分断をあおる、いわゆる「トローリング（荒し）」だ。２０１４年初め、ロシア政府はケンブリッジ・アナリティカの研究者をサンクトペテルブルク大学に招き、研究助成金を出して「荒し」のメカニズムを徹底的に分析している。諸外国に居住する「国内不満分子」もＳＮＳの投稿を拡散させる足場に活用した。ロシア系の移民や親ロシア派は多くの国では少数派、非主流派であり、多数派には潜在的な反感を抱いていることが少なくない。その中にはケンブリッジ・アナリティカが「ローハンギングフルーツ」（心理的に操作されやすい人々）と呼ぶような、神経症的傾向や被害者意識が強く、自己陶酔的な性格特性を持つ層も含まれる。

こうした人々は、ＳＮＳの公開投稿などを分析すれば比較的容易に割り出せる。あとは彼らが関心を抱きそうなグループサイト（例えば「プーチン氏、その指導力の魅力」といった名称を掲げるグループ）をＳＮＳに立ち上げ、怒りや不安をあおるナラティブを繰り返し流すだけだ。ローハンギングフルーツが投稿を拡散してその友人やフォロワーへとロシアに都合の良いナラティブを広げ、親露の「下地」を拡大させていく。

ロシアが特に得意とするのは、トローリングとサイバー攻撃を組み合わせたＳＮＳ攻撃戦術だ。旧ソ連時代から、政治家や企業幹部、ジャーナリストらのスキャンダル、つまり「不都合な情報」（ロシア語でコンプロマット）は政争の具に使われてきた。今の時代はこうした「不都合な情報」をロシア政府系のハッカー集団らが関係者のパソコンに侵入して効率的に窃取する。

ロシアやイラン、中国が拡散させたとされる、コロナ禍におけるワクチン絡みの陰謀論を調べた調査によると、その多くが「事実」を含んでいた（Schafer et al., 2021）。フェイクニュース・キャンペーンを展開する上で最も成功率が高いとされるのは、完全なフェイクではなく「玉石混交」の情報弾を作ることだ。

ロシア政府が絡む偽情報キャンペーンは政府の下請け的な存在とされるハッカーグループがサイバー攻撃で「事実」を入手。これをいわば「弾頭」に、虚偽のナラティブを上塗りして情報兵器に仕立て上げる。

2016年夏、米大統領選に向けた民主党全国大会の直前に民主党候補ヒラリー・クリントン氏の陣営幹部のメールが流出して偽情報キャンペーンに発展した事件はその典型だ。米連邦捜査局（FBI）は「ロシアで計画が練られていた」などと指摘した。米国土安全保障省の下部機関は、ロシア連邦軍参謀本部情報総局（GRU）が関係するハッカー集団がこの攻撃に関与したと明らかにしている（NCCIC, 2016）。

米国防総省ダーパが立ち上げた「ナラティブ・ネットワークス＝N2」プログラム

ケンブリッジ・アナリティカのような私企業やロシアがナラティブを駆使して情報を兵

器化しているのであれば、米国が何もしていないはずはない。

私は米軍の研究機関の動向を調べてみた。

米国防総省には国防高等研究計画局（DARPA＝ダーパ）という研究機関がある。1957年、旧ソ連が人類初の人工衛星「スプートニク号」打ち上げに成功したのを受けて、軍事技術の開発競争に遅れを取らぬようにと翌年設立された。以来、軍事に関するあらゆる先端技術の開発に取り組み、インターネットの原形を開発したことでも知られる。予算規模は約6000億ドルで、米国のインテリジェンス機関の予算の20分の1程度。その約9割は大学への委託研究費用だ。

ダーパは税金で運営される公的研究機関であり、事前に研究概要はある程度公表する。ただ詳細な経過や結果はほとんど明らかにしない。ダーパが開発したステルス戦闘機は「20世紀最高の軍事機密」と呼ばれた（モレノ, 2008,p.34）。

私はダーパにおける過去の研究項目を過去10年以上遡って調べた。その結果、2011年に「ナラティブ・ネットワークス（通称N2）」と呼ばれる研究プログラムが存在していたことが分かった。研究概要にはこう記されている（DARPA, n.d.）。


「なぜ人々は特定の種類の情報を受け入れて行動し、別の情報だとそうならないのか。

なぜあるナラティブはテロを促すことに成功するのか。ナラティブはなぜＰＴＳＤの治療に役立つのか。こうした疑問はナラティブが人間の心理や社会学に果たす役割に関するもので、その答えは防衛ミッションに戦略的な示唆を与えることになる」

思わず鳥肌が立った。

私がナラティブの調査を始めるきっかけとなった疑問がそのまま書かれていたからだ。第２章で記したように、私はエルサレム特派員時代、パレスチナの若者らへのインタビューを重ね、彼らが暴力的過激主義のナラティブに突き動かされてユダヤ人を襲撃する姿を取材した。その後はホロコーストのサバイバーたちが、自らのセルフ・ナラティブ（自己物語）を再構築して、ＰＴＳＤによる心の痛みを癒やしていく姿を目の当たりにした。

ナラティブは人間を生かしも殺しもする。それはナラティブにどのような力があるからなのか。そんな視点で調査を続けてきただけに、ダーパのこの文書は私の目を釘付けにした。そこにはこうも書かれていた。

「ナラティブがいかに人間の認知に、そして行動に影響を及ぼすかを調べ、その結果を国際安全保障に生かす。プログラムは、外国の住民内に発生する過激化、暴力的な社会的動員、反乱、そしてテロをもたらす要因に対処するとともに、紛争を回避し、解決し、効果的なコミュニケーションを行い、革新的なPTSD治療を支援することを目的とする」

プログラムは「外国の住民」の間で起きる過激化やテロ支援のメカニズムを解明するものだという。具体的な研究内容としてはこう記されている。

「ナラティブは記憶を統合し、感情を形成し、意思決定におけるヒューリスティクス（筆者注：不完全な答えにたどりつくこともある単純な思考アプローチ）と認知バイアスに手がかりを得て集団を分断していく。その認知的機能への影響を見極めるには、ナラティブの実用的な理論が必要で、セキュリティにおいてどのような役割を果たすかを理解し、ナラティブとその心理的、神経生物学的影響を体系的に分析する」

ダーパは、ナラティブが人間の記憶をつなぎ合わせ、感情を形成し、意思決定に影響を与え、集団をも分断するとしたうえで、どのようなナラティブがセキュリティに影響を及ぼすのか、それを心理学と神経生物学の観点から突き止める必要があると考えたのだ。

過激派の「悪しきナラティブ」を置き換えろ

ダーパがナラティブの力に注目したきっかけは何だったのか。

調査を進めていくと、2001年9月に起きた米同時多発テロ事件がひとつの大きな転機になっていることが分かった。事件を起こした国際テロ組織アルカイダは「反西側諸国」という憎悪のナラティブをインターネット上に拡散させ、暴力的過激主義を促した。

これに懸念を強めた当時米海軍少佐のウィリアム・ケースビーアー博士らは2005年3月、論文「ストーリー・テリングとテロリズム：包括的な対抗ナラティブの戦略に向けて」を発表した（Casebeer & Russell, 2005）。博士はその中で、若者らがテロ組織に魅了されるのは組織が提供するストーリーに若者が突き動かされるからで、ストーリーが脳や心に及ぼす影響を本格的に調べる必要があると強調している。またストーリーは最終的に、「アイデンティティを形成」するもので、米国は「悪しきナラティブ」をより好ましいナラティブに置き換える戦略を構築する必要がある、と訴える。アルカイダなどテロ集団の洗脳から人々を守るだけでなく、正しいナラティブに置き換える、という発想が何とも「正義」を掲げる米軍幹部の発想らしい。

またこの博士は、アルカイダが発信する戦闘員勧誘のための語りが、米比較神話学の第一人者、ジョーゼフ・キャンベルが『千の顔をもつ英雄〔新訳版〕上・下』で提唱する「ヒーローズ・ジャーニー（英雄たちの旅）」のパクリではないかと疑問視していて、思わず噴き出した。論文の筆者はどのような人物なのかと調べてみると、その後ダーパに入り、ナラティブ・ネットワークス・プログラムの責任者に任命されていた。

このプログラムは、早くからナラティブの兵器化に関心を寄せていた米海軍の研究者が自ら主導した研究だったのだ。

もうひとつ、米国防総省がナラティブに強い関心を抱くきっかけとなったのが中東アラブ諸国の独裁政権を軒並み転覆させた「アラブの春」だ。

それは2010年12月、チュニジアで起きた焼身自殺から始まった。路上での野菜売りが違法だと警察にとがめられ、荷台を奪われ、生活手段を失った若者が焼身自殺を図った。これを機に、チュニジアでは23年間続いた強権政治に対する市民の怒りが爆発。SNSで反政府ナラティブが火を噴き、エジプトやリビアなどにも飛び火して中東の独裁政権を市民が次々となぎ倒した。

それは「丸腰」の群衆がスマホひとつで重装備の政府軍を打倒するという21世紀型戦争の幕開けを意味した。SNSとナラティブを合体させた新たな「情報兵器」の誕生だった。

潜在意識と身体情報（ソマティック・マーカー）

ダーパのナラティブ・ネットワークス・プログラムは、特にナラティブと脳科学の関係性に着目している。その背景にあるのは脳科学の飛躍的な発達だ。

1990年代は「脳の10年」とも呼ばれ、脳科学の進展、特に脳活動の画像化の発展ぶりには目をみはるものがあった（東北福祉大学, n.d.）。中でも脳の機能活動がどの領域で行われているかを可視化する「fMRI」（機能的磁気共鳴画像化装置）は医学・神経科学はもちろん心理学や社会科学などの分野にも大きな影響をもたらした。

広告業界はこの「見える化」技術を生かしたニューロ・マーケティング（脳科学をマーケティングに生かす手法）というアプローチに注目した。

「コカ・コーラとペプシ」をめぐる有名な実験はその一例だ。コカ・コーラとペプシを飲み比べた時の脳の反応を調べた結果、コカ・コーラを飲んでいると知らされた被験者の多くは「コカ・コーラの方がおいしかった」と答えたが、どちらを飲んでいるか知らされないと、ペプシの方が「おいしい」と答えた（Morin, 2011）。fMRIでそれぞれ反応部位を調べると、ブランド名を知って試飲した時は前頭葉、つまりより高度な判断をする脳の部位が活発化したが、ブランド名を知らずに味だけを比べた時は大脳辺縁系という、より本能的な反応に関係する部位の活動が目立った。被験者は味覚的にはペプシを好んだが、ブランド名を聞くとコカ・コーラの方がおいしいと感じてしまったということだ。意識的な判断が味覚という原始的で無意識の判断を覆してしまうようだ。

無意識の感覚は私たちが想像する以上に「鋭敏だ」という指摘は昔からあった。私たちは数字の羅列はせいぜい7桁（プラスマイナス2）程度しか一度に記憶できない。これは「意識」の能力の限界でパソコンの処理能力でいえばせいぜい毎秒40ビット程度にすぎないが、「無意識」は毎秒１１００万ビットの情報を処理できる（T. D. Wilson, 2004）。

神経科学者のアントニオ・ダマシオらが行った有名な実験「アイオワ・ギャンブリング」は合理的な判断をする前頭前野と、身体・情動的な反応をする自律神経系の関係性を明確に証明して世界の注目を浴びた（Bechara et al., 1994）。カードを四つの山に分け、「良い山」（もうけは少ないがリスクも少なく長期的には利益が出る）と「悪い山」（大もうけもあるが、それ以上に大損失があり長期的には損失が上回る）の二つずつに分ける。被験者には発汗検知の装置を手につけてもらい、カードを引く際の自律神経系の反応を調べた。

その結果、10回ぐらいカードを引くと、「悪い山」からカードを取るたびに被験者の手は汗ばむようになった。これは自律神経の交感神経が優位になっている証拠で、「危険」を脳の扁桃体《へんとうたい》が無意識的に察知した結果に伴う身体反応とみられた。しかし本人が「どうもこの山は危険だ」とはっきり認識するようになるには平均して50回ほどカードを引かなければならなかった。これは無意識的な反応（手の汗）が「意識」の5倍の早さで「悪い山」を見抜いたとも解釈できる。

脳の前頭前野は通常、合理的な判断をするので情動的な反応とは無縁と思われがちだが、実際には自律神経系などからより「鋭敏な」身体情報（ダマシオはこれを「ソマティック・マーカー」と呼んだ）をもらって、総合的に意思決定をしているということでもある（虫明 2019,pp.169-170）。

ＳＮＳでの「いいね」や投稿も、私たちは「意識的」に反応しているつもりだが、実際にはこうした無意識的な要素を踏まえて意思決定している可能性が高いとされる。それはつまり、ＳＮＳでのふるまいについて、「誹謗中傷はダメ」などと理性に訴えるばかりでは不十分だということだ。すべてを理性でコントロールできると思い込まず、むしろ私たちの無意識的な身体反応にはどのような傾向があるのかを認識したうえで、望ましくない身体反応を生み出す社会的要因への対処や、そうした反応が生じにくくなるような心身のバランスを保つための方策を講じることが重要になる。

無防備な「低関与型処理」状態を狙え

無意識に関してもうひとつ学んだことがある。

人間の情報処理モードにはより高い注意力や意識を要する「高関与型処理」と、より無意識に近い状態で行われる「低関与型処理」があるという。脳はできるだけ重要なことに集中できるように、意識に高低をつけて注意を配分するためだと見られる。広告戦略に詳しい英バース大学の研究者は、この低関与状態で処理された情報は潜在意識を形成して記憶に残りやすく、消費行動にもつながりやすいと提唱した（Heath & Hyder, 2005）。脳の「見える化」に伴い、２０００年代当初から世界的に広がったいわゆるニューロ・マーケティングを取り入れた広告企業は、意識より無意識を攻める方が人間を動かしやすい、消費行動につなげやすいと考えたのだ。

ブランド戦略コンサルタントとして知られるダリル・ウェーバー氏はその理由について、「広告への注目度が高くなると、消費者は逆に守りの姿勢に入ってしまった。注意がまっすぐ向くと、人は押し寄せる広告をそのまま受け入れるのではなく、疑問を感じて批判するようになる」と指摘。だが広告に物語性、つまりナラティブ力があり視聴者を引き込むと「消費者の警戒心は和らぎ、メッセージがすんなり入る」と述べている（ウェーバー，2017,pp.235-240）。また広告の独創性とともに「物語性」が、「私たちの警戒心を緩め」「楽しませてリラックスさせ」「主張やメッセージを批判しようという気持ちを薄れさせる」とも記している。

２０２３年３月開催のワールド・ベースボール・クラシック（ＷＢＣ）での広告を例に考えてみる。日本代表の大谷翔平選手が対オーストラリア戦で自分の写真が使われた看板を直撃する特大ホームランを放った。米国に本社を置くＩＴ系の優良企業「セールスフォース・ドットコム」の看板で、日本でも大谷選手が野球少年と一緒にキャッチボールをしたり野球への思いを語ったりするＣＭが流れている（Salesforce, n.d.）。

日本企業も大谷選手が商品を使う様子を捉えた映像をＣＭに使っているが、どこかまだ意識、理性に訴えるものが目立つ。これに対し、セールスフォース・ドットコムのＣＭは徹底的に物語性に訴える。人間の無意識、その低関与型処理状態を狙い、ナラティブの矢で心を射止め、記憶に残していくイメージ広告と見られる。

これをデジタル上のマイクロ・ターゲティング広告に置き換えて考えてみる。

ＳＮＳを論理科学モードで真剣に見ている人は少ないだろう。多くの人はぼんやりとリラックスした低関与型処理の状態にある。広告業界の調査によれば、それは外部からのメッセージに最も無防備な状態だという。個人のウェブ閲覧記録やネットショッピングの記録を参考に私たちのスマホに送りつけられるマイクロ・ターゲティング広告は、まさにそんなリラックスモードの私たちを個人的に狙いうちする（Morin, 2011）。

ＳＮＳでの心理操作にも、このマイクロ・ターゲティングの手法が生かされている。ケンブリッジ・アナリティカの元研究部長、クリストファー・ワイリーさんが明かした、心理学者らが仕組んだ心理操作でいえば、彼らは特に神経症的傾向や被害者意識の強い人々の心に刺さりそうなナラティブを生成した。アルゴリズムを使って個人のスマホの閲覧記録などを参照しながらその人個人にアピールする内容、掲示のタイミング、デザインにアレンジしてオーダーメイドのメッセージに仕立て上げる。

私たちが何げなく見ているスマホに浮かぶSNSの投稿も、こうしたアルゴリズムの計算に基づき表示されている。怒りや不安をあおる投稿に一度でも「いいね」をつければ、同種のメッセージがさらに表示される。プーチン氏に好意的な投稿に少しでも反応すれば、親露的なメッセージの表示が増える。そうした情報がリラックス中の私たちの頭の中にシャワーのように降りそそぎ、ワイリーさんが語っていたように、やがて心理的な「足場」が作られ、少しずつ私たちの意識を、行動を変えていくのだ。

絆ホルモン、オキシトシンを兵器化？

脳科学やニューロ・マーケティングの進歩を背景に、ダーパによる研究プログラム「ナラティブ・ネットワークス」は始まった。ちょうど「アラブの春」が猛威をふるった2011年に計3回、ワークショップを実施（2月、4月、6月）。心理学や神経科学、政治科学や社会学など幅広い学識経験者らが国内外から広く参加している。

1回目のテーマはナラティブがセキュリティの分野で人間の行動にどのような影響を与えるか。2回目はナラティブが人間のホルモン分泌や脳内の神経伝達物質、報酬回路や感情と認知の相互作用にどのような神経生物学的な影響を及ぼすか。3回目はナラティブと記憶や学習、アイデンティティや感情、共感、道徳観や集団行動との関係がテーマだった。情報操作やナラティブを考えるうえで重要なのは無意識であり記憶――ダーパがそう認識したうえで研究を開始したことがうかがえる（Dando, 2015; DARPA, 2011a, 2011b, 2011c, 2011d）。

ダーパは大学に研究を委託することが多いので、関連の論文を詳しく調べれば最低限の情報は公開されているかもしれない。ダーパの予算書などからたぐれば研究委託のテーマ、大学、費用ぐらいは分かるはずだ。そう考えて調査を続けていくと、いくつかの研究チームの存在が浮かび上がった。中心的な学者の名前も判明し、プログラムを担うチームの顔ぶれが、さながら全米ドリームチームのようなスター揃いであることも分かった。

中でもひときわ目立つ存在が米クレアモント大学院大学の経済学、心理学、経営学を専門とするポール・ザック教授だ。「ニューロ・エコノミクス（神経経済学）」という概念を提唱したことで世界的に知られる彼は、脳内で生成されるオキシトシンが互いの信頼、絆の醸成を促す作用があることを実験で確認し提唱した。2011年にはインターネットのスピーチ動画「TED」でその内容を明らかにして注目を集めた（Zak, 2011; Zak, 2015）。

オキシトシンは「愛情ホルモン」「信頼（絆）ホルモン」などとも呼ばれる、哺乳類の脳の視床下部で合成される小さな化合物だ。米国のある実験では、ネズミの脳にオキシトシンを作用させると縄張り争いが減り、家族的な絆を形成することが分かった。逆にオキシトシンが作用しないネズミは雄が攻撃的になり、メスは育児を放棄する傾向が見られた。ザック教授の名前とダーパの委託事業番号から論文を検索し、彼らがダーパの依頼を受けて書いた論文の存在が判明した。タイトルは「ストーリーの核心：ナラティブにさらされて生じる末梢（神経）生理はチャリティー寄付を予測する」（Barraza et al., 2015）。

被験者を二つのグループに分け、それぞれに動画を見せてオキシトシンの分泌にどのような差異が生じるのかを調べている。まず片方のグループには末期の脳腫瘍を患う2歳の息子ベンの親が語る実話の動画（約1分40秒）を見せる。ベンの命はあと数カ月。父親がこう語る。「とにかく息子の気持ちにできるだけ寄り添いたい。彼が息を引き取るまでは」。もう片方のグループには父親とベンが動物園に行った様子を捉えた動画を見せるが、ベンの病気についての説明はない。ただ、ベンの頭髪がないのである程度の状況は予想可能だ。

実験の前後に両グループの被験者の血液を採取して比べると、前者の動画を見た人は後者の動画を見た人よりオキシトシンが増加し、どのくらい共感したかという自己申告の結果とも相関関係にあった。また前者の動画を見ている時の血液を調べると、父親がベンの命の短さについて語った約30秒後に血中のオキシトシンが急増したことも確認された。

さらに実験後に謝礼として支払われるお金の一部を小児がん対策に取り組む組織に寄付するかと尋ねると、オキシトシンの分泌が大幅に増加を示した人たちは謝礼の一部（平均約1000円）を寄付した。この結果から、ザック教授は、感情を刺激するナラティブをふんだんに盛り込んだ前者の動画のナラティブがオキシトシンを増加させ、寄付行動へとつながったと分析した（Zak, 2015）。

またザック教授は「悪しきナラティブ」の影響力も調べている。非営利組織が運営するサイト「ストーリー・コー（Story Corps＝軍団）」に掲示された「1人称ストーリー」の動画から、人種差別や銃規制、米同時多発テロについての極端な論調や陰謀論的な内容を語る人々の動画6本を選び、被験者に視聴させた。実験後に参加謝礼金の一部を関連の過激な団体に寄付するかも尋ねると、主張に強く共感した被験者は、やはりそれに応じた寄付をした。

ザック教授は「脳にとっては、トピックが楽しいものだろうが悲しいものだろうが関係ない。ようはその語り手に共感できるかだ」と指摘。「人は、我を失うほどストーリーに入り込んだ時、トランスポーテーション（没入状態）が起きる」と述べた（第3章P153）。

登場人物と自分を重ね合わせるような共感が生まれた時、人は行動を起こすのだという(Zak, 2015, p.10)。

伊藤詩織さんや五ノ井里奈さん、小川さゆりさんに強く共感した人の多くはこの「ナラティブ・トランスポーテーション」を経験したのではないか。「ジョーカー」に共感した人々の中でも同じ現象は起きていたかもしれない。没入したナラティブが暴力的で破壊的であればその方向へと引っ張られるし、絆や連帯を促すナラティブならそこに自分も貢献しようと動いていく。

なお、ザック教授らは人工的に生成した「合成オキシトシン」を使った別の実験もしている。英国の公共機関の広告のために作られた「喫煙」や「スピード違反」などに警鐘を鳴らす動画16本(30秒と60秒)を被験者に見てもらい、半数に鼻腔《びこう》から合成オキシトシンを、残り半数にはプラセボ(偽薬)として生理食塩水をそれぞれ注入した。共感したかどうかや実験参加への謝礼の一部を関連の啓蒙団体に寄付するか否か、寄付する場合はいくらかも聞いた。その結果、オキシトシンを注入された人はそうでない人より、平均して1・5倍の額の寄付を申し出た。ザック教授はこの実験についても、オキシトシンがナラティブへの強い共感をもたらし、それが行動(寄付)を促したと分析している。

これらの結果から言えるのは、ナラティブもオキシトシンも、使い方次第では「兵器」

になるということだ。良くも悪くも集団を動かしたければ、見た者が「我が身」を思わず重ねてしまうようなナラティブを創り、没入させること。それが何より強力な「情報兵器」となる。だからダーパは研究を続けていたのだ。

共感の反対は無関心

米ペンシルベニア大学の認知神経科学者として知られるエミレ・ブルノー氏もダーパのドリームチームのひとりだ。

彼のチームはダーパの委託を受け、個人のナラティブが集団間の紛争にどのような影響をもたらすのかを調べた（Bruneau et al. 2015）。過去の研究でも、人間は自分が所属する集団（心理学では内集団と呼ぶ）に共感しやすく、それ以外の集団（同外集団）には共感しにくいことが分かっている。ただ外集団に属する人であっても、その人の顔や名前、人間性を知ると共感しやすくなることも指摘されている。

そこでブルノー氏らは、内集団にばかり共感してしまう人間の認知バイアスを「偏狭な共感」と名付け、どうすればこの偏狭さを解消してより寛容になれるのかを調べた。実験では外集団の個人の日常について淡々と書いたものを聞かせた場合と、さらにその個人の顔写真や体格、考え方や夢、希望などを物語る資料を読ませた場合を比較した。その結果、後者のような「人となり」がうかがえる具体的な情報を得ると、共感が高まることが分かった。ブルノー氏らはこれを「カテゴリー化が壊れる」瞬間と呼んだ。自分の仲間ではないというカテゴリー化の硬い殻が壊れて人間を個人として見る視線に変わっていく瞬間だという。

ブルノー氏らがダーパから委託を受けた背景には、2012年に発表して世界的な注目を集めた別の調査の存在がある。イスラエルとその占領を受けるパレスチナ、さらに南アフリカの人々に対し、外集団に対する共感度を調べた研究だ。

まずイスラエルとパレスチナの人々に対し、それぞれイスラエル人とパレスチナ人の苦しみについて書いたナラティブを読ませ、「fMRI」(機能的磁気共鳴画像化装置)で脳反応を観察した。その結果、いずれのグループも同レベルの共感を示していることが分かった。紛争で激しく対立しているにもかかわらず、イスラエル人もパレスチナ人も、少なくとも脳内では互いの苦しみを理解し共感を寄せていたのだ。

エルサレム特派員として現地で両者による憎悪を目の当たりにしてきただけに、この結果には衝撃を覚えた。紛争地では、対立する双方は互いを敵として憎み、それが血となり肉となり、アイデンティティにまで深く染みこんでいると感じる。だからパレスチナの少年の詩に多くの若者が感染したように、反イスラエルのナラティブへの集団感染も起きやすい。

ケンブリッジ・アナリティカのワイリーさんは、感染の「核」となる集団をノード（塊）と呼び、「その関係が密なほど感染拡大は起こしやすい」と語ったが、これは「コレクティブ（集合的）・ストーリー」を共有する集団ともいえる（第3章P130）。それは「個人の物語をすべて同じ色に染め上げてしまうような圧倒的な影響力をもち、結果的に『対立の物語』をより強固なものにしてしまう。そして、その物語からの脱出（＝和解）をより一層困難にするように作用」する力もある（野口, 2009b,p.272）。

イスラエルとパレスチナの間では呪縛を断ち切るためにも、互いの「顔」を見ながら交流する取り組みが必要なのだ。具体例については第6章（P344）で紹介する。

実験に話を戻すと、イスラエル、パレスチナの人々には南アフリカの人々が訴える苦難のナラティブも読ませたが、同じような共感の脳反応は見られなかった。ブルノー氏はこれについて「少なくとも脳にとっては、愛の反対は憎しみではなく、無関心なのかもしれない」と述べている（Interlandi, 2015）。

日本でも似たような状況は見かける。中国や韓国からのニュースに対しては、日本の反応は良くも悪くも強い。だが例えば中東やアフリカからのニュースへの反応は極めて薄い。共感の反対は憎悪ではなく「無関心」なのだ。

対立を生む、お金に換えられない「神聖な価値」

ニューロ・エコノミスト（神経経済学者）とは神経科学（neuroscience）と経済学者（economist）を組み合わせた造語だが、この分野で知られる米プリンストン大学出身のグレゴリー・バーンズ氏もダーパのチームのひとりだ。

彼は論文「あなたの魂の値段：神聖なる価値の非功利性を示す神経学的証拠」を執筆している（Berns et al., 2012）。「あなたは犬好き？　猫好き？」といった日常的な好き嫌いに関する質問と、「罪のない人を殺せますか」「金銭授受を伴うセックスはＯＫですか」といったより道徳的な価値観を尋ねる質問（いずれも二者択一）計62問を被験者に答えてもらう。その後、お金と引き換えにその答えをひっくり返せるか、ひっくり返せる場合はいくらが妥当か（最高１００ドル）を聞いた。こうした質疑をｆＭＲＩの中で繰り返して脳の活動を観察し、６〜14カ月後に改めて選択した回答に変更がないかも確かめた。

バーンズ氏らは、お金で回答を変えられるものは「コスト」や「利益」で判断可能な打算的で功利主義的なものであり、お金に換えられないものは、その人にとってより抽象的で善悪にも関わる、「道徳」的で「神聖」な価値だと見なした。

ナラティブ・ネットワークス・プログラムの重要な目的のひとつはテロや「アラブの春」のような現象の背後にある感情や価値観、思考のメカニズムを理解することだ。バーンズ氏らは論文で「神聖な価値をめぐる意見の不一致は多くの政治的、軍事的紛争の一因であり、政治的暴力の根底にもある。神聖な価値が人間の心の中でどのように現れ、処理されるのかを知ることは政策立案者にとって非常に多くの示唆を持つものだ」と強調している（Berns et al., 2012, p.754）。

実験結果によれば、いったん何かに「神聖な価値」を認めると、その後もその認識を変更しない人は96％以上と判断の安定性が目立った。またｆＭＲＩによる分析では、こうした道徳的な判断をしている時とそうでない時では、活発化する脳の領域が大きく異なった。

誰かにとって「神聖な価値」は、別の人にとってはまるで価値がない。その格差が紛争を生むのであり、同意できなくても互いの考え方、価値観を理解する必要がある、ということだろう。

なお、ある人にとっての「神聖な価値」に、別の「平凡な価値」との交換を求めると、「タブーのトレードオフ（禁じられた取引）」と呼ばれる、道徳的な怒りと嫌悪感を引き起こすことも分かっている（Tetlock et al., 2000）。

米海軍がキューバに持つ「グアンタナモ基地」では、収監したイスラム教徒のコーラン（イスラム経典）が焼却された。世界中のイスラム教徒から強い怒りを集め、新たなテロを生み出したとされる。いじめやハラスメントにも通じる問題であり、他者の「神聖な価値」を理解することは互いの命を守ることにもつながる。

東アジア人、イラン人、米国人の違い

ダーパのナラティブ・ネットワークス・プログラムはこの結果に関心を抱いたのか、さらに踏み込んだ研究を米南カリフォルニア大学に委託した（Kaplan et al. 2017）。

被験者は米国人と、最近5年以内に米国に移住した中国人、イラン人の計3グループ78人（各26人）。「不倫」や「暴力を伴うけんか」を肯定するような、道徳的に問題がありそうな内容のＳＮＳの投稿（英語）を１５０字程度にそれぞれの母国語で要約して被験者にｆＭＲＩの中で読んでもらった。

その上で質問する。「投稿者に対するあなたの評価は？」「その判断をお金と引き換えに変えられますか？」。結果はやはり先の実験と同様だった。だがこの実験で注目されたのは、各人種グループに見られた反応レベルの違いだった。

イラン人のグループは他の２グループに比べて道徳的な価値観について考えている時の脳の活動が特に活発だった。お金と引き換えに回答を変えられると答えた割合も他の２グループに比べて低かった。「神聖な価値」についての信念やこだわりは社会文化的な影響を大きく受けることが改めて明確になった。

一方、中国人のグループは「神聖な価値」とそれ以外を考えている時の脳の活動の違いが最も小さく、米国人は中国人とイラン人の中間に位置した。中国人は神聖な価値と、コストや利益などを考慮する功利主義的な価値観をあまり区別せず、総合的に物事を判断する傾向があるのではないかと論文は指摘している。

同様のことは日本人を含む東アジアの人々と米国人を比較した文化心理学の研究でも繰り返し指摘されている。ミシガン大学心理学部のリチャード・E・ニスベット教授が書いた世界的ベストセラー『木を見る西洋人　森を見る東洋人』（ダイヤモンド社　２００４）によれば、東洋人は物事を全体的に見たり「中庸」を求めたりする傾向が強いが、西洋人は「一方の信念が他方より正しいことにこだわる」傾向が強いという。

善悪二元論に走りやすい一神教のイスラム教やキリスト教に比べ、日本は多神教であり、国際政治の場においても中庸的な態度を取ることが多い。対立や分断の時代だからこそ、こうした文化的特性をうまく生かせば、独自の存在感を示せる可能性もある。イスラエルともパレスチナとも良好な立場を維持している日本のような国は決して多くはない。逆にあまり対米追随が行き過ぎると、日本の良さや存在意義が失われることになりかねない。

米国防総省の「ナラティブ洗脳ツール」開発

こうした研究成果をもとに、ダーパの技術開発は最終的にどこに行き着いたのか。ダーパの担当者が関与したある論文にその片鱗《へんりん》が表れていることが分かった。ナラティブ・ネットワークス・プログラムが終了する1年前に書かれたもので、着地点について若干だが触れている（Miranda et al., 2015）。

それによると、ダーパは、紛争解決やテロ対策にはナラティブがもたらす脳反応を追跡可能にする技術が必要で、そのための「検知ツール」の開発が必要だと考えたようだ。最終的に目指すのは集団の脳反応を認識することも可能な技術で、「海外での情報工作」のために開発を進めるとしている。

またダーパはナラティブ・ネットワークス・プログラムを通じ、「人間の認知と行動に対するナラティブの影響を定量化するための新技術」の開発を目指しているという。どのようなナラティブが人間の認知や行動にいかなる影響を及ぼすのかを数式化し、それを操作するシステムを構築しようというのだ。例えばケンブリッジ・アナリティカは心理学者に、SNSで最も拡散されそうなナラティブを創らせて特定の層から拡散させた。だがダーパが目指すのは、そうした作業のすべてをアルゴリズムで数式化し、AIに学習させながら常に最適なナラティブを拡散させていくという方向性だった。

さらに、この技術はBCIテクノロジーにも転換するとも記している。BCIとは、脳と機械をつなぎ、脳波や脳の血流を読み取ってＡＩで解読する技術だ。「ブレーン（脳=Brain）」「コンピューター（Computer）」「インターフェース（橋渡し装置=Interface）」の頭文字を取って「ＢＣＩ」と呼ぶ。コンピューターを「マシン（Machine）」に置き換えてＢＭＩと呼ぶこともある。ダーパは１９７０年代からこのＢＣＩ研究を続けており、人がイメージするだけでドローンや兵器を操縦する実験にも成功してきた。

またこの論文によると、ナラティブ・ネットワークス・プログラムの中には「先進的脳モニタリング（Advanced Brain Monitoring）」というプロジェクトも設けられ、ナラティブの「書き手」と「受け手」を「一つの輪で結ぶ」装置の開発も進められたという。

こうした手がかりをヒントにダーパが目指す技術開発の方向性を推測してみる。

おそらくダーパが目指すのは、特定のナラティブに対する敵対勢力の脳反応やそれに基づく行動をＡＩで予測し、必要に応じて新たなナラティブを生成・拡散させ、標的とする集団の行動変容を促すことができる技術の開発だ。その際、ＳＮＳで「望ましくない」ナラティブを「望ましい」ナラティブに書き換えるだけでなく、個人や集団の脳内にも何らかの方法で侵入して、ナラティブの書き換えを行う。これはつまり脳を攻撃し、思考をハイジャックし操作する攻撃でもある。

本章最後で中国による取り組みも紹介するが、中国も同様に「脳をコントロール」する

（制脳）技術に着目している。世界の新たな「軍拡」はいま、まさにこの領域で起きているのだ。

SNSを舞台とする「認知戦」へ

ダーパはナラティブ・ネットワークス・プログラムと同時並行で、「戦略的コミュニケーションにおけるソーシャルメディア（SMISC）」というプログラムを走らせていたことも分かった（DARPA, n.d.-b）。実施期間はナラティブ・ネットワークス・プログラムと同じ2011年から2015年までの4年間、予算は約5000万ドル（約75億円）。「SNSが現場に与える影響を理解し、（筆者注：敵対勢力の）戦略的なワナにはまらないようにする」ため、「SNSで生成され拡散される感情や意見を捉える方法、情報の流れのパターンや言語学的な手がかりについての研究」を重ねるとしている。ナラティブ・ネットワークス・プログラムがテロや過激派対策を想定し、ナラティブが脳活動にもたらす影響を調べたのに対し、これはより広く、世界各地でどのようなナラティブが拡散されているのか、そのパターンを探ろうとするプログラムだ。

統括役を務めたのはランド・ワルツマン博士で、情報環境における認知戦にAIを生かす研究を35年以上続けてきた、「認知戦」の世界的権威とされる。現在は米国のシンクタンク、RANDコーポレーションの副最高技術責任者を務める（Waltzman, 2011）。博士が掲げる四つの目標は以下の通りだ。

（1）（a）アイデアや概念（ミーム＝拡散画像）の発展や拡散の流れ（b）意図的、あるいは人をあざむくためのメッセージや偽情報の検知や類型化、計測や捕捉

（2）ソーシャルメディアのサイトやコミュニティにおける、人を説得しようとする意図的な運動（キャンペーン）の構造や影響力行使のための操作の認知

（3）人を説得する運動（キャンペーン）の効果の計測やその参加者、意図の把握

（4）敵対的な影響工作として検知されたものへの対抗メッセージの生成

ワルツマン氏は、インターネット上に流れる投稿の動向監視は「運と洗練されていないマニュアルの手法を混ぜ合わせた」アナログ的なやり方で行われてきたと指摘。「ソーシャルメディアの動きを大規模かつタイムリーな方法で検知し、類型化し、計測し、捕捉し、こちらが影響を与えるために、人間を組織的で自動的、あるいは半自動的に補助する」仕組みが必要だと訴えている。

研究の過程では、米国人数千人のSNS投稿を分析し、メッセージの内容や形式、大規

模拡散が起きる流れなども調べている。また米国内の大学に資金提供し、2011年秋にニューヨークで始まった反格差社会デモ「オキュパイ・ウォールストリート（ウォール街を占拠せよ）」の拡大とSNSの関係性も分析したという。

米国は言論の自由を掲げる民主主義国家であり、言論統制は難しい。だがSNSに流れるナラティブの動向を観測し、「望ましくない」流れがあれば、対抗的なナラティブを生成して投じることはできる。それは一見、「議論」のようでもあり、そうやって世論の流れに介入し、個人や集団の行動を変容させていくことは合法的であり可能だと考えたのだろう。

こうして見ると、米国の取り組みとケンブリッジ・アナリティカやロシアの取り組みは、本質的には何も変わらない。いずれも大衆への心理操作、世論工作の試み以外の何ものでもない。

イスラエルのSNS監視システム

欧米諸国やロシアがナラティブの「兵器化」を模索していたこの時期、イスラエルはすでにSNSでナラティブをめぐる壮絶な認知戦を繰り広げていた。

イスラエルは1948年の建国以来、その考え方や思想を世界に伝えるプロパガンダ運動（ヘブライ語では「ハスバラ」。説明するとの意味）を展開してきた。ユダヤ人差別と闘うためとして、２０００年には「ユダヤ・イッターネット防衛軍」と称する世界規模のネットワークを構築。「不適切な」記載を「修正する」運動を開始した。ウィキペディアでユダヤ陰謀論などを見つけたら削除・訂正したり書き換えたりする活動だ（Spero, 2021）。

イスラエルは２０１２年11月、ガザ地区を支配するパレスチナ武装勢力「ハマス」と戦闘を交えた。イスラエルの犠牲者は6人、パレスチナ側の犠牲者は１５０人以上。だがSNSでの「認知戦」では大いに苦戦を強いられた。

米アメリカン大学のトーマス・ジーツオフ准教授が戦闘中の双方のツイッター投稿と攻撃の規模（空爆の頻度や大きさなど）の関係性を調べたところ、イスラエル軍はSNSで世界の共感がハマス側に集まると空爆を半減させ、SNS投稿を2倍以上に増やしていた。一方、ハマスの攻撃はSNSの影響を受けていなかった（Zeitzoff, 2018）。

これは何を意味するのか。ジーツオフ准教授は、民主主義を標榜《ひょうぼう》する主体（この場合はイスラエル政府）は国際世論の支持が敵対勢力に傾くと攻撃を減らし、SNSでのプロパガンダで反撃せざるをえなくなるのだと分析した。軍事力に任せて他国を攻撃すれば、民主主義国家として国際社会からの非難は免れず、外交や貿易活動などにも大きなダメージを受ける。一方、民主主義を標榜しない主体（同ハマス）はいわばフリーハンドであり、何ら制約を受けることはない（Zeitzoff, 2018,p.20）。

これは現代SNS社会が「民主主義国家」に突きつけるジレンマでもある。軍事力で勝ってもSNSの世論戦で負ける――。それは「戦闘に勝って戦争に負ける」ことを意味する。

技術大国イスラエルはダーパと同じように、この課題を技術開発で乗り越えようとしている。SNSの動向を監視し、特に注意すべき単語やナラティブが流れたら、即座に対抗するナラティブを流すための「早期警戒監視システム」を導入した。ダーパがSMISCプログラムで開発を目指したのとほぼ同じと見られる技術を、イスラエルが2012年にすでに実戦配備していたことは興味深い（Krupsky, 2012）。

2年後の2014年夏、イスラエルとハマスの戦闘は再燃し、史上最長の51日間におよんだ。イスラエル軍はこの時期までに「双方向メディア・ユニット」と呼ばれるSNS専門の部隊も創設。世界中に散らばるユダヤ人の留学生（大半がイスラエル軍の兵役を終えたばかりの大学生）を少額で雇い、現地から親イスラエルの投稿（イスラエル軍はハマスのテロから市民を守っている、など）を流すよう指示するなどあらゆる手を尽くした（Kerr, 2014）。

エルサレム特派員だった私はこの戦闘期間中、3週間余りをガザの中で過ごした。当時SNSで話題になったのは、パレスチナ西岸地区在住の少女、ジャナ・ジハードさん（8

歳、本名＝ジャナ・タミミ）の投稿だった。「イスラエルはパレスチナの子供たちを虐殺している！　世界のみなさん、助けて！」。ＦＢへのそんな投稿に何万人もが「いいね」をつけた。ハマスの公式アカウントはＦＢがイスラエルの要請を受けて閉鎖されていたので、ＳＮＳでの闘いは事実上「ジャナVS.イスラエル軍」の様相を呈した。

ジャナさんのフォロワーは当時27万人（２０２２年秋現在では１００万人超）で（ジハードn.d.）、イスラエル軍のフォロワーは３５０万人。数の上では10分の１にも満たなかったが、影響力ではイスラエル軍にひけをとらなかった。欧米メディアが彼女の投稿を次々と取り上げたからだ。その焦りからか、イスラエル政府は何度も記者会見を開き、私たち外国人記者に「イスラエルの正義」を訴えた。

これに対抗してイスラエルが流したツイッター投稿７９５件を分析した英オックスフォード大学の研究者、イーラン・マナア氏らの研究によると、そこには少なくとも４種の「効果的な」ナラティブが埋め込まれていたという（Manor & Crilley, 2018）。

（1）道徳の観点でハマスと自分たちを対比させる

（2）ハマスはテロリストであり、これはイスラエルの正義の戦いだと位置づける

（3）主語に「Ｗｅ」を多用し視聴者に連帯感を促す

（4）自分たちはあくまで「弱者」だと訴える

例えばイスラエルは「We Cease, They Fire」というキャッチフレーズ的なナラティブを頻繁に使い、「我々が停戦（Cease）すると、彼らがそれを破って砲撃する（Fire）」とハマスの非人道性を強調した。ダーパの研究にもあった通り、道徳観という「神聖な価値」は一定の引力を持つ。「We」という1人称主語で連帯感を強調することも共感を促しやすくする。

「弱者」の視点も重要だ。これは旧約聖書で特に人気の物語「ユダヤ人の羊飼いダビデVS.悪の巨人ゴリアテ」の戦いに由来する（Youversion, n.d.）。イスラエルにとってガザは、「アラブの大軍」の一部。それと戦うイスラエルこそが「弱者」だと捉える。かなり無理がある論法だが、それでも「弱者」をアピールするのは、人間が「弱き者」のナラティブに心打たれやすいという物語の鉄則を踏まえた上での判断だろう。国際紛争において多くの国・地域が自分たちを「弱者」だとアピールするのもこのためとみられる。

紛争ナラティブとは

こうした要素は一般的な「紛争ナラティブ」にも通じる。

２０１６年夏、私は紛争心理学で世界的に知られるテルアビブ大学の教育学部教授（心理学）のダニエル・バルタル氏を自宅に訪ねた。彼は書斎を埋め尽くす書籍の山の中から、人なつっこい笑顔で迎えてくれた。「紛争で有効なナラティブとはどのようなものですか？」。私の質問にバルタル教授は「まずあらゆる紛争で姿を現すコレクティブ・マスター（集合的で支配的な）・ナラティブから話を進めよう」と語り、特徴的な6点を挙げた。マスター・ナラティブとは第３章（図表３－１＝Ｐ１３７）で記した「大ナラティブ」のようなものだ。

（１）自己正当化：この戦いは自分たちにとって存在をかけた崇高なものだが、敵側が戦いを続ける合理的な理由はない

（２）脅威の強調：この戦いは自分たちの生命、価値観、アイデンティティ、領土を脅かすものである

（３）敵の非人間化、悪魔化：敵は人間ではなく悪魔や動物、ウイルス、ガンである。また相手の攻撃は野蛮であり合理性、人間性に欠ける

（４）自集団の美化：自分たちは人間的で道徳的である

（５）自集団の被害者化：過去に受けた傷も含め、常に被害者は自分たちである

（6）愛国心の強調：勝利には犠牲が伴う

米シンクタンク「ニュー・アメリカ財団」の戦略担当、P・W・シンガー氏が挙げた、ウクライナによる情報戦の特徴10項目と共通するものが少なくない。いわば「現代版戦争プロパガンダの鉄則」ともいえるものだ。

バルタル教授によれば、こうしたナラティブは「記憶に残りやすく、自分たちは被害者であり道徳的だという自己意識を与えてくれる。その結果、紛争をさらに継続させてしまう」危険性があるという。ここでもまたやっかいな被害者ナラティブと道徳意識の存在が浮かび上がる。紛争が長引けば長引くほど、こうしたナラティブが世代を超えて人々の血となり肉となり個人や集団のアイデンティティ、そしてドミナント・ストーリーを形成し、融和や和平の希望、物語を押しつぶしてしまうのだ。

バルタル教授は、紛争ナラティブを拡散させるのは「ナラティブ・エージェント（代行者）」としての政治家やリーダーであり、役人や企業、ジャーナリストなどだと訴える。彼らは（1）都合の良い情報だけを選び（2）歪め（3）都合の悪い情報は無視し（4）ナラティブを単純化したうえで、「紛争は避けられない」「和平は無理」といった否定的な現状認識を広めるという。確かに偏った報道は、双方やその支援者らの憎しみをかえってあおり、和平を遠ざけてしまう。それは私も現場で実感してきたことだ。

バルタル教授はインタビューの最後にこう語った。

「昨今の紛争は、国際社会の支持を得るためのナラティブの戦いだ。国際社会はそれを踏まえたうえで、自分たちの判断が紛争当事国のナラティブに影響され過ぎないように気をつけなければならない。紛争当事者のうち、資源や力、さまざまなコネクションを持つ者が高い道徳意識やモラルを維持しているとは限らない。紛争をしっかりと観察し、人権の侵害が行われていないかを監視し、どちらかの側について紛争をあおったりたきつけたりするのではなく、和平を結ぶ方法はないかと探求し続ける必要がある」

ロシアによるウクライナ侵攻にもそっくりあてはまる、多くの教示を含んだ言葉である。

中国の「制脳権」をめぐる闘いとティックトック

中国の軍事思想家の孫武は約2500年前に書いた兵法書『孫子《そんし》』でこう記した。「百戦百勝は、善の善なる者に非《あら》ざるなり。戦わずして人の兵を屈するは、善の善なる者なり」(謀攻篇〈第三〉)(杉之尾, 2014)。

何度も戦って勝つより、戦わずして勝利を収める方が賢い、つまり「戦わずして勝つ(不戦屈敵)」のが最善の策だという。毛沢東も「瓦解《がかい》戦」とする概念で「戦わずして勝つ」

ことを提唱した。その精神は近年、中国が展開する戦略「三戦」にも受け継がれている（重岡, 2018）。「三戦」は中国共産党の「人民解放軍政治工作条例」（2003年）で、人民解放軍の兵法として正式に規定されている。「輿論戦《よろんせん》」（以下、世論戦と表記）と「心理戦」「法律戦」だ。これらを駆使して「敵軍瓦解工作を展開」し、戦わずして勝つことを最善としている。

「世論戦」とはあらゆるメディアを使って自軍を称賛・鼓舞したり、敵の戦闘意欲を阻害したりするための世論を作ることで、「重点打撃（敵の指導層の決断に影響を及ぼす）」や「情報管理（有利な情報は流し不利な情報を制限）」が含まれる（重岡, 2018,p.2）。

また「心理戦」は敵の戦意をくじくための「欺騙《きへん》（真実を偽装し敵軍の決定と行動を誤らせる）」や「離間（指導者と国民、指揮官と部下の間に猜疑心《さいぎしん》等を生じさせ、自軍が乗じる隙をつくる）」「心理防護（士気低下の予防、督励、カウンセリング、治療等により、敵の心理戦活動を抑制・排除）」を挙げている。法律戦は、自軍の軍事的行動の法的正当性を強調し、敵の違法性を暴くものだ。

2003年の8月に出版された『解放軍報』は、認知領域は情報化戦争における重要な戦場だと指摘。同年12月に刊行された『中国国防報』掲載の論評も、「認知領域における優勢の争奪が、情報化戦争での勝利を手にするための〝基点〟になった」と記している

（飯田, 2021,p.2）。『解放軍報』（２０２０年9月17日付）に掲載の董治強《とうじきょう》氏の論文は、認知科学の発展に伴い「認知形成（塑造《そぞう》）」や「認知コントロール（控制《こうせい》）」の重要性が増していると述べている（飯田, 2021,p.3）。

『解放軍報』（２０１７年10月17日付）には、「未来戦争」として「制脳権」「制脳作戦」といった言葉が登場する。同軍報の後続刊（２０２０年10月9日付）は「脳コントロール技術」の具体例として（1）神経剤を用いて敵の心身に影響をもたらす（2）「電磁刺激技術」などを用いて脳波をコントロールし五感に支障をもたらす（3）電磁刺激を自軍兵士に用いて認知機能を向上させ、注意力や決断力を上げる――技術が挙げられている（飯田, 2021）。これは人間の脳やその認知が武器にも攻撃対象にもなるという認識そのもので、ダーパの技術開発の方向性とも重なる（本章Ｐ２３６）。

制脳権といえば、米中は中国系動画投稿アプリ「Ｔｉｋ Ｔｏｋ（ティックトック）」をめぐる闘いも繰り広げている。利用者数は今や世界10億人にも迫る。若者を中心に米国では約1億人、日本でも約１０００万人が利用する。

米国では、政府職員のティックトック利用を禁止する法律が２０２２年12月に成立した。ＦＢＩの長官も同年11月、中国政府がユーザーの個人情報にアクセスしたり、「いいね（♡マークを押す）」を分析して「情報工作」に使ったりする危険性があるとの懸念を示した。

2017年制定の中国「国家情報法」によると、政府の要請があれば民間企業は保有情報を提供しなければならない。ティックトック側は情報提供を否定しているが、欧米メディアによると、中国政府系メディアはティックトックの偽アカウントなどを通じて親中的な投稿や西側諸国を批判する陰謀論を拡散しているという。ロシアと同様に「親中派」を拡大する「足場」を広げたい思惑が透けて見える。2022年秋の米中間選挙では、ティックトックへの投稿が選挙結果に影響を及ぼしたとの指摘もある（Baker-White, 2022）。

たかが「いいね」、されど「いいね」。国家権力がSNSを通じた心理操作をしたければ、政府の傀儡的《かいらいてき》なSNSを設け、そこを舞台に操作するのが手っ取り早い。ティックトックはそれを実現しうる規模と影響力を世界規模で持つからこそ、米国は強い警戒を示しているのだ。

第5章　脳神経科学から読み解くナラティブ

脳の中で活動するさまざまなネットワーク

ダーパによる研究プログラム「ナラティブ・ネットワークス（N2）」について知れば知るほど、ナラティブと脳の関係についてもっと知りたくなった。日本でナラティブについて詳しい脳科学者はいるだろうか。

調べていくうちに、東北大学大学院医学系研究科生体システム生理学分野の教授（脳神経科学）、虫明元《むしあけはじめ》氏の著書『学ぶ脳　ぼんやりにこそ意味がある』（岩波書店　2018）に出会った。

虫明教授はナラティブやコミュニケーションの重要性に鑑《かんが》み、大学などで即興再現劇（プレイバックシアター）を取り入れたワークショップなども開催している。誰かが語ったその人のナラティブを、別の人が即興で演じるという試みだ。

虫明教授にはご多忙な中、取材に長時間お付き合いいただいた。ここからはインタビューでのやり取りをベースに、ナラティブと脳の関係を考えていきたい。

そもそもナラティブが脳内でいかにして生まれるかを知るうえで欠かせないのが、脳の中で働くネットワークについての理解だ。図表5-1（P252）に示すように、脳内には執行系ネットワーク▽デフォルト・モード・ネットワーク（DMN）▽気づき（セイリエンス）ネットワーク▽感覚運動ネットワーク▽大脳皮質下のネットワークがあり、互いに連携し合っている（虫明, 2018,pp.3-5）。

このうち本書が特に注目するのが次の二つの回路だ。

(1) 執行系ネットワーク＝論理科学的思考、収束的思考→認知的スキル

(2) デフォルト・モード・ネットワーク＝ナラティブ・モードの思考、発散的思考→社会情動スキル

東北大学大学院医学系研究科の虫明元教授
＝本人提供

図表5-1●脳内で働くネットワークと思考

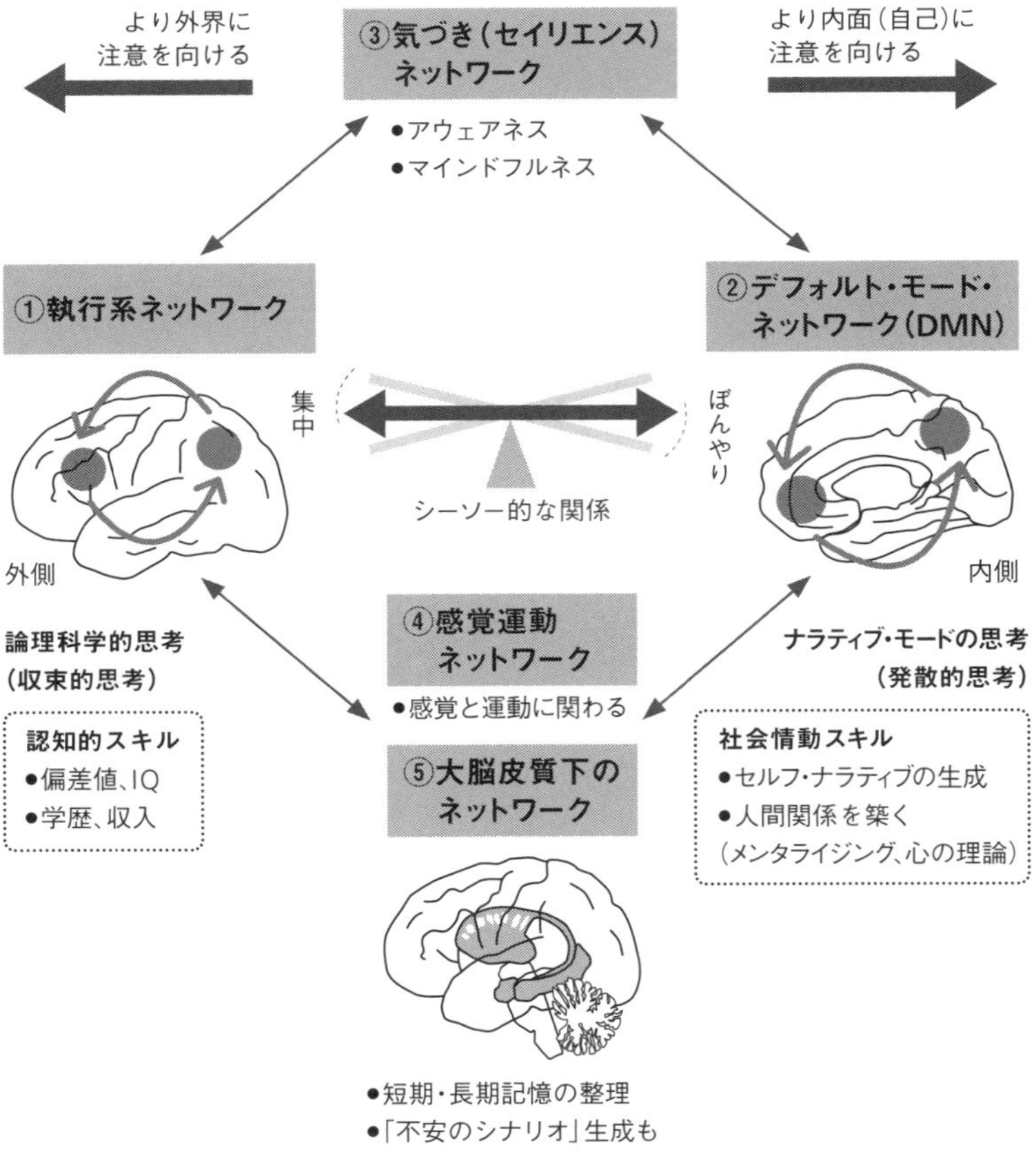

虫明元教授作成の図をもとに筆者が[点線枠]部分を追加

虫明教授によると、例えば水素や酸素といった科学や数学の話は「視点によらず、どんな人にとっても事実であるようなこと」についての語りであり、脳内の主に外側で活動する執行系ネットワークを使う。「解」を探すとか、問題を解決するといった一定のゴールを目指す時に使う論理科学的思考で、何かに集中して答えを求めていくような収束モードの思考だという。主に前頭前野や頭頂連合野の外側が活発化する。ＯＥＣＤ（経済協力開発機構）が認知的スキルと呼ぶ論理科学モードの思考をつかさどり、偏差値やＩＱ（知能指数）などで指標化できる能力でもある。

これに対して人の営みを表現するような、自分や誰かの体験といった1回きりの経験を表現するのはナラティブであり、主に脳の内側で活動するデフォルト・モード・ネットワークを使うという。ナラティブ・モードの思考で過去―現在―未来と時空を超えた「メンタルトラベル」（虫明教授）をしながら、自分の内心や他者の気持ち、感情にあれこれ思いをはせる、必ずしも「正解」を求めない発散的な思考だという。主に前頭前野や頭頂連合野の内側、頭頂連合野下部の外側領域の一部を使う。

ＯＥＣＤはこのナラティブ・モードの思考を支える能力を「社会情動（非認知的）スキル」「21世紀スキル」と呼び、極めて重要だと位置付ける。自律性や自己効力感、内的動機づけ、自己制御、自己認識、メタ認知、ストレス対応能力、コミュニケーション能力、協働性、性格特性、創造性などをつかさどるもので、自己の心身や人間関係をバランス良く保つ能力といえそうだ（虫明, 2018,p.iv）。

また本章後段でも述べるが、虫明教授によれば、③の「気づき（セイリエンス）ネットワーク」は内臓など体の内側からの感覚や外界からの刺激を受け取ってさまざまな「気づき」の信号を別のネットワークに送る。

最近日本でも実践者が増えたマインドフルネスは、深くゆったりとした呼吸をしながら、「今、この瞬間」の体験に意識を向けるもので、身体からのさまざまな信号に気づく鋭敏さが養われるとされる。

私がイスラエルにあるホロコースト・サバイバーの公的施設でボランティアをした時、マインドフルネスの実践法を教えるクラブの講師を務めたが、参加者の中には実際に不安に襲われて眠れない時やフラッシュバックに襲われた時に、マインドフルネスのアプローチが役に立ったという人もいた。

④の「感覚運動ネットワーク」は視覚や聴覚などの「感覚」、および運動野や運動前野など「運動」に関わる脳の領域を含んだネットワークだ。

⑤の「大脳皮質下のネットワーク」は脳の内側の海馬や基底核（側坐核《そくざかく》も含む）、扁桃体、

小脳などが他のネットワークと密接に関係しながら作るネットワークで、短期記憶を長期記憶に変換するのにも関わる。

言語を扱うのは主に左脳だが、言葉の抑揚とか非言語的な情報の処理には右脳も関わる。右脳は他者を理解する、その人の意図を理解する場合にはむしろ優位半球になるという。虫明教授は、「ナラティブの処理というのは、左脳と右脳を両方使う、かなり高度な作業になる。ナラティブの語りには必ず情動や気持ちも入ってくるため」と述べている。

この話を聞いて、私の中でバラバラだったパズルが1枚の絵になるような感覚を覚えた。例えばすべての事象に無理矢理、因果関係を見出そうとするような陰謀論的な思考は、すべてに「解」を求めようとする論理科学モードの収束的思考ともいえる。オウム真理教事件では、優秀な理系の研究者らが教祖の語る陰謀論に魅せられたが、何ごとにも因果関係を見出そうとする点では、カルトと科学の思考には親和性があり、論理科学モードの思考の暴走ともいえそうだ。

一方、ケンブリッジ・アナリティカが標的とした神経症的傾向などを持つ人々は、誰かが発した「1人称の怒りのナラティブ」などに魅せられ、心を揺さぶられ、感情を激化させて暴走した。ナラティブ・モードの発散思考にはまり、客観性を失ったままその思考を極化させたような格好だ。

ナラティブ・モードの発散思考は、人を傷つけもすれば救いもするが、その両者を分ける違いとは、発散的思考がどの方向に流れていくかによるということかもしれない。そんな想像をめぐらせながら、私は一つひとつ虫明教授に疑問を投げかけた。

デフォルト・モード・ネットワークという「ぼんやり」

まず気になるのは発散的思考だ。脳の主に内側ではデフォルト・モード・ネットワークとかメンタライジング・ネットワークと呼ばれる回路が活発に活動していると見られるという。両者はどのような役割を果たしているのか。

「デフォルト・モード・ネットワークというのは、安静時の何もしていない時の脳を最初に言い表した時の表現です。デフォルトというのは、もともと初期化という英語の言葉からきています。何かを考えてやっている時は脳の外側の部分が活動しますが、それをやめるとすっと戻ってくるところがある。それが脳の内側ですが、安静時にも活動しているので、デフォルト・モード・ネットワークと呼ばれました。ただこのぼんやりしている時に何もしてないと思っていたら、実はそこは認知的な、いわゆる数学の問題などを解いている時は活動しないのだけれど、人の話を聞いたりしていると活動してくることが分かり、何もしてないのではなくて、実は特定の機能を担っているのではないかと。じゃあそれは何かと突き詰めていくと、自分の記憶、個人的な経験の記憶を想起したり、人のことを考えたりしている時なので、メンタライゼーションとか、ぼんやり想像しているんだったらイマジネーションと呼ばれるようにもなりました」

デフォルト・モード・ネットワークは脳が「何もしていない状態」だと思われていた時代に付けられた名前だが、「ｆＭＲＩ」（機能的磁気共鳴画像化装置）の導入などで脳内の「見える化」が進み、ぼんやりしているような状態の時も前頭前野や後部帯状回、楔前部《けつぜんぶ》、下部頭頂葉、外側側頭葉、記憶をつかさどる海馬体などが広範囲な活動をしていることが分かったという（虫明, 2019, p.20）。

つまり集中している時は収束モードが優勢に、ぼんやりと自分のことや他者のことに思いをめぐらせている時は発散的思考が優勢になる。日常生活はこうして集中時の収束モードと、「ぼんやり」状態の発散モードを繰り返しているのだ。虫明教授によれば、両者はシーソーのようにどちらかが優勢になると片方が劣勢になるというバランシングを繰り返しているという。

ということは集中すべき時に集中し、ぼうっとする時には自由な発想や想像にひたる

――そんな切り替えをタイミング良くできる人は持てる能力を発揮しやすいということになる。実はこの切り替えをつかさどるのもまた、社会情動（非認知的）スキルだという。なるほどOECDが「21世紀のスキル」と呼ぶわけだ。自律性や自己制御、ストレス対応や人間関係の調整に広く関わっていく。

ところで虫明教授の話の中に出てきたもうひとつの聞き慣れない言葉「メンタライゼーション」とはどのようなものだろうか。

これは他者の心に思いをはせるという意味で、デフォルト・モード・ネットワークの回路で行われている脳活動だが、メンタライジング・ネットワークとも呼ばれる。心理学でいう「Theory of Mind（心の理論）」と同じような意味だとされる（図表5－1＝P252右下参照）。「理論」という和訳は分かりづらいが、「心の理解」という趣旨だ。

例えば金融関連の情報を広めようとする時、話者は「きっと相手は興味を持つに違いない」と予測して語り、その情報の伝播《でんぱ》が現実に経済を動かしていくことが多い。このためノーベル経済学賞を受賞したロバート・シラー氏は、経済は「心の理論」で動いていると提唱した（シラー，2021）。

そもそもこの理論は、霊長類動物の研究者らが1978年に発表した論文「チンパンジーは心の理論を持つか」で提唱した概念だ（子安，2000,p.11-12）。

あるチンパンジーがすぐ近くにエサがあることに気づく。しかし、サル山で「もっと偉いチンパンジー」も近くにいる。すぐにエサに飛びつくと、この偉いチンパンジーもエサに気づいてしまい横取りされるかもしれない。だから素知らぬふりでその場をやりすごす。そして偉いチンパンジーがその場から離れたスキにサッとエサを取る——。

そんな仕草を見た研究者たちは、このサルは偉いサルの心を読んでいる、人間も同じように他者の心を読んでいるのではないか、と考えた。

デフォルト・モード・ネットワークでは、自分のことを考えたり他者の心を想像したりしているという。そうなると自分について考える時も他者について考える時も同じ回路を使っているということなのか。他者の喜びや悲しみが我が事のように感じられるのも、そのせいなのだろうか。虫明教授に聞いた。

「そうですね。結局、エンパシーと共感性の起源を考えた時に、脳の中ではどうも、自分の体の痛みを感じる場所が人の痛みを感じる場所にもなっている。それが肉体的な痛みであっても、メンタルな、あるいは社会的な痛みであってもです。基本的にはだいたい他者と自分を同一視するような形で共感は生まれます」

温かくてダークな共感性

ワシントン&ジェファーソン大学英語学科特別研究員のジョナサン・ゴットシャル氏は物語を「共感装置」と呼ぶ。彼は「物語は共感装置だ。これが機能するとき、私たちは別の世界、別人の心の中に飛ばされる。物語はお互いを他者として見るのを、究極の形でやめさせてくれる。つまり『彼ら』が『私たち』になる。物語の力が最大限に発揮されるとき、私たちは相手との違いは幻想であり、偏見には根拠がないことを教えられる」と述べている（ゴットシャル, 2022,p.173）。

虫明教授によると、共感性には、感覚運動的な共感性、情動的共感性、認知的共感性の3種のほか、コンパッションと呼ばれる、他者を助けようとするようなものもあるという（虫明, 2018,p.72-73）。

感覚運動的な共感性は「物まね細胞」としても知られるミラーニューロン細胞が関わる。この細胞を発見した研究者たちは、実験者が食べ物をつまむのを見たサルが、自分で実際に食べ物をつまむ時と同じ脳の領域を活発化させることに気づいた。

人間も「バナナをつかむ」「モモをかじる」といった文章を読んだり、そうした他者の動作を見たりしただけで、手や口の動きをつかさどる脳領域の活動が活発化することが確認されている（イアコボーニ, 2009,p.121）。

これはつまり、私たちが小説や映画、ＳＮＳで他者のナラティブを追っている時、脳内で無意識のうちに「物まね」するようにシミュレーションをしているということだ。誰かの動作を見たり聞いたりしながら、実際にそれをするのと同じ脳の領域を使っている。

２番目の情動的共感性とは、他者が経験しているであろう痛みを想像して自分自身の痛みのように感じたり、他者の喜びを自分のもののように感じたりする感覚だ。情動を通じたつながりで、自分と他者が心で一体化しているような状態ともいえる。

３番目の認知的スキルの共感性は、むしろ「一体化しない」のが特徴だ。他者がどう感じているかを察知するスキルで、例えばあの「偉いサル」にエサを取られまいと工夫を凝らしたサルが使っていた技だ。「相手はこうするだろう」と想像して自分の行動を決めるが、「偉いサル」と心理的に一体化したわけではない。

４番目のコンパッションは、これらをすべてつないだうえで抱くような共感だ。他者の身体や情動を想像していったんは一体化するかもしれないが、そのうえで認知的スキルを生かして他者を対象化し、最終的に「自分はこの人のために何ができるか」などと考える。

ここで新たな疑問が浮かんだ。

共感性はなぜ人により大きく異なるのか。例えば「一体化」を促すという情動的共感性をすべての人がしっかりと持っていれば、殺人や紛争も起きなくなりそうだ。だが現実はそうはなっていない。共感性はやはり人によって異なる。そうだとすると、その違いを生み出すものは何か。虫明教授が語る。

「脳の中には色々な神経伝達物質があります。愛情や信頼関係に関わる社会性伝達物質でホルモンでもあるオキシトシンとか、強い感情やストレスを感じた時に交感神経系から分泌されたり、副腎髄質《ふくじんずいしつ》などから放出されたりするノルアドレナリンとか、報酬やポジティブな感情に関わるドーパミン、さらには、これらとバランスを取る形で情動を制御して精神を安定させるセロトニンとか。脳内で分泌されるそうした物質の分子には、実は遺伝的多様性が必ずあって、皆さんはそれぞれちょっとずつ違った感受性を持っていて、それがいくつも組み合わさり、結果として個体差、個人差が生じています。環境要因もあります。同じ家の家族でも、兄弟姉妹で同じ影響を受けるのであれば共有環境と呼ばれますが、これは性格等との関連性は意外に小さいことが知られています。一方で同じ環境でも一人ひとりが独自に経験する環境を非共有環境というのですが、そうした要素がむしろ大切であることが分かっています」

共感性は遺伝と、その人が独自に経験する環境要因によるという。オキシトシンといえば、ダーパがナラティブ・ネットワークスで詳しく研究していた脳内物質だ。人を動かす脳内ホルモンともいえるが、これには両極性があるという。

「オキシトシンというのは確かに親密な関係になるときに非常に強く関わるとはされているのですが、実はそれは同じグループの同族者、同集団、内集団に強く働く。それに対して外集団、『彼ら』と呼ばれるものに対しては、むしろそれを敬遠するようになってしまうので、どこまで自分と同じグループとみなし、どこからが『彼ら』というグループになっていくかによって大分違います」

オキシトシンは、親密ではない人々を敬遠させるような働きを持つことも報告されている。共感は自分が属するグループ（社会心理学では「内集団」と呼ぶ）にとどまりやすく、関係が遠ざかるにつれて共感の度合いが弱まる傾向がある（Armstrong, 2018）。このため共感性が強まると、より「身内」の結束が促され、それ以外の人々には排他的になったり敵対的になったりもしやすい。仲間内で固まろうとする生物ならではの仕組みだが、人間社会においては人間関係を限定的にしてしまう可能性もある。

ちなみに女性の方が男性より共感能力が高い傾向が見られることはほぼ間違いないよう

だ。例えば幼児を被験者とした調査によると、女児は男児に比べ、他の子が泣いていると感染したように泣き出したり、他者の仕草を真似したり、よく分からないことがあると他者の様子をうかがったりする傾向が強い（Christov-Moore et al., 2014）。また幼児までの女子は男子に比べてより向社会的で、他者を助けたり慰めたりする行為が目立った。

年齢が上がってもこの傾向は続き、共感能力の高い女児はさらに共感スキルを高め、男児との格差が広がるという。これらの結果から、共感能力における性差は社会的な環境で育つだけでなく、生物学的にも違いがあると理解されている（Brechman & Purvis, 2015; Christov-Moore et al., 2014）。

ただ共感においては注意したいこともある。

心理学の一部の専門家は「共感にはダークサイドがある」といった論文を書いている（Bubandt & Willerslev, 2015）。高い共感能力を持つということは、何が他者を最も苦しめるかを予測できるということでもあるという。他者の立場に立ち、その弱みは何かを想像して攻撃すれば、相手を巧みに操作することもできる。「偉いサル」にエサを横取りされないように工夫を懲らすのは生きるための知恵だが、過激派やカルト的な集団などはこうした共感性をフルに使い、相手を操作しようとたくらむ。

ケンブリッジ・アナリティカが神経症的な傾向のある「ローハンギングフルーツ」を標

的に、彼らに「刺さる」ナラティブを巧妙に創り込んだのも、「共感のダークサイド」を表すものだろう。標的とする集団の心理的脆弱性を想像し、彼らの不安や怒りをあおるナラティブを創ることで大衆を操作した。

ナラティブには社会性を促す向社会的なものと反社会的なものがあるように、ナラティブが促す共感性にも両極性があるのだ。

幼少期の集中教育は何をもたらすのか

SNSの誹謗中傷やいじめ、ハラスメントの問題が起きるたび、共感力、想像力の欠如だという指摘が出る。この共感性を左右するのが遺伝子であり環境要因だが、環境においては特に幼少期の養育者との心理的な結びつき、いわゆる愛着関係（心理学ではアタッチメントとも呼ばれる）の影響が大きいとされる。

「言語を学ぶというと音声とかテキストとかを学べば良さそうですが、実際には対人関係が絶対に必須なようです。子供は養育者との交流の中で相手の意図を読んだり、自分の意図が相手に通じたりということが嬉しくなる時期がある。子供にとっての対人関係とは結局、目の前で人とやり取りをすることで、その中で出てきた言葉が意味を持つのかとか、何かとても大事そうだということで注意を引かれてだんだん理解する。言葉が分かってくると左脳に言語が偏ることになり、同時に右脳に心を読み取る部分が深く備わってくる。幼少期にやり取りをして相手の意図を考えたり、それを理解したりされたりしながら、だんだん言語化してナラティブになってくる。この時期に例えばmal treatment（筆者注：不適切な養育）とかがあると、そこがうまく備わらなくなります」

では幼少期に環境的に恵まれないと、他者の心を想像するメンタライジングの能力は一生低いままになってしまうのだろうか。

「脳は常に変化する、ある程度は変わり続けることができます。だからたとえ小さいうちは大変な環境であったとしても、その後に迂回《うかい》しながらでも、結果として同じようなことができるようになるということはいくらでもありえます」

サルが「偉いサルの心」を感じたように、赤ちゃんは養育者の語りかけや表情や声色、態度を見ながら、その「心」を感じ、言葉はまだ持たないが「会話」をしているのだ。その心と心の対話こそが、その後の他者との関係性の基礎になるようだ。

繰り返しになるが、こうした他者との関係性をつかさどるのが、ＯＥＣＤが「21世紀のスキル」と呼ぶ社会情動（非認知的）スキルだ。長い間注目されなかったのに、なぜ最近になって関心を集めるようになったのだろうか。

虫明教授によると、２０００年にノーベル経済学賞を受賞したシカゴ大学のジェームズ・ヘックマン教授（教育経済学）の功績が大きいという。米国の幼少期の子供たちに集中的な教育を受けさせ、長期的に追跡調査した大規模な研究がいくつかある。ヘックマン教授はこれらを分析し、社会情動スキルの重要性を提唱した（ヘックマン, 2015）。

そのひとつが、１９６２年から１９６７年にかけて各30週間、米中西部ミシガン州に住む低所得のアフリカ系住民計58世帯の就学前の幼児に対して行われた集中教育に関する研究だ。午前中に毎日２時間半、教室で授業を受けさせ、さらに週１回、教師が家庭訪問をして90分間、子供の自発性を育てるなどマンツーマンで社会情動（非認知的）スキルの向上を意識した指導をした。復習は集団で行い、社会的スキルの育成も図った。

その後、40歳になるまで追跡調査をした結果、集中教育を受けた子供たちは、一時的にＩＱは高くなったが次第に低下し、４年後にはその学習効果は見られなくなった。ただ14歳の時点で退学せず通学している割合が、集中教育を受けていない対照群に比べて高く、成績も良かった。また40歳の時点では、この教育を受けた人の方が学歴や収入、持ち家を所有する割合も高かった。

別の調査でも、貧困などで環境的に恵まれない家庭に育つ子供（平均年齢は生後約4カ月）計111人を対象に、8歳になるまで毎日、集中教育を実施。30歳までの経過を追うと、同様の結果が見られた。

これらを分析したヘックマン教授は、一連の教育は短期的には認知的スキル（IQや偏差値など）を伸ばし、長期的には本人の心身や自律性、他者との関係性を柔軟にバランス良く保ち続ける能力、つまり人間としての成長を支える土台を強固にしたと指摘。その能力を「社会情動（非認知的）スキル」と呼び、その育成に必要なのは養育者の財力ではなく、「愛情」と「子育ての力」だと提唱して世界的な注目を浴びた。

ヘックマン教授は、「幼いころにある特定の入力（インプット）が欠けると、そのインプットに関連する情報を感じ、気づき、理解し、判断し、それに従って行動するという脳のシステムの発達に異常が生じる」と述べている（ヘックマン, 2015, p.25）。そのうえで、さらにこうも指摘している。「じつのところ、子供が成人後に成功するかどうかは幼少期の介入の質に大きく影響される。スキルがスキルをもたらし、能力が将来の能力を育てるのだ。幼少期に認知力や社会性、情動の能力を幅広く身につけることは、その後の学習をより効率的にし、それによって学習することがより簡単になり、継続しやすくなる」（ヘックマン、

2015, p.34)

一連の集中教育がもたらしたであろう長期的な成果について、虫明教授が分析する。

「集中教育を受けていた間、子供たちと、親密に色々とやってくれた教育者との間で何らかの社会情動スキルが交わされたと思います。成績が何点上がったとかではなくて。よくやったねとほめられるとか、そういう話が必ず出てきます。そういうものがその後の職業選択とかの高校中退率とかに関係してくる。それは一生ものだったということですよね。認知的スキルのひとつの問題点は、評価軸がひとつになって、必ずその中に、負けた人と勝ち組が出てくるようになってきます。認知的スキルだけを考えていくと、必ずそこで成功者と失敗者が出てくる。だからそうじゃない軸の教育がないと、そこから漏れていく人たちがいるという教育でいいのかということになります」

この実験結果は、仮に家庭や特定の養護者との関係性の中でこうしたスキルを得ることができなくても、学校の教諭や周囲の大人との関わりの中で学ぶことができれば、長い人生において大きな違いを生み出しうるということを示唆している。教育や社会的支援の重要性を改めて物語るものだ。

向社会性が低いとカモにされやすい？

共感する対象の範囲が狭くとどまりやすい人とそうではない人がいる。家族や親しい人、自分に似た人にだけ共感を示す人は外集団には排他的になりやすいが、自分と異なる人にも広く共感を抱ける人はより寛容な姿勢を持ちやすい。これは人によって異なる社会性であり、向社会性とも呼ばれる。

これもまた遺伝的要素や環境要因に左右されるのだが、向社会性がうまく根付くかどうかも、幼いころからの養育者との愛着関係によるところが大きいという。

「やっと歩けるかどうかの1歳ぐらいの子供でも、ある状況に置くと本能的に人を助けたりします。例えば物が落ちていてそれを拾ってあげるとか。向社会性の起源は古く、人間はそれにより言語を学んでいると思われます。小さなうちは身近な人との関係がほとんどですが、青年期、大学生以降になってくるとそれが本当に広がってくる。前頭前野の成熟は青年期ぐらいにまでおよびます。私たちとか家族といったレベルから大きな社会に広がっていく、それこそが本当の意味での向社会性です。この向社会性が、自分と同じ仲間か自分とは異なる他者かというレベル、または仲間か敵かというレベルで終わっている限りは狭いのです」

脳と向社会性の関係を考えるにおいても、対立軸の視点は必要になる。脳には背側の「背側」と、腹側の「腹側」がある。内側前頭前野の「背側」と呼ばれる領域は他者の報酬に関わり、「腹側」の領域は自己の報酬に関わる（虫明, 2019, p.133）。

向社会性の高い人は背側、つまり他者の報酬に関わる領域が広くなる傾向があり、自己の利益について考える領域との境目があいまいになりやすい。一方、利己的な人は内側と外側の区別が明確で、異なる活動パターンを見せるという。向社会性が強い人は自分の利益を考えるように他者の利益を考えようとするが、そうでない人は自分の利益と他者の利益を明確に区別して閉鎖的、排他的になりやすいようだ。

ここで改めてケンブリッジ・アナリティカが実践した心理操作を考えてみる。

彼らは神経症的な傾向を持つローハンギングフルーツを標的に、白人至上主義的で排他的なナラティブを流して大規模感染を計画的に引き起こした。神経症的傾向が強い人は他者に対して懐疑的になりやすく、共感を向ける範囲や向社会性も限定的になりやすい。結果的にだが、向社会性が低い人々が標的にされた格好だ。

より一般的に見ても、コロナ禍や経済不況などで社会不安が高まると、神経症的な傾向のある人はますます自分が所属する内集団と、移民や異なる人種の外集団を区別して内向きに守りを固めやすい。このため差別をあおるナラティブにも魅せられやすくなる。

こうした傾向をひとつの流れにまとめてみる。

社会的不安の増大↓向社会性が低く神経症的傾向がある＋SNSをよく使う人が不安感情や、排他的な思考を強める↓政治家や外国の勢力が自己の利益のために悪用↓不安や排外主義をあおるナラティブを拡散↓世論の対立、社会の分断の深化

ケンブリッジ・アナリティカが「成功」した心理操作や、そこから学んだトランプ氏や一部のポピュリスト政治家が実践した世論工作の工程を彷彿とさせるものといえる。

孤独な脳は人間への感受性を鈍化させる

ナチス・ドイツは自分たちと同じ民族に「偏狭な共感」を向け、ユダヤ人たちを人間とすら見なさなかった。他者にそんな視線を向ける時、脳の中では何が起きているのだろうか。虫明教授が語る。

「自分がそのグループに帰属していなければアウトサイダーですから、ヨソの世界の話に

なります。他者という、まだ人として認めているなら良いのですが、何かしらの集まりでしかない、つまり人とすら見なさないこともあります。共感の対象にすらならない。すべてはモノの世界です。コロナ禍が始まって、孤立が脳にどのような影響を及ぼすのか心配になって調べてみました。結局、孤立・孤独になると、どんどん脳の活動が、人を非人間化するような活動にひきこまれやすい。そちらの方により活動が高まっていくのです」

非人間化とは、人間を人間とも見なさない視線だ（図表5−2＝P274参照）。戦場における戦闘行為では「敵」を殺害する際にこうした認知の状態になるとされる。テロリストが女性や子供を躊躇《ちゅうちょ》なく殺害するのは、モノを壊しているような感覚になるからだともいわれる。それは脳の内側の活動、つまり他者の心に思いをはせるデフォルト・モード・ネットワークやメンタライジング・ネットワークが十分に働かなくなっている状況なのか。

「そういうことが苦手になって、それに使っていた脳のリソースをモノに使うようになるのです。研究の中で見えてきたのは、例えばドーパミンという報酬に関わるホルモンは本来、社会的な報酬にもモノの報酬にも同じように働くのですが、あまりにも孤立・孤独になってしまうと、モノに対する報酬はどんどん感じるけれど、人間からの報酬には感受性

図表5-2●孤立状態のネズミは依存症になりやすい

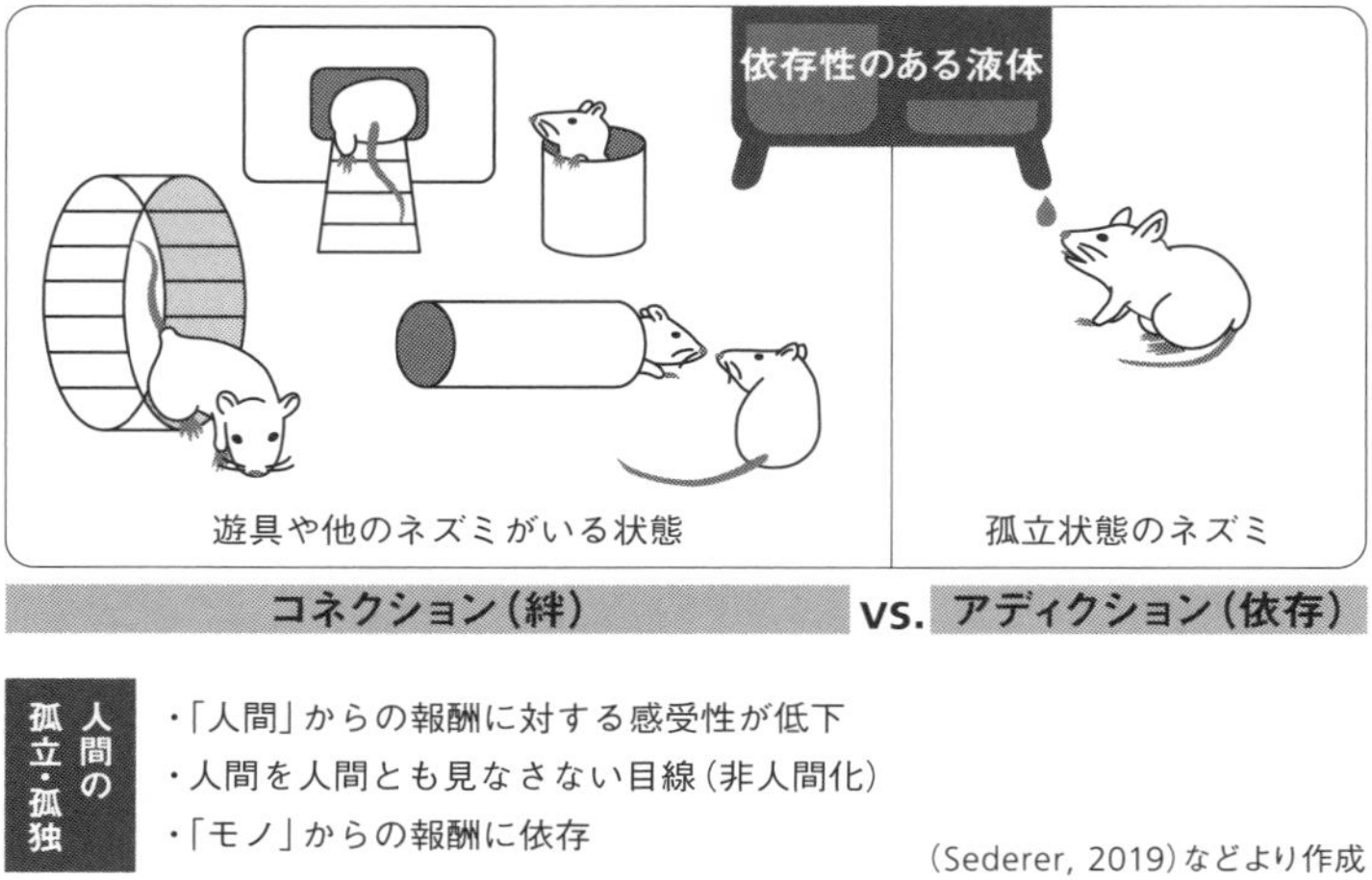

（Sederer, 2019）などより作成

が低くなってしまうことが分かりました。また、孤立・孤独になると社会的なものより非社会的なものに感受性が高まることもあります。結局、そうなるとますますその人は人間に関心を持たなくなり、関係性から離れていってしまいます。物質的なものとかですね、そういうものに感受性が高まるということです」

私は思わず「そんなことがあるのですか！」と声をあげてしまった。

他者との関係性が減って孤立・孤独な状態になると、他者を人間と見なさなくなるだけでなく、人間への感受性そのものを下げてしまう傾向が強まるというのだ。人間は脳内報酬がないと生きられないから、それを人間関係から得られなくなれば、モノから得るしかない。だからモノへの感受性を強めていくという。脳のバランス機能の優秀さを物語る話だが、同時にそれがもたらす恐るべき結果でもある。

具体例として虫明教授が挙げたのが、ネズミの「依存」に関わる実験だ（図表5－2）（Sederer, 2019）。依存性のある薬物を含んだ水とそうでない水をネズミのケージに入れておくと、孤立状態のネズミは依存性のある水をたくさん飲んですぐに依存症になってしまった。ところがケージを「ネズミの公園」とでも呼べるような、遊び道具がたくさんあって異性のネズミもいて自由に交尾できるような環境にすると、依存性のある水を飲むことはあっても飲み過ぎて依存症になることはほとんどなかった。

「コネクション（つながり）の対義語はアディクション（依存）」と言われるが（松本，2021）、他者との関係性から得られる社会的報酬がなかったり不足しがちになったりすると、代わりにモノから得ようとして依存症に陥りやすくなってしまうのだ。

そういえば立正大学の西田公昭教授（社会心理学）も、山上徹也被告が孤立・孤独な状態の中で何らかの「報酬」を求めていた可能性があると指摘していた。銃や殺害計画を入念に作ることでドーパミン、つまり快感を得るようになり、さらに大きな「報酬」が欲しくなったのだろうか。

孤立・孤独は人間の感受性まで変えてしまうのだ。
日本はOECD内で、孤立・孤独の状態にある人の割合が最も高く、また自尊心が低いとされる（福岡市社会福祉協議会, n.d.; 虫明, 2019; 駒崎, 2019）。ナラティブと自尊心、孤独感にはどのような関係があるのだろうか。

「自分の価値観とか自分とは何か、ということは実は他者との関わりの中から生まれます。自尊心は結局、自分と他者とのやり取りの中で生まれるものなのです。ソシオメーター理論というのがありまして、人から『いいね』といわれるのは、SNSの『いいね』だけではなくて、他者との色々な日常会話に全部入り込んでいます。そういう中で自分を語り、それを承認されたりするという経験で変わっていきます。しかし日本では他者との間で互いに評価を交わすような場面があまりありません。個々人が孤立していて孤独にもなりやすい。自尊心はその人への特別な承認を与えないと育たない。それはナラティブという形で人との対話をしないと生まれない。だから孤立・孤独になってくると、自尊心は育ちにくくなってしまうのです」

自尊心は他者との関係性の中で承認や拒絶を受けながら上がったり下がったりする——

そんな考え方をソシオメーター理論と呼ぶ（沼崎，2019）。思い浮かぶイメージは私という「株」だ。もともと人間にはポジティブ・バイアスという自己肯定的な感覚があるが、私という「株」の価格はいくら自分で「もっと高いはず」と思ってもそれだけでは上がらない。他者に認めてもらえると上昇するが、否定されれば下落する。他者との関係がうまくいかないと株価は急落して自己嫌悪に陥る。しかし尊敬する人や好きな人にほめられれば急上昇したりもする。そうやって常に変動している。

自尊心は他者とのナラティブ交換の中で少しずつ形成される。だから、あまり互いをほめない、どちらかというと減点主義的な日本の文化では育ちにくい。これは日本が「自殺大国」であることとも無縁ではないかもしれない。

私は米国とイスラエルで計10年以上暮らしたが、両国とも家庭でも学校でもこれでもかというぐらい子供をほめ、「あなたは特別な存在なのだ」というナラティブをシャワーのように浴びせる。両国には起業して自分の創造性を試そうとするチャレンジ精神旺盛な若者の姿が特に目立つが、こうした「ほめる」環境要因も影響しているように思える。自尊心や、そこから生まれるレジリエンス（復元力）は八方塞がりの袋小路のような逆境においても、まるで自己免疫システムのように働くからだ。

不安をまぎらす脳内の報酬

ＳＮＳでは不安や怒りをあおる投稿ほど拡散されやすいというデータがある（第４章Ｐ２０２）。不安といえば、脳の扁桃体が関わるというイメージがある。ＳＮＳで不安をあおるような投稿を見た時、脳内では何が起きているのだろうか。虫明教授が解説する。

「扁桃体は目の前にワッと怖いものが出てきたような時の反応を担っています。実際には経験してないことに感じるという不安を作り出すのは大脳皮質です。それにデフォルト・モード・ネットワークも関わっています。自分の過去の記憶や未来のナラティブを創っていくところですが、不安という要素が加わると、こういう未来が待っているのではないかという不安のシナリオを創り出していきます。それをやっているのが色々な想像をしたり、自分のことを考えたりするデフォルト・モード・ネットワークです。自分の将来と過去をつなぐ、いわばメンタルタイムトラベルをするところです。通常は、そこはニュートラルで色々な可能性があるはずなのですが、不安要素が入ってネガティブな、不安なことばかりを考えるようになると、不安神経症にもなります」

大脳皮質で生まれる不安（図表５－１＝Ｐ２５２中央下部参照）に過剰な重み付けがなされ

デフォルト・モード・ネットワークの回路で反芻されるとネガティブ・スパイラルにはまってしまいやすい。いわゆる反芻思考だ。養老孟司さんによれば、反芻思考は「入力情報」を自給自足して脳内でぐるぐる回ししているような状態だ。もちろんこれは、一部の特別な人が陥る状況ではない。そもそも日本人の思考は欧米諸国の人々のそれと比べてあまり前向き思考ではない傾向が遺伝子的に見られる（第4章P208）。ましてやコロナ禍のように社会不安が高まったり経済が悪化したりする状況下では誰しもネガティブな思考に傾きやすくなる。そんな時、私たちのナラティブはどのような方向に流されやすくなるのだろうか。

「個人の特性もありますが、予想できないパンデミックが起きて、人々はますます何か頼れるもの、自分がこれと思えるものにしがみつきたくなりました。死を目前にした時に人間はその不安から逃れるため、自分を超えた何かにすがりつきたくなります。自分はもうたかだかそんなに長くはないけれど、より何か大きなもの、例えば自分の国とか文化は自分より長く存続しますが、そこに自分を一体化させることは、いわば自分が永久な命を得るようなことにも感じられる。結果として特定の文化にしがみつきたくなるような、それが色々なところでこう、国粋主義的な、不安だからこそ何かにしがみついておかないともう終わりじゃないか、自分のこの文化を守らないともう他はみんなもしかすると敵かもしれない、危険かもしれない、といった思考になりがちです」

コロナ禍で右派的なポピュリストのリーダーや独裁的な政権が支持され相次いで生まれた背景にも、こうした「自分より大きな何かにしがみつきたい」心理があったのかもしれない。不安を抱える人が、不安感情をあおるナラティブに反応して拡散させていく。だがそれで不安は解消されるのだろうか。

「不安の原因となるものが解消されていれば良いのですが、そうではない場合、『いいね』などで報酬を得てしまうと、不安は解消されていないのになんとなくその報酬の方でいい気持ちになって、違う物で満足している感じになります。不安は残っているけれど、また次の不安が来たらまた同じ報酬にもう1回手を出せば、なんかそれでうまくいったような気になります。別な形の報酬が代償したように感じてしまいますが、いくらやっても本質的な解決ではないので本当に不安が解決されたわけではなく、結局それは依存症と同じですよね。それがいったん動き出すと、とことん行ってしまう」

ここで不安感情とSNS拡散の流れを改めて考えてみる。

不安を感じる↓不安のナラティブをSNSで投稿・拡散↓「いいね」で報酬を得て良い気持ちになるが不安の原因が解消されたわけではない↓再びSNSで不安のナラティブを投稿・拡散して不安を解消しようとする

そんな堂々巡りにはまってしまうのかもしれない。

神経症的な傾向を持つ人々はナラティブ感染のクラスターに利用されかねない。それは、不安そのものは解消されていないのにSNSの「いいね」で得た報酬で気分を紛らわそうとしてしまうという依存症的な行動パターンとも関係がありそうだ。

陰謀論やフェイクニュースにだまされない「気づきの脳」

不安感情と密接に絡むのが陰謀論だろう。

米英やオランダの心理学者が2015~2018年に発表した各種調査によると、実験で不安や無力感、ストレスや孤独感を喚起された集団はそうではない集団に比べて陰謀論に肯定的な反応を示す傾向が強かった（モイヤー，2019）。確かに疫病や災害で社会的な不安が高まると、特定の集団（外国人やマイノリティなど）にまつわる陰謀論がどこからともなく姿を現す。なぜ不安が高まると陰謀論ナラティブにはまりやすくなるのか。

虫明教授によると、そもそも人間の前頭前野は「一つひとつ考えていくようなところで、非常にリソースを使う。不安の要素が加わってくると（筆者注：慎重な判断に使われるべきリソースが奪われ）、ますます右か左かとか白か黒かという形でさっさと結論を出したがる。結論はだいたい右か左かの極端になってしまう」。しかも「不安が思考の最初にある人は、どの情報が『不安をより取り除いてくれるか』という観点で見てしまいがちで、そこが結局『弱み』になってしまう」という。

こうした人々にSNSで不安感をあおった後、それを取り除くかのような陰謀論を流せば、不安が消えたり不透明な未来がしっかり見えたりしたような気分になるのかもしれない。だが、陰謀論にいったんは魅せられても異なる情報に出くわして、「あれ、何か違う」と違和感を覚える人もいる。これを感じているのは前頭葉の少し後ろの「気づきの脳」（セイリエンス・ネットワーク）と呼ばれる領域だ（図表5-1＝P252中央上参照）。前帯状皮質や島皮質《とうひしつ》で構成される回路だという（虫明，2019）。

この「気づきの脳」は、体内からくる感覚情報や外界から入る情報をモニタリングしながら認識や感情を形成している。注意の向きを内側に向けたり外側に向けたりしながら、情報処理の適正化を図っている。うつ病の人はこのバランス機能がうまく働かず、注意が内向きにばかり傾いて、思考が膠着化《こうちゃくか》したような状態になってしまうという。

虫明教授によれば、私たちの中では論理科学モードの思考（収束的思考）とナラティブ・モードの思考（発散的思考）がシーソーのようにバランスを保っているが、その調整役を担うネットワークのひとつが「気づきの脳」だ。両者のバランシングがうまくいかないと、論理科学モードの思考で因果関係を追求するあまり陰謀論に突っ走ったり、ナラティブ・モードで反芻思考に陥ってしまったりする。

また、思い込みが激しい状態に陥る背景には、認知的不協和という状態が関係している可能性も認識しておきたい（Festinger, 1957）。米国の社会心理学者、レオン・フェスティンガー氏が提唱した有名な概念で、私たちは信じていたことと矛盾する情報が入ってくると不快に感じてしまうというやっかいな認知のクセを持っている。

虫明教授によれば、この認知的不協和が起きた時、論理科学モードの回路がより強く働く人は、自分の中で首尾一貫する価値観や視点をベースに「強い信念と強いロジック」に基づいて、それに反するものを「一気に無視して解決」としてしまいやすい。

図表5－1（P252）に示した通り、論理科学モードの思考が強い人はＩＱや偏差値などにおける認知的スキルも強い傾向がある。その結果、「すべて世の中、自分の思い通

りになっているはずだという認知的スキルのある種、強い合理的な思考が変な方向に行き出して、なかなかそのコンファメーション・バイアスから抜けられなくなる」(虫明教授)。これは自分の信念ばかりに注意が向いて、外界からの情報には「聞く耳を持たない」という状態であり、内外からの情報をバランスよく調整する「気づきの脳」が適切に働いていない可能性もある。

一方、ナラティブ・モードの思考がよく働く人は、自分の信念とは異なる価値観に遭遇した時に、「色々な視点を考えてイマジネーションをして、他の視点があるのかなと思える」(同)。

OECDは異なる意見や他者の感情などに柔軟に対応する能力を総じて社会情動(非認知的)スキルと呼び、「21世紀のスキル」と位置付けている。「こういう見方もあれば、ああいう見方もある」という考え方はあいまいでスッキリしないのも事実だが、現実社会は矛盾だらけであり、それを受け入れていくには、あまり白黒をつけず、物事をあいまいに受け取る能力(心理学では「あいまい耐性」とか「ネガティブ・ケイパビリティ」と呼ばれる)も求められる(越川&山根, 2020)。

陰謀論やカルト的な思考などにはまらないようにするためには、子供のうちからこうしたスキルを鍛える必要がありそうだ。虫明教授が勧めるような即興再現劇はもちろん、それが難しくても小説を読んで登場人物の考え方や意図を自由に想像するだけでも「脳トレ」になるはずだ。

「記憶する自己」という独裁者

ナラティブと記憶の関係性についても調べてみた。

大脳皮質下のネットワーク（図表5－1＝P252中央下部参照）が扱う長期記憶には「エピソード記憶」や「手続き記憶」がある（虫明, 2019,p.138-141）。前者は自分や他者についての出来事や想像、架空の物語などについての記憶で、内側前頭前野や海馬、海馬傍回、脳《のう》梁《りょう》膨《ぼう》大《だい》後《こう》部《ぶ》皮質《ひしつ》などの領域が関わる。後者の「手続き記憶」は自転車に乗ったり泳いだりといった体で覚えるような「技の記憶」で、脳の奥の方にある基底核や扁桃体、小脳や大脳皮質のネットワークが関係する（日本学術会議, n.d.）。

「エピソード記憶」は物語形式のナラティブで生成・保存されている。養老さんが、ナラティブは脳の唯一の形式だと言ったが、まさに私たちはナラティブ形式で記憶を整理している。

これとは別に、個別具体的な「逐語的記憶」と、「つまりそれはこういうことね」と要約する「要点記憶」（心理学で「スキーマ」＝概念、とも呼ばれる）といった区分もある。この要点記憶もナラティブ形式で保存されている。

「エピソード記憶」も要点記憶も、個々の出来事をただ羅列するだけでは覚えにくい。だからストーリー仕立てにして思い出しやすい形に整理しているのだ。

ただその過程では、映画の編集作業のように、個々の記憶や想像をかなり独断と偏見で切り貼りしている。根拠もなく因果関係をでっち上げたり、印象的だと感じた要素を勝手にストーリーの中心に持ってきて、矛盾する情報をすべて排除したりもしている。そうやって良くも悪くも個性的で一貫性のあるナラティブを創り、記憶として保存している。

ある実験で、被験者に物語を記憶させたうえで一定の時間をおいて何度かそれを思い出してもらったところ、詳細な情報、つまり逐語的記憶は失われたが、全体としてはつじつまが合うように出来事の順番を入れ替えたり、新しい情報を勝手に付け加えたり、なじみのある言葉に置き換えたりしていたことが分かった（虫明，2019,p.140）。認知心理学の先駆けとなった英国人心理学者のフレデリック・バートレットはこうした結果を踏まえ、逐語的な記憶は次第に失われるが、要点記憶は情報を補いながら再構築されていくと考えた。

ただこうした記憶の再構築が自分自身を苦しめてしまうこともあるようだ。例えば家族でピクニックに行き、一日の大半は楽しかったのに最後にひどい渋滞に遭うと、まるで「ひどい一日」だったように記憶されてしまうことがある。これは直近のネガティブな記憶で一日の印象が変わってしまった結果で、認知バイアス（認知的錯誤）によるものといえるが、時間的には楽しい状況がずっと長く続いていたのに過小評価されている。

ノーベル経済学賞を受賞した前出のダニエル・カーネマン氏は「経験する自己には発言権がない。だから記憶する自己はときにまちがいを犯す」と述べ、「記憶する自己は独裁者である」と述べている（カーネマン, 2014b, p.268）。これは「経験する自己」と「記憶する自己」の「二つの自己」があり、良くも悪くも「記憶する自己」が記憶のナラティブを独占的に編集している、という意味だ。

ただこうした「独裁性」をうまく使えば、PTSDなどを抱えてつらい記憶に悩まされている人たちがより良く生きるためのナラティブを再構築することもできる（第2章P84）。また、記憶する自己は独裁者だが、他者のナラティブに左右されやすいという脆弱性も抱える。ある実験で、世論を二分する問題についてまず被験者の意見を聞き、そのうえで説得力のある人のスピーチを聞いてもらうと、被験者は話者の考えに近づく傾向を見せた。「当初のあなたの考えは?」と改めて聞いてもなかなか思い出せず、話者から聞いた話と混同してしまった。

これとは別に「ロフタスの誤記憶」として知られる実験では、事故を目撃した人に「どのような衝突でしたか」と聞くのと「どのような激突でしたか」と聞くのとでは車の速度に関する証言に違いが見られた（May, 2013; 虫明, 2018, p.37）。「激突でしたか」と聞かれた人の方が、「衝突でしたか」と聞かれた人より速度を速く見積もったのだ。また1週間後に今度は「車の窓は割れていたか」と聞くと、「激突でしたか」と聞かれた人の方がそうでない人より「割れていた」と答える割合が高かった。これは過去の質疑の内容が、その後の記憶にも影響を及ぼすことを示唆しているという。

こうした結果から言えるのは、「記憶する自己」は確かに独裁者だが、ナラティブ形式での記憶の編集作業中に誰かの語りに触れたり、意図的な操作を受けたりしてしまうと、本来の記憶に基づくナラティブを忘れたり見失ったりしてしまいかねないということだ。独裁者なのに他者からの影響に弱い。これが私たちの記憶の実像かもしれない。

過激派やカルト教団、職場などで支配的なナラティブを発信する人々に取り込まれてしまう時も、往々にしてこうした記憶の入れ替えが起きる。支配する側は、相手が苦境の中でナラティブを再構築しようとするのを手伝うふりをして「記憶する自己」を乗っ取り、その記憶を自在に書き換えてしまうのだ。

脳内の「連想マシン」が操作される

新しいナラティブと出会った時、私たちの脳内ではどのような思考が起きているのだろうか。一般に、新しい情報が入ってくると、私たちはそこからさまざまな類似の記憶を連想する（カーネマン, 2014a）。例えば親ロシアのアカウントが「ナチス化するウクライナを倒すのはロシアの使命」というSNS投稿を発信した場合、あらかじめ反ロシアの考えを持つ人なら即座に無視するか、記憶の箱の中にある「ロシア偽情報」ファイルに放り込んで終わりだ。その人の中での「ロシア＝悪」というナラティブが変わることはない。

だがもともと親ロシア的なナラティブを持っている人は、「ナチス化」という言葉から別の記憶を思い起こすかもしれない。2014年のロシアによるウクライナ・クリミア半島の一方的編入、あるいは第二次世界大戦でソビエト連邦がヒトラーを撃退した「正義の戦い」かもしれない。その結果、彼らは投稿を記憶箱の「親ロシア」ファイルに追加する。その人の中にすでにあった「ロシア＝正義」のナラティブはより強固なものとなっていく。

ナラティブから記憶を連想させるという戦術は、日本の政治家も日常的に駆使している。安倍晋三元首相ら自民党幹部は「悪夢の民主党政権」というキーワードをよく使った。東日本大震災当時の民主党政権の混乱ぶりを想起させる隠語であり、一部の人々にとってはトラウマ的な記憶を呼び起こす言葉だ。当時感じた不安や恐怖、怒りが芋づる式に思い出されて強い嫌悪感を覚える人もいるだろう。安倍氏は「選挙はストーリー」（第3章P167）と語ったが、政治家の多くはこうした記憶のツボを刺激する術にたけている。

だから有権者はナラティブで記憶を刺激されたり、操作されたりしないよう注意しなければならない。昔の記憶と現在体験していることは、脳内の「連想マシン」が自動的につなぐかもしれないが、現実には別モノだ。それを結びつけたい何者かに引っ張りこまれないように思考の手綱をしっかりと握っておきたい。脳は新しい出来事を孤立したものとして認識するのではなく、すでにある知識や経験と関連づけることで、記憶を定着させようとするクセがある。その方が「我が事」となりやすく思い出しやすくなるのだが、勝手に結びつけているだけで本来は無関係なことが多いこともしっかり認識しておきたい。

さらにＳＮＳ時代の現代においては、根拠不明のフェイクニュースが新たな要点記憶ファイルを作ってしまうこともあるので要注意だ。２０２２年10月、安倍元首相の国葬について、「反対のＳＮＳ発信の８割が隣の大陸からだった」と三重県議会議員が投稿して広く拡散された（NHK, 2022）。実際にはまったくの虚偽情報だったが、「隣の大陸」という言葉に多くのユーザーが中国や韓国を連想してシェアした。

真偽不明の情報ではあっても、すでに「反中・反韓」という要点記憶を持っている人はこうした情報に「親しみ」を覚え、即時シェア、という反応を示しやすい。

それればかりではない。「反中・反韓」の要点記憶を特に持っていなかった人も、繰り返しこうした投稿を見ていると記憶の箱（心理学で「スキーマ」とも呼ばれる）が形成されてしまう。そして似たような情報に遭遇するたびに頭の中の連想屋であるデフォルト・モード・ネットワークがその記憶の箱との関連性を見出して新しい情報を取り込んでいくので、箱はどんどん大きくなっていく。しかも記憶は思い出すたびに再構築され、その内容は書き換えられていく。かくしてSNSも私たちの脳内も誤記憶や誤情報の巣窟となる――。

記憶は思い出せば思い出すほど強化されていく性質もある。記憶の入力には情報を書き込む「記銘」と、その記憶を定着させる「固定」の二段階がある（虫明, 2018）。SNSでいえば、「いいね」「シェア」をした投稿ほど印象は強化され記銘されやすくなる。それがさらに拡散されるとSNSのアルゴリズム（コンピューターがデータ処理をする際の計算手順、計算式）により何度も通知・表示されるので、そのたびに記憶が呼び起こされ、記憶がさらに強化されて固定化しやすくなる。

こうして見ると、SNSのシステムは脳の特質を実にうまく捉えていることがよく分かる。そしてケンブリッジ・アナリティカのような心理操作を得意とする企業や政治家などは、SNSの技術と人間の脳や心、そして何よりナラティブのメカニズムを十分に理解したうえで心理操作を仕掛けてくる。

何も知らずにSNSを使うユーザーは、丸腰で重装備の兵士と闘っているようなものかもしれない。この非対称の闘いで心身をハイジャックされると、SNS依存になったり過激化して他者を暴力的に攻撃したりするゾンビユーザーになってしまう。

ジョハリの四つの窓

そうならないためにも役立つと思われるのが「ジョハリの窓」がもたらすイメージだ（大久保 et al., 2020）。1955年に米心理学者のジョゼフ・ラフトとハリントン・インガムが提唱した、自分自身や他者との関係性を四つの窓で表す試みで、2人のファーストネームを合わせて「ジョハリの窓」と名付けた。

図表5－3のように、私たちには自分も他者も知っている自己がいる「開かれた窓」と、他者には明らかにしていない自己がいる「秘密の窓」、自分は気づいていないけれど他者は知っている自己がいる「盲点の窓」、そして自分も他者も知らない自己が隠れている「未知の窓」がある、と考える。

他者との関係性は主にこの「開かれた窓」で構築される。他者とナラティブを交換する中で、私たちは自分自身の姿を鏡に映し出すように認識する。そして他者からの承認を得ながら自尊心を育む。「開かれた窓」をできるだけ大きくすることは、結果的に個人にも社会にも望ましい。まさに「開かれた社会」を実現することになるからだ。

それには自分がさらに自己開示し、他者の側もさらなるフィードバックを心がけて、双

図表5-3●ジョハリの窓

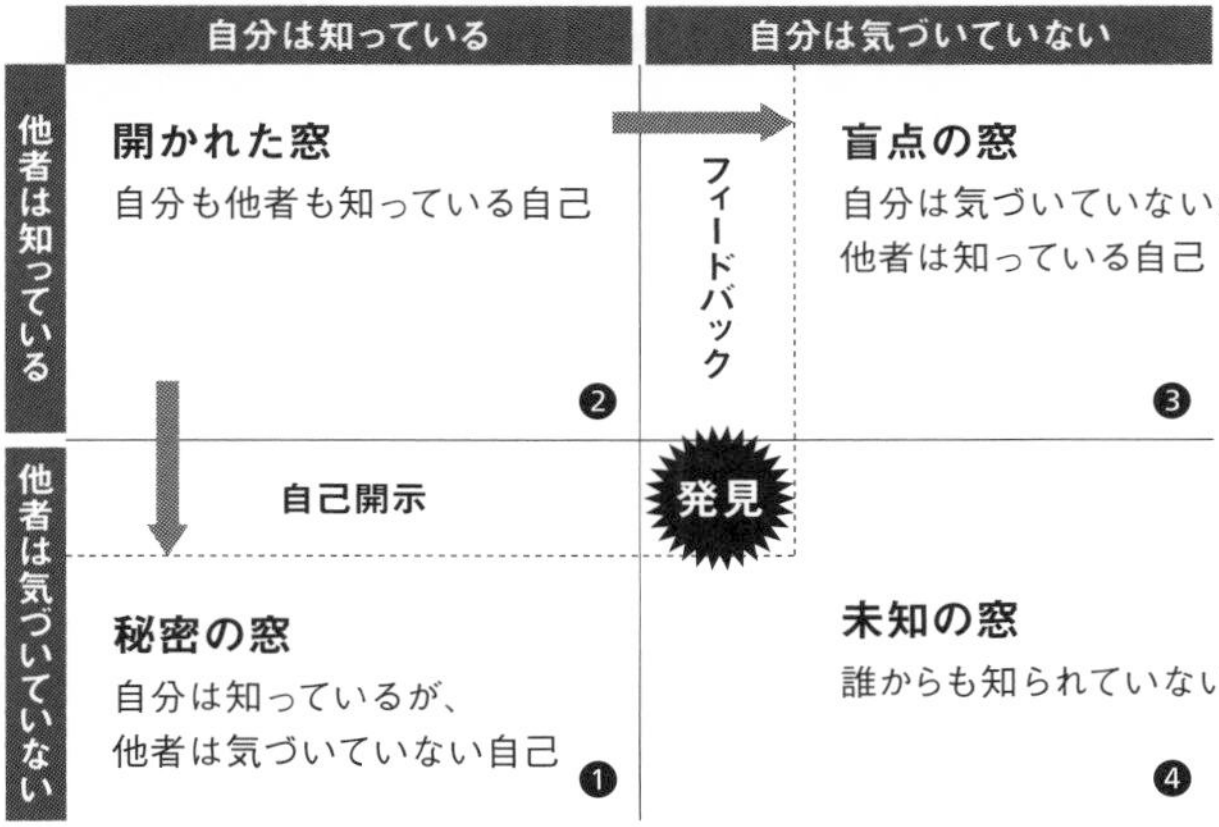

（大久保et al. 2020）を参考に筆者作成

方に新たな「発見」を生み出す関係性が求められる。ポジティブな言葉をかけ合えれば、それは互いを開放的にし、自尊心を高め、ストレスや負荷に耐えうるレジリエンスも強める。より大きな「開かれた窓」を持つ人がひとりでも多くなれば、その組織やコミュニティ、社会全体のレジリエンスを高めることにもなる。「べてるの家」の取り組みの神髄は、まさにここにあるといえるだろう（第2章P92）。互いに心を開くことが、集団や組織、地域を開き、免疫力、レジリエンスを高めることにもなる。

そして繰り返しになるが自己の心と体、自己と他者といった関係性をつないでいくのがナラティブ・モードの語りであり、それをつかさどる社会情動（非認知的）スキルだ。

ナラティブ力を養う即興再現劇

ここでは最後に、虫明教授が大学などで実践する即興再現劇を用いたコミュニケーション・ワークショップについて報告しよう。虫明教授にこの試みを始めた経緯を聞いた。

「単に待っていても育たないので経験を積む必要があります。『演劇教育は幼稚園とか小学校でいいじゃない、学芸会でやるし、高校ではいらないでしょ、あとはもう受験勉強した方がよっぽど世の中のためになるのでは』とも言われますが、人間の理解という関係性を考えた場合、前頭前野が成熟する青年期にかけても、そういう経験をしていく必要はあると思います。ある程度、遺伝的な背景で感受性は多少個人により違います。すごく社会性が低い傾向の人もいれば高い傾向が見られる人もいる。遺伝的背景プラス人為的な環境で変わってくる。でも環境というのはさまざまなものが考えられますし、変えていくことができます。どのくらい私たちは環境として、向社会的なものを発揮する場を与えていますかという問題です。ベルスキーが提唱した感受性差説によれば、人はネガティブな環境とポジティブな環境の両方に敏感であり、さらに環境感受性には個人差があるのです」

即興再現劇は、誰かが自分の経験について語ったセルフ・ナラティブ（自己物語）を聞いて、即興でその人になりきって演じる。他者のナラティブを聞き、その語りをいったん消化したうえで他者の立場に自分を重ね合わせながら演じる。五感を使って吸収し、五感を使って表現する作業でもある。現代社会で軽んじられがちな身体機能を総動員する必要がある。

「自分の経験を語る人は、本当だったら語ることもなく死んでいったかもしれないけれども、ひとつの自分の経験を話して、それを人に演じてもらう。そしてそれをみんなが見る。立派な小説とか本を書き残すことはできないかもしれないけれど、みんな経験を持っているわけです。それをなるべくこう、いろんなことを語ってもらい、それがみんなに何かを残せたり、その人の物語がまた人を教育していったりする。学んでいくきっかけになる。新たな生き方とかモノの見方をもらったり、こういう生き方があったのかと考えさせられたり。それはやっぱり、その生き方に本当に触れてみないと感じられなかったりする。これが大事な人生ですという文章を読んでも分からないけれど、この人がこの状況でこういう風になってこういう風に感じてということを追体験してみる。そこでしか感じられない、まあ、それを感じられるのが人間なのかなという気がします」

他者のナラティブを演じる時、自分は「いわば透明になって、表現するツールになる」という。そして「自分が一瞬自分じゃないものになって、また自分に戻ってくる」。言葉で「共感した」と言うのは簡単だが、「本当にこう全力で、その人を描いてみるという風にしてみないと見えてこないものもある」という。虫明教授が大学でこうした即興再現劇の機会を設けるのは、向社会性をつかさどる前頭前野の成熟が青年期にまでおよぶことも踏まえ、その支援となる「環境」を提供したいという思いからだ。

スマホと向き合うばかりの生活では、自分の心身や自己と他者をしっかりと結びつけていく力が衰えてしまう。五感を使う交流の場が減少している時代だからこそ、あえて大学で時間をとってそれを補う価値があるのだ。

第6章　ナラティブをめぐる営み

保阪正康さんがつむぐ元日本兵の語り

最終章は、現代社会におけるナラティブをめぐるさまざまな営みについて報告する。

2022年秋、私はノンフィクション作家の保阪正康さんに話をうかがった。戦場に立った人間の記憶がどのようなナラティブを創り、語り継がれていくのかを知りたかった。取材当日、その趣旨を改めて伝えると、保阪さんは元日本兵らでつくる「戦友会」を訪ね歩いたころの記憶からたどった。

「ちょっと悪いけど、出てください」

兵士らが集まる会合で、食事を運ぶ女性たちが部屋を出るようにと促された。それは

ノンフィクション作家の保阪正康さん
＝髙橋勝視撮影

「告白」の時間の始まりだった。

「俺、あの時、四つの子供を撃ったんだよな、あれはつらかったよ」

別のひとりが言葉をつなぐ。

「いや、お前だけじゃないよ。俺だって婆さんをさあ、2人も3人も撃って。言われたから撃ったけど、夢に出るんだよ」


戦友会は兵士の出身部隊ごとに作られる組織で、保阪さんが取材を進めた1975年当時、全国に約6000団体。生還した兵士の大半は戦友会に所属していたという。

「何も知らない人が聞いたら『戦争を肯定しているのか』と言いたくなるような語りですが、違うんですよ。彼らは癒やしているんです。気持ちを和らげている。日本社会は理解がなくて、そういう話をすると戦争を肯定しているとか残虐な行為を得意げに話しているとか言うから絶対、外では言わないですけどね。ただ、将校たちはそういう経験をしていません。命令を出すだけですから」

将校が参加する戦友会で語れば、「日本軍の恥をさらすな」ととがめられるのがオチだ。だから一介の兵士が集まる会合に限り、こうした「告白」の時間が設けられる。彼らは戦友会で語ることで心身のバランスを取っているのだろうか。

「精神的なバランスですよね。彼らは『自分でも、よく頭がおかしくならなかったと思う』と言います。なぜそうならずにすんだのかと聞くと『友達ですよ』と。『お前だけじゃないよ、俺だって』と言い合える、そういう言葉ですよと」

彼らは行き場のないナラティブを持ち寄り、胸の内にこびりついた記憶を一つひとつはがして見せ合うことで心身のバランスを保ち、心の折り合いをつけているのだ。

中国からの帰還兵が保阪さんにこう打ち明けたこともあった。「孫ができても抱けないんです。だから孫が来るっていうと、家から離れる」。その帰還兵はある記憶にずっと苦しんでいるという。所属する部隊が中国の村で火を放ち、幼い子供が泣きながら家から出てきたことがあった。「この子だけは助けて」。そんな家族の思いが感じられる。上官に

「どうしますか？」と指示をあおぐと「始末しろ」と。彼は思い切って子供を撃った。

「『始末しろ』ということは殺せということですよ。だから銃でその子を殺したわけです。それで戦争から帰ってその元上官に『僕は今でもあれで苦しい。あんたの命令でやったんだ』と言ったら、『いや俺は、始末しろとは言ったけど、殺せと言ってない』と言われたそうです。彼はその元上官に飛びかかった。『本当に殺してやろうかと思った』って。つまり戦後はね、そういう責任逃れがいっぱいある。それで現実に手を下した兵隊たちが今も苦しんでいるのです」

殺戮《さつりく》の記憶と自責の念。それを互いにナラティブにして吐き出すことで、何とか「正気のふち」にとどまるのだという。

生死の狭間で生まれる戦時民話

「無念と悔しさ」を抱えたまま戦場で息を引き取った兵士たちのナラティブは誰が伝えるのか。保阪さんは衛生兵の存在に着目した。現場で命を落とした兵士らと「最期の会話」を交わした彼らの証言を記録するためだ。

「死んでいく時、『おっかさん』と呼ぶのが多かったとか、『天皇陛下、万歳なんかいないよ』とか。『今度生まれる時は、戦争のない時代に生まれて来いよ』って言ったら『はい』って言ったとか。衛生兵たちは一般的にはあまり話さないですが、親しくなったら堰《せき》を切ったように話しますよ。そういう人たちの多くは戦後、遺骨収集に参加しています」

遺骨収集に取り組むある元衛生兵は、「水」にまつわる記憶を語ったという。

「遺骨が見つかった所で、『声が聞こえる』と言うのです。『おーい水くれ水』とかっていうのがね。ところが現地の人は『何も聞こえない』と。でも彼らは聞こえるって言う。つまりそれは心理的なものだから、本当に聞こえるかどうかは別の問題なのです。遺骨のあった所に立つと、自分もそこで戦った時、水が飲みたくてしょうがなかった。水が飲めなくて死んだ仲間が何人もいるっていう記憶がある」

元衛生兵たちの中では「水が飲みたかった」という自分の記憶と、水を飲みたがっていた戦友についての記憶が入り交じり、戦友たちの「声」となって聞こえるのだろうか。

「そうですね、僕らの世代はまったく分からないのだけれど、生きるとか死ぬとかっていう極限に立った時の経験っていうのは、我々の理性とか知性を超えたところで記憶としてなんかこう、生まれるんだと思う。あるいは生きていくという本能に対する、何か、呼びかけが人間の脳の中にあるのかなと僕は思う。それで、そういうものが彼らの中にひとつの幻想や夢や物語を創るんですね。だから彼らに『そんなことないよ。そんな声、聞こえるわけないじゃない』って言っちゃいけないんですよ。それは彼らを否定することになるから。戦場に立っていない僕らは、『そうですか』って聞くだけで。日本の戦死に対する考え方のずさんさ、あるいはある意味で非人間的なところが、そういう民話を作っていくのではないかと思いますね」

戦後の日本は、戦争のトラウマをどう癒やすのかという議論も研究も十分にしないまま、復興への道を急いだ。行き場のない記憶は、関係者や遺族の間でさまようしかなかった。保阪さんは戦争体験者らが語る民話を「戦時民話」と呼ぶ。地域性や戦時体験の濃淡にもよるが、そのプロット（筋書き）にはおおむね四つの特徴が見て取れるという。

（1）戦場で死んだ仲間が現れる
（2）兵士が死ぬ時に故郷の実家や肉親のもとに現れる
（3）恨みや悔しさを残した兵士がその対象となる人（あるいは組織）の前に現れる
（4）火の玉、霊魂などになって別の兵士の命を救う

論理科学モードの思考が優勢の現代社会においては、戦時民話は「戦争を美化する物語」「オカルト」などと見なされやすい。それでも語り継がれてきたのは、兵士の遺族やそのコミュニティの記憶が、収まるべき場所を求めたからだろう。1000人以上の帰還兵に取材を重ねてきた保阪さんは、戦争記憶に背を向ける日本社会に「常識に欠ける」冷淡さを感じるという。

「日本は戦場体験のケアをする組織だったものが全くない国だから、兵士が傷つくのはお前の問題だっていう形で放り投げる。例えばアメリカなんかは必ず部隊に牧師が同行する。『明日、お前たちは正義のために戦う、ジャップをやっつけるために死ぬかもしれないけど、ちゃんと天国に召されるんだ』とやる。遺体は畏敬の念をもって埋葬される。それはね、ある種の戦争のマナーのようなものなのです。国に命をかけたということでね。日本

はそういうのが全くない。まあ、僕の言葉で言えば常識に欠けていると思いますね」

保阪さんによれば、旧日本軍には戦場で戦死者を弔う習慣はほとんどなかった。「赤玉」と呼ばれる青酸カリ入りの薬を配り、捕虜になるぐらいなら自決せよと指導した。欧米社会では戦時特有のPTSDを専門とするカウンセラーが帰還兵に公的ケアを無料で提供するシステムも珍しくないが、日本にはそうした制度もない。

背景には、日本と西洋社会の歩みの違いがあるようだという。西洋社会の帝国主義には長い歴史があり、その過程で生まれた、人間と戦争を取り巻くさまざまな思想的、哲学的な葛藤を踏まえて戦後社会が築かれた。一方の日本は江戸時代の270年間、戦争をせず「潔癖で温厚な武術論、武闘論、戦争論を持っていた」（保阪さん）。しかし開国と同時に西洋の帝国主義と出会い、単純にその「軍隊」だけを真似て「とにかく逆らったら軍事力で殺すというようなやり方」（同）で戦争へと突き進んだ。その結果、戦後も人間と戦争についての思想的、哲学的な検証を欠いたままになっているという。

行き場のないナラティブは、戦友会や兵士らの故郷を拠り所に漂ってきた。その意味では戦友会も戦時民話も、戦争のナラティブをひっそりと収める「禁忌の箱」としての役割を担ってきたようなものだろう。

その日本でいま、憲法改正やそれに基づく「防衛力」強化を求める声がかまびすしい。保阪さんはどのような思いでその声を聞いているのだろうか。

「日本の軍事組織は、本当に人間を、兵隊の人間性を考えた組織ではなかった。僕は軍隊を持つなとか持てとか、そういう政治とか思想についての論争に参加する気はないんだけれども、もし日本が軍隊を持つならば、徹底的に一からもう1回、軍隊とはどういうものか、兵隊というのはどういうものなのかということから、きちんとした哲学思想をもとに作らないといけない。そうでないと、同じような誤りが起きると思いますね」

元兵士一人ひとりのナラティブに耳を傾けることは、戦争礼賛でも国粋主義でもない。それは戦場という地獄で殺戮を繰り返す状況に追い込まれた人間の心身にその後、何が起きるのかを見据えることでもある。それをせずに新たな戦争へと歩みを進めることは、人間の尊厳を無視した過ちを繰り返すに等しい。

「なぜ」を問う拷問からの解放

「人間にとってナラティブとは何か」

そんな私の問いに、ノンフィクション作家の柳田邦男さんはどう答えるだろうか。思いをめぐらせながら、2022年12月19日、待ち合わせ場所へと向かった。

柳田さんは1993年8月、25歳だった次男の洋二郎さんを失った。自死を図って脳死状態に陥った洋二郎さんのベッドの傍らに、柳田さんは11日間寄り添った。そこで「25年間を凝縮したよりもはるかに密度の濃い会話を息子との間で交わした」という柳田さんは1995年7月、『犠牲《サクリファイス》 わが息子・脳死の11日』（文藝春秋）を上梓した。

子供を失った親は「なぜ」の拷問に苦しむ（柳田, 2013,pp.21-22）。「なぜわが子が」という問いかけに答えはない。それでも「なぜ」を繰り返せば、親は自らに拷問を課すように苦しみ続けるしかない。だが「一筋の光明を見出す人々もいる」という。それは「なぜ」ではなく、「わが子の死の意味を問う」方向へと心を移す人々だという。

子供が残してくれた記憶、教えてくれた命の重み、その意味などを深く考え、『「なぜ」』を際限なく問う拷問から、少しずつ解放」されていく。意味を問うことで、「一筋の文脈を組み立て、物語を創作する」。そうやって物語をつむぎ、意味を模索する中で、「なぜ」を繰り返し「尖《とが》った感情からいつしか解放されて、内面がやわらかく膨らんでくる」のだという（柳田, 2005, p.271）。

人間が物語をつむぐことの意味を長年、探求してこられた柳田さんに、私がこれまで感じたことを伝えたい。そこからまた新たな世界が見えてくるかもしれない。そんな期待に私は胸を膨らませた。柳田さんにはそれまでに2度、取材などで面談する機会があった。あれから10年余り。寒空の下、柳田さんはやはり柔らかな雰囲気を伴って現れた。

「人間にとってナラティブとは何でしょうか」

ノンフィクション作家の柳田邦男さんが語った「2.5人称の視点」はジャーナリズムにも生かされるべきだろう＝東京都内で2022年12月19日、筆者撮影

柳田さんは私の問いに、「闘病記」への思いから語り始めた。日本で闘病記が出版されるようになったのは主に１９６０年代以降だという。当時はまだ作家や文学者、学者らの手によるものに限られていたが、１９８０年代に入るとがん患者が急増し、主婦やサラリーマンら一般の人々による闘病記も相次いで出版されるようになった。柳田さんはそれを読み、「病いと闘う人が苦悩の暗い森のなか

をさまよいつつも、死を目前に見つめて、その人なりの生き方と生きる意味とを見出していく事実や愛の絆を確認していく事実」に心動かされた。『同時代ノンフィクション選集』全12巻（文藝春秋　1992〜1993）を責任編集し、さまざまな闘病記や追悼記を紹介した。

その各巻に寄せた解説の中で、柳田さんは闘病記を書く「意味」として次の五つを挙げている（柳田, 2001,pp.38-40）。

（1）苦悩の癒《いや》し
（2）肉親や友人へのメッセージ
（3）死の受容への道程としての自分史への旅
（4）自分が生きたことの証しの確認
（5）同じ闘病者への助言と医療界への要望

（1）の「苦悩の癒し」について、柳田さんはこう解説している。

「多くの人は、病いを得てはじめて知った痛みや苦悩や無念の気持の苛酷さを、何らかのかたちで吐き出したい、そして人にわかってほしいという衝動にかられる。そのとき、書くという行為は自己表現の最も身近な方法となる。書くという行為は、心のなかで混沌とした状態で渦まいている葛藤や苦悩を、文章という一本のタテ糸で物語として紡《つむ》いでいく作業だから、葛藤や苦悩は整理され、心は安定していく。精神科医やカウンセラーによる精神療法も、心を病む人が葛藤や苦悩を順序だてて物語ることによって、自ら心を整理する作業なのだが、書くという行為は、それと同じような意味を持つといえる」

ではなぜ、書くことで心が「安定していく」のか。柳田さんは私の問いにこう答えた。

「なぜ闘病記を書くのか。やはり苦しい、不安とか恐怖とか、あるいは人生の悔いとか、さまざまなものがごちゃごちゃと心の中でカオス（筆者注：混沌）状態にある。そして何かこのつらさを書かないではいられないというのがありますよね。これを言語化して伝えようとすると、何がしかの脈絡をつけるわけですよ。文章を書くというのは、まさに主語があり、述語があり、書くべき誰かがいたりして、そういう人間関係や自分自身のことを、文脈を持って書くわけです。それは、単なるカオス状態でつらい苦しい不安だっていうモヤモヤしたものを整理する窓を開けることになる。言語化するということは、それはとりもなおさず、自分のカオス状態の内面を、文脈を持ったものに捉え直すことになるのです」

カオスが文脈化されると、どうなるのか。

「自分のカオス状態を、文脈を持ったものに整理していくと、客観視できるようになる。そうすると、そこからまた自分の悩みが深く、さらにその奥まで入り込んでいく。その営みの中で、いわゆる自己肯定感も生まれる。もう何もかも終わりだ、ダメだ、という暗黒のトンネルの中にいた、そういう状態から何かひとつ、自分の人生っていうものが、文脈を持ったものとして意味づけされたり、自己肯定感を持ったりしたところへとつながっていく」

ナラティブをつむぐ過程では、「読者」という他者の存在も重要な役割を果たすという。

「密かに自分でノートに書き付けていくだけではなくて、それを家族や誰かが読んでくれる。そしてそれに対する反応がある。そういうコミュニケーションがとれることによって、自分自身に対する『目の向け方』がどんどん深くなっていく。そのサイクルがとても大事だと思うんですね」

柳田邦男さん「人は物語を生きている」

とはいえ自分史を書くことは容易ではないが、「書く」のではなく、誰かに「語る」のであれば、もう少し取り組みやすくなるかもしれない。それを支える存在として柳田さんが挙げたのが、「傾聴ボランティア」だ。自らの人生を振り返りたいという思いを抱えている人々の語りに、ボランティアが耳を傾ける。「第三者」に語るからこそ、話者として素直になれることもある。さらに最近は「聞き書きボランティア」も盛んだという。聞き手が語りの内容を時系列に並べ変え、一筋のナラティブにして書き起こす。それは語り手と聞き手の共同作業でもある。柳田さんがその意義を語る。

「しゃべった通りの速記ではなくて構成まで考えて、短編なり中編なりの物語にして届けてくれるわけです。そうすると、語り手は自分自身のどうして良いか分からない不安な状況を客観視することができるようになります。言語化するというのは、まず一義的には窓を開けたぐらい。しかしそれを読むことによって、自分自身をもっと深く見つめ直して、より深く言語化していくという営みになっていきます」

ただいずれにせよ自分の思いを言葉で表現することは、容易ではない。

「本人の言語能力、表現能力で限界もあるわけですよね。非常に文学的にうまく語る人もいれば、なかなかそうもいかなくて、事実を淡々と語って、あの頃はこうだった、ああだったというだけになっちゃう人もいる。そうするとね、その奥にある、自分の心が当時どううごめいていたとか、心の揺れ動きとかっていうのはなかなか言葉にできない。それを目とか表情、しぐさ、あるいは沈黙というものが表現しているんですよね。いわゆるノンバーバル（非言語的）な表現あるいはコミュニケーションです。そこをどう捉えるかっていうことが、特に終末医療にかかる患者の心を捉え、支えようとするボランティアの方々が注目しているところです」

それは市民の声をつむぐ私たち記者にとっても大事な視点だ。素朴な言葉でとつとつと語る人々のしぐさや表情、目の動きや沈黙などから、言葉にならないメッセージをすくい取る努力が求められる。

市井《しせい》の人々の多くは、「自分の人生は書いて残すほどではない」と思ってしまいがちだ。だが「自分史」を研究してきた柳田さんの見方は違う。

「人生というのは一編の長編小説なり大河ドラマみたいなものを持っているのに、それにみんな気づかない。なんとなく漠然と、たいした人生じゃなかった、つまらなかったとか、苦労ばっかり多かったとか、単純にそう思ってしまう。ところが物語として捉えると山あり谷あり、つらい時もあったけど楽しい時もあったとか、いろいろあってもすごくいい人に出会って人の優しさ、支える力に気づかされたとかね。闘病記を書いたり傾聴してもらったりしてそれが見えてくると、つらいことを単に否定的に捉えるのではなくて、そのつらさの中で誰に会ったから本当に人の心の優しさとか、それが大事なんだと気づいたりする。あるいはその人のおかげで立ち直ることができた、あの人は命の恩人だとか。そういうことを再認識できるようになる」

柳田さんはそう語り、私の最初の質問に立ち返った。

「ナラティブの世界というのは本当に奥が深いと思いますね。もちろん言語化することだけではないんですけれど、懸命に言語化する営みの中で、いろんなもの、目に見えないものに気づいていくことができます」

柳田さんは、障害のある人やその家族、あるいは支援者の手記を社会に広めるための「ＮＨＫ障害福祉賞」の選考委員を35年間続けてきた。初めのころの応募者の多くは中高年だったが、近年は障害をもつ若者たちも自分をさらけ出して積極的につづるようになってきた。入選者のアンケートでは「書いたことが、自分が変わる転機になった」「肯定的に生きられるようになった」といった前向きな声が少なくないという。

柳田さんによれば、自らの人生を語ることは、人生の道程を鏡に映し出すようなものだという。「自画像」をありのままにしっかりと見ることによって、自己肯定感を持てるようになる」。それは「人生のさまざまな出来事を因果関係で説明しようとする発想とは違う、物語を距離感をもって涙や笑いさえまじえて辿る、まさにナラティブな方法の力」だという。行政や事業や研究の分野では科学的あるいは論理的な思考は重要だが、人間は人生を理路整然と生きているわけではないからだ。

戦後、日本は物質的に豊かになり、生活や人生の質、いわゆるクオリティ・オブ・ライフ（QOL）をより重視するようになった。人生を振り返り、物質的な充足感より、「自分はどう生きたのか」「この世で何をしたのか」「何を残したのか」といった精神的充足感を求める人が増えた。柳田さんはそれを「自分の死を自分で創らないと死ぬに死ねない時代」と呼び、「自分の死を創る時代」だとも語る。

柳田さんと長く親交があったという心理療法家の故・河合隼雄氏はかつてこう話した。「人間は物語らないとわからないところがある」。柳田さんはこれを少し言い換えて、「人間は物語を生きている」と述べる。人間のいのちには「精神性の側面」があり、特に死に直面した時、自分なりの物語を創るための「言葉の発見」が重要な意味を持つのだという。「精神性のいのち」があるがゆえに、物語が生まれるのだ、と。

「乾いた3人称」と「うるおいのある2・5人称」

河合氏も、自然科学を万能とするような考え方だけでは生命や死を扱うことはできないと断言していた。

「なぜあの人は死んだのか」という遺族の問いに、医師が「出血多量で死んだ」と返しても、それは遺族が求める答えではない。彼らは「2人称の死に対する意味付けを知りたい」のであり、「自分も納得のいく『物語』を見出したい」（河合, 2016,p.9)。

特に「『1人称の死』『2人称の死』は人間にとって永遠の課題」だからだという。

客観的な3人称の語りと、主観を交えた1、2人称の語り。そのせめぎ合いをさまざまな場面で見つめてきた柳田さんは、「2・5人称の視点」の重要性を訴える。それは「ヒューマニティのある専門家意識」に基づく視座だという（柳田, 2005,p.189）。

例えば医療者には、冷静で客観的な判断をする3人称の目が求められる。だが家族の2人称の視点を無視すれば、それは「科学的な目でしか患者を見ない、乾いた『3人称の視点』」となり、患者側とのコミュニケーションに「うるおい」がなくなって信頼関係すら危うくなる。柳田さんが研究した一般の人々の闘病記にも「医者が自分をデータのひとつとしか見ていない」といった言葉がたびたび表れていたという。

専門家としての3人称の目を持ちながら、苦悩する当事者たちにも寄り添う「2・5人称の視点」。社会の専門化、複雑化が進む時代だからこそ、その重要性が問われている。それは専門性を軽んじるということではなく、専門性を高める努力を前提としながらも、ごく普通の人間的な視座を忘れないようにする営みだという。

柳田さんの目から見れば、事件や事故の現場から生々しいニュースを伝える記者の目線も、どこか「乾いた3人称」になりがちだ。

「なんかこう、語り言葉じゃなくて、読み言葉になっているんですよ。人間の感情やヒューマニティってものが削ぎ落とされた、単なる情報でしかない。何か血が通っていない」

そんな「乾いた3人称の目」（柳田さん）が社会のすみずみまで支配するようになれば、それは「専門化社会のブラックホール」（同）を次々と生み出し、当事者としての感情や思いを込めた「うるおいのある視点」（同）をことごとく排除していくことになるという。

ではその「2・5人称の視点」がうまく生かされた事例はないかと私が尋ねると、柳田さんはある少年事件を振り返った。1997年に神戸で起きた連続児童殺傷事件である。当時14歳の少年Aは神戸市内で5人を襲い、うち土師《はせ》守《まもる》さんの次男、淳《じゅん》さん（当時11歳）ら2人を殺害した。遺体の一部を切断して中学校の校門近くに置くという犯行に、社会は衝撃を受けた。柳田さんはかつて、あるルートから家庭裁判所の調査官が作成したこの事件の調書（非公開）を読む機会を得た。それは成人の刑事事件で作られる記録とはまったく異質のものだったという。

「単なる成育歴だけでは片付けられない、複雑なその環境と、そういう中での人格形成の問題というのはすごく重要です。やはり家族歴なり成育歴をしっかりと、物語的に捉えてみないと見えてこないことがある。(筆者注：成人の被疑者の供述などをもとに作成する）警察の調書は、罪に触れるかどうかというところがひとつの壁になり、それ以外のもっと大事な、人間形成や人格形成というところを掘り下げていくようなものではないわけです。しかし少年事件の場合、家庭裁判所の調査官がそこを調べるから、かなり見えてくる」

一般に、家庭裁判所は少年の更生や社会復帰を第一に考える。そのため「罪を裁く」ことを第一の目標とする成人の裁判とは異なり、家裁の調査官は少年の生い立ちを詳しく調べ、その内面にも大きく踏み込み、当人が抱える課題を考えながら記録を作成する。その意味では、家裁の記録は事件に関する客観的な情報や証拠を専門家としての「3人称の目」で整理しつつ、少年やその家族が語る「1、2人称」のナラティブも取り込んだ、まさに「2・5人称の視点」に基づく文書といえる。

成人事件の多くが少年時代からの非行の延長線上で起きている傾向も鑑みれば、こうした家裁の記録は今後に教訓を生かすためにも非常に貴重な資料だ。ところが少年事件の記録が全国各地の家裁で次々と廃棄されていたことが2022年10月、明らかになった。先の神戸の事件においても、犯行にいたるまでの少年Aの内面や成育歴などを記した膨大な資料がすべて廃棄されたという。

最高裁の内規によると、少年事件の記録は少年が26歳になるまでは一律に保存される。ただ、「全国的に社会の耳目を集めた事件」や「世相を反映した史料的価値の高い事件」の記録は「特別保存」としてより長く保存するよう求めている。それにもかかわらず進められた一連の廃棄は、「2・5人称の視点」でつづられた貴重な記録を、「専門家の乾いた3人称の目」で機械的に処理した結果に他ならない。被害者側の心情や未来の少年事件に思いをめぐらせてその価値を総合的に判断すれば、「廃棄」という結論にいたるはずがない。

ここにも論理科学モード偏重の日本式システムのひずみが厳然として表れている。偏差値教育を勝ち抜いてきた「専門家」たちは論理科学モードの思考で日常のすべてを回すクセが染みついているのか、何事も「乾いた3人称の目」だけで処理する習性があるように見える。それまでの人生において、他者の視点や感情に思いをめぐらせる共感性や想像力が育たないまま大人になったのではないかとさえ感じる（第5章P258）。

それはまさしくOECDが警鐘を鳴らす認知的スキル偏重の教育の弊害であり、社会情動（非認知的）スキルの欠如を物語るものではないだろうか。日本社会は認知的スキル重視という大ナラティブで回っていて、その課題すら十分に認識されていない（第5章P253）。いや厳密に言えばその重要性には気づいているが、専門家の多数派が方針転換に抵抗しているのかもしれない。社会情動スキルの重要性を訴えるOECDの報告書や各種研究論文について、日本の国立教育政策研究所は強い関心を示し、「非認知的（社会情緒的）能力の発達と科学的検討手法についての研究に関する報告書」（２０１７年）などで詳しく分析している。だがその視点が教育現場に反映されているようには見えない。

日本社会においては、認知的スキルがドミナント（支配的）な存在であり続け、非認知的な社会情動スキルの価値観はいまだにオルタナティブ（別の選択肢としての）的に隅に追いやられたままだ。

もっとも、「乾いた3人称の目」の危うさに自ら気づいた専門家もいる。柳田さんがその一例として挙げるのが、先の神戸の事件で審理を担当した判事だ。土師さんたち遺族がその遺影とともに審判の場に同席させてほしい、心情を述べさせてほしいと要望したのに対し、この判事は当時、それを「無駄」と考えて却下した。だが事件から3年を経た２０００年11月、その判断は「間違っていた」と公に認めた。

判事が過去の判断の誤りを認めるのは異例だ。当初、彼は少年の更生を第一に考え、被害者の傍聴や審理への参加を認めれば被疑少年の感情を乱して更生に悪影響を及ぼしかねない、と判断したという。だがその後、土師さんら遺族の心情を知らずして加害者が「本当に罪を償う」ことができるのか、と考えるようになり、「過ちだった」と認めた。

これもまた、うるおいのある「2・5人称の視点」だろう。逆に家庭裁判所における記録の廃棄や「被害者排除」の判断は、柳田さんの言葉を借りれば専門化社会に潜む「ブラックホール」であり、認知的スキル偏重の社会に潜む「落とし穴」だといえる。

山上被告の裁判に望むもの

２０２２年7月に安倍晋三元首相を殺害した山上徹也被告の裁判もいずれ始まる。柳田さんは裁判に何を期待するだろうか。

「加害者の人生、そしてその家族の人生、それがしっかりとナラティブの形で公開されたらいいなと思いますね。あの事件に限らないのですが、旧統一教会の問題というものも、なぜあれほど信者は献金をするのか、その背景にある信者の人生歴や家族関係、いろんなものがもっと物語性を持って捉えられないと、単に『なんでひっかかっちゃったの』ぐらいで済まされてしまう」

柳田さんは、人を殺める行為は「あってはいけない」としたうえで、こうも語った。

「もっと根底にある、日本人の庶民の中に淀んでいる、旧統一教会問題が起こってきてしまう、そういう問題は、やはり一人ひとりの人生歴、成育歴、あるいは家族関係、家族歴、そういうものがはっきりとナラティブとして捉えられるようなことがないと見えてこない。今回の事件の被告人はもう大人ですから、警察の調書は裁判の証言のために作られるのであまり期待できないような気がします。出てくるのは家庭が崩壊したかとか、被告人自身がどんな被害にあったかという現象的な面で、もっと根っこにある、なぜお母さんがあんなにのめり込んだのかといった深いところまで入っていけないと思うんですよね。でも実はそこが一番教訓としては生かされる可能性がある。そういう話が見えてこないと、本当の意味での教訓なりこの社会をどうしたらいいのかというところに行かないと思うんですよね」

山上被告の育った家では、父親や兄が他界した。トラウマに打ちのめされた人間に近づき、組織にとって都合の良い因果応報ナラティブや被害者ナラティブで魅了するのがカルト教団や悪徳商法、過激派の手口だ。

私たち人間は、限られた経験や知識の中で「因果関係」を見出そうとしてしまいがちだ（第2章P94）。論理科学モードの思考が「明快な答え」を求めるためだが、この回路は、やたらと首尾一貫した因果関係を見せる陰謀論にも弱い（第5章P281）。

だがそこで「あいまいさ」や「柔軟さ」をありのまま、そのまま受け止めるナラティブ・モードの思考が働いていれば、極端な思考に違和感や「気づき」を感じてバランスを取ることもできるかもしれない。それを支えるのが脳の気づきの回路、セイリエンス・ネットワークであり、社会情動（非認知的）スキルだ。

カルト教団や陰謀論に心が持って行かれてしまうという事態は、他人ごとではない。

養老孟司さんは、人間の身体性や心身のバランス、他者との人間関係を軽視しがちな現代社会を「脳化社会」と呼ぶ。それはいわば「頭でっかちな社会」だ。オウム真理教などカルト教団は信者に「厳しい修行」を課すことで、「頭でっかち」に育った人々にその身体性を喚起させ、覚醒させ、それを「神秘体験」などと呼んで魅了した。

私たちの社会がオンライン化し、身体性を軽視し、五感を使った他者との交流や他者の心に思いをはせるような心身の機能を使わなくなればなるほど、カルト的な勢力は私たちの抑圧された身体感覚や欲求不満を呼び起こし、それが特別な体験であるかのように説いて心身をつかもうとする。

これもまた論理科学モード、認知的スキルを偏重する社会が抱える盲点なのだ。

犯罪から離脱する人としない人

ナラティブについて学ぶ中で、多くの示唆を得た一冊がある。英クイーンズ大学ベルファスト校の法学部教授（犯罪学）で同大犯罪学・刑事司法研究所長のシャッド・マルナ氏が書いた『犯罪からの離脱と「人生のやり直し」元犯罪者のナラティヴから学ぶ』（明石書店　2013）だ。

彼は1996～1998年にかけて、「リバプール離脱研究（Liverpool Desistance Study）」のプロジェクトとして犯罪を「続けている人」と「やめている人」の男女計65人にインタビューした。「あたかも自伝を書いているように」自分の人生を話してほしいと求めて集めたセルフ・ナラティブ（自己物語）と、一般的な「人格特性」や犯罪履歴に関する基本情報を併せて分析した。

その結果、犯罪を「続けている人」と「やめている人」のセルフ・ナラティブには、いくつかの大きな違いが表れていることに気づいた。このためマルナ氏は、セルフ・ナラティブを個人によって異なる「変数」と見なしたという（マルナ, 2013,p.72）。養老さんが提唱する脳内一次方程式「y（出力）＝a（係数）x（入力）」の「a」を「ナラティブ」だと捉えるような考え方で、私の認識とも一致する（第1章P25）。

ではその両者にどのような違いが見られたかというと、例えば「犯罪を続けている人」

は、語りの中で「主体としての言葉」が完全に欠けている頻度が「犯罪をやめている人」の5倍だった。思春期の男子の非行問題に詳しいある研究者によると、こうした「主体としての言葉」の欠如は自分の人生を主体的に生きているという「自己効力感」の欠如を示唆し、自分の行動を「原因」ではなく「結果」として捉える傾向につながりやすいという。このため刑務所から出たり入ったりの生活が続くと、「自分は社会の犠牲者だ」といった被害者意識を強め、刑務所との往復が「唯一の人生の脚本」となってしまいやすい（マルナ.2013,p.109）。主体的に生きているという実感が持てず、原因は自分にはなく、すべては「社会のせい」と考えるので、道徳的な規範意識からも逸脱しやすく、罪を犯している時だけが唯一、「主体性」を感じられるというような倒錯した感覚にも陥りやすいという。

一方、犯罪をやめている人のナラティブには、「自分とは、自分を超えて生き長らえるもの」といった認識がより強く表れる傾向が見られた。この感覚は、虫明元教授が指摘していた「向社会性」に当たるものだ（第5章P270）。自分は、自身を超えたより大きな存在、家族や組織、コミュニティや社会の一員であり、そうしたものに貢献することで自分の命は次世代へと生き長らえ引き継がれる、という感覚だ。

柳田さんが挙げた闘病記を書く動機の中にも、向社会性が見られた。伊藤詩織さんや五ノ井里奈さん、小川さゆりさんにも「同じ経験に苦しむ人々」を助けたいという強い思いが感じられる。自分のためだけならあきらめてしまうことでも、「誰かのため」なら力を振り絞れる。こうした感覚や向社会性は、その人がセルフ・ナラティブを立て直すための気力と動機を与えてくれるのだ。

希望の考古学

またマルナ氏によると、刑務所から出所するなどした後、犯罪から離脱している状態が続いている人には、「自分は、本来はまっとうである」といった中核的な信念が見られるという。「罪を犯していない状態」が続くことが必然となるようなプロットを再構築する傾向もあるという。それは「これまで経験してきたすべてのおかげで、私は今、こんな風に新しくなれた」といったストーリー性を持つナラティブだ（マルナ，2013,p.121）。過去の自分を全部否定して自分をまったく新しく作り替えるのではなく（そんなことはそもそも不可能だが）、過去の自分をそっくり受け止めたうえで、「あれがあったから今の自分がある」と考える。

では、「本来はまっとうである」という肯定的な感覚はどこから生まれるのか。支えとなるのは過去の記憶や、そうした肯定的なイメージを持ってくれている他者の存在だという。わずかでも「まっとうな自分」を裏打ちする記憶や経験を探し当てることができれば、そこを足がかりにしてセルフ・ナラティブの再構築へとつなげることができるそうだ。

マルナ氏は、「プラスの資質を掘り当てるために、過去の逸脱的なエピソードであろうと、掘り返してみること」が重要だと述べている（マルナ，2013,p.126）。専門的な知識を持つ聞き手の助けがあればなお良い。過去の「エピソード記憶」の山に分け入り、「まっとうな自分」を裏付ける資源になりそうな思い出を掘り起こすのだという。

その時に使うのが、時空を超えて過去の記憶や現在、未来の自分を行ったり来たり回想する脳の海馬であり、デフォルト・モード・ネットワークであり、社会情動スキルだ（第5章P256）。自分の姿を見失い、暗い記憶の森にたたずむ中で「自分は本当はこういう人間だった」という記憶を呼び起こし、ひらめきをもたらす。そうした作業の時間とプロセスが、その人の自己像や人生観、世界観を少しずつ塗り替えていくのではないだろうか。

実際、元犯罪者はカウンセラーとの語りの中で、思い出したように「ずっとチャリティ活動をしたかった」などと口にすることが少なくないという。慈善活動をしたことがなくても、それを「本当はまっとうな自分」のイメージの中核に据えることはできる。全く存在しない記憶をでっち上げるのでは自分自身に説得力を持たない。だがわずかでも支えとなる記憶があれば、そこを足場に新たな世界へと進むことは可能だという。

これはアルコール依存症の人が作る「回復の脚本」の手法にも通じるアプローチだ。依存の日々を「無駄なものだった」と無視したり否定したりするのではなく、より平穏な人生を迎えるために必要な「序曲」だったと解釈し直す（マルナ, 2013,p.121）。

セラピーの専門家らはそうした作業を「希望の考古学」と呼ぶそうだ（Monk, Winslade, Crocket, & Epston, 1996; マルナ, 2013,p.195）。記憶の森から「本当はまっとうな自分」のかけらを「発掘」し、そこを足場に、生きる力へとつなげていく。実に美しい響きを持ち、勇気を与えてくれる言葉だ。

ただその発掘作業をひとりで続けるのは容易ではないだろう。そもそも自分を信じられない人は、「本当はまっとうな自分」がわずかでも存在するという確信を持てない。そんな時、支えになるのが他者の存在だ。マルナ氏がインタビューした、犯罪歴を持つある男性（28）はこう語ったそうだ（マルナ, 2013,p.135）。「大学に進む前に、〔彼女は〕僕には可能性があると言ってくれた。僕の人生では、僕に何かができるなんてことを言ってくれた人は、それまで誰もいなかった」

最初は自分で自分を信じることができなくても、誰かが信じてくれて、自分にも価値があると気づかせてくれる。そこから自発性が始まるという。

こうして見ると、ナラティブは私たちの記憶の中にある過去と現在と未来、そして自分と他者を結びつけて人生の意味や意義を再構築するために、実に大きな役目を果たしていることが分かる。

「希望の考古学」のアプローチは、セルフ・ナラティブの再構築を迫られるすべての人に生かせるものではないだろうか。犯罪者に限らず、自分自身を見失い、暗い闇の中にたたずむすべての人が、人生物語を再構築するための確かな手がかりになるように思う。

ナラティブとはまさに、時空や自他の境を超えてすべてを自在に結びつけていくリボンのような存在なのだ。

脱過激化と自伝創作作業

「ドイツ過激化・脱過激化研究所」代表、ダニエル・ケーラー博士も、過激思考からの離脱、いわゆる脱過激化にはナラティブの再構築がカギになると語った。

「脱過激化においてナラティブは強調しきれないほど重要だ。脱過激化の最終的なゴールは、個々人の『真実』を突き止めることではない。我々は捜査官ではない。カウンセラーとして、当事者が、これからの人生を『ともに生きていくことができる』ナラティブを見つけることが不可欠になる」

ケーラー博士によれば、脱過激化プログラムにおいて最も重視すべきことは、過激化した人自身や家族が「信頼できるナラティブを見つけること」。本当に信じていないナラティブをいくら創っても、その人の生きる力にはならない、と断言する。

だからこそ一定の根拠を持つナラティブが必要であり、そのためにもやはり「希望の考古学」は必要なのだろう。自分自身がしっかりと納得できる、腹落ちしたナラティブを再構築できれば、それはその後の人生を長く支えていくことになる。

ただ、未成年者や若者の場合、表現力が課題になりやすいという。いくら周囲が助けたくても、本人が自分の考えや思いをうまく言葉で語れないこともある。このため博士が構築したプログラムにはさまざまなアプローチが用意されているという。

「クリエイティブな芸術やスポーツ、教育や社会活動などを通じて行う方法もある。ナラティブとは意識されていないかもしれないが、当事者に自分を表現する『道具』を与えるものだ。それが言葉か、芸術か、他の何らかの表現方法であるかという違いに過ぎない」

ケーラー博士はそんな脱過激化の過程を「自伝創作作業」と呼ぶ。自分が過激化したのはなぜか、そのナラティブをつむぐ作業が必要なのだという。

「自分はどのような人間なのか、いかなる人生を歩んできたのかという説明は時とともに移ろい、時間をかけて成長していく。そうやってより多くの手札が増えれば、より自分自身を見つめる力も高まり、自分のことが分かってくる」

ケーラー博士によれば、ナラティブは「波のように変化」し続けるが、「ピークを迎えるとそれ以上は大きく変化しなくなる」。それは当事者が自分のナラティブを見つけたことを示唆するサインでもあるという。

書く——立花隆氏「自分史はメーキング・オブ」

ナラティブはつむぐものではなく、自然と生まれるものだという専門家もいる。意識的に創るものではなく、他者との関わりを大事に生きていけば、おのずと自然にそれは生まれ出てくるものだという趣旨だ。

だが日常的にナラティブの存在を意識したり、日記や自伝的なエッセイを書いたりするような習慣があれば、それが記憶の整理を促し、生きやすさをもたらすかもしれない。本章後段でも詳述するが、ナラティブをつむぐ力をつかさどる社会情動(非認知的)スキルは、使うほどに好循環を生み出すメカニズムがある。

ケンブリッジ・アナリティカの元研究部長、クリストファー・ワイリーさんは、「政治を変えたければ文化を、文化を変えたければ人を変える必要がある」と語った。その同心円状の広がりは、ポジティブな変革を促すアプローチにも使えるはずだ。

そこでここからは、ナラティブを「書く」「読む」「聞く・話す」試みを具体的に紹介したい。

ジャーナリストの故・立花隆さんが2013年12月に刊行した『自分史の書き方』（講談社）は、『立教大学セカンドステージ大学（RSSC）』で担当した授業「現代史の中の自分史」（2008年）の内容を収めたものだ。立花さんによると、作品の多くは「はじめはハシにもボウにもかからぬ」ものだったのが「みんなあっという間に腕を上げた」という。

彼が伝授した自分史の書き方の概要は次のようなものだ。なお、詳細は講談社のサイト『立花隆の自分史倶楽部』でも公開されている（立花, 2014）。

・自分史は「自分自身のメーキング・オブ」である。人生は常に人間関係の海の中を泳ぎ続けるようなもので、驚くほど多くの人間関係を引きずりながら生きていく。その過程で喜怒哀楽を共有し合ったりぶつけ合ったりして繰り返すのがエモーションの側面から見たときの「生きる」という行為だ。その全体像が自分史である。

・自分史を書くのは自分のためと家族に「真の自分」を伝えるため。

・コンテとして、あまり詳細ではない「自分史年表」を作る。履歴書プラス個人生活史プラス家族史、というイメージ。

・自分を取り巻く「人間関係のクラスターマップ」も作る。アルバムなど資料整理で記憶を想起する。

・自分の記憶に強く残っているものを中心に「エピソード帳」をつくる。

・だらだらと長く書かず、段落を分けて書く。出来事にかぎる。

・「はしがき」「あとがき」は最後に書く。

・お手本は日本経済新聞の「私の履歴書」。400字詰め原稿用紙で100枚程度。

この形式にこだわる必要はないが、イメージはわきやすい。立花氏は、登場人物である他者との関わりが多様で深くなればなるほど、物語は豊かに膨らんでいくと述べている。

読む――足りない情報を脳が補う

ナラティブを読む――。そう考えて浮かんだのが、東京大学大学院総合文化研究科の言語脳科学者、酒井邦嘉《くによし》教授による著書『脳を創る読書』（実業之日本社）だ。

酒井教授は子供に読書を強く勧める。それは単に知識が増えるからだけではない。読書によって「想像力」が高められるからだという（酒井，2011,p.24）。脳に情報を入力する手段には「活字」「音声」「映像」などがあり、入力される情報の量はこの順に増える。

酒井教授によれば、人間の脳は「入力の情報量が少ないほど、（中略）想像して補う」傾向があり、「『読む』ということは、単に視覚的にそれを脳に入力するというのではなく、足りない情報を想像力で補い、曖昧なところを解決しながら『自分の言葉』に置き換えていくプロセスなのだ」という。それは「人間だけに与えられた驚くべき脳の能力」であり、特に他者が書いたものを理解する読書という作業は、いやがおうでも足りない情報を懸命に補おうとするので、「その人に合った、自然で個性的な技」が磨かれるという。

一方、映像はどうかというと、文字と比べて「情報が多い分、想像力の余地を与えない」（酒井，2011,p.125）。さらに、「想像力で補うことが必要とされないものにばかり接していると、結局、想像力が身につかないことになる」。

また、こうした力が特に伸びやすいのは10歳前後で、この時期は脳の発達の観点からも飛躍的な成長が見込まれる。逆に読書量が少ないまま育つと、会話で相手に反応することはできても、書き言葉に違いが生じるという。例えば酒井教授が論文指導で問題を指摘しても、なかなか改善できない学生がいる。それは「自分の文章を客観的に読むことができないため」で、「他人の書いた文章を読むという経験が不足していた結果と思われる」という（酒井, 2011,p.122）。

メタ認知という心理学の言葉がある。メタとは「高次の」という意味で、自分の思考や行動を客体化、対象化して認識する能力を指す。いわば「第三の目」のようなものだ。読書はこの能力を育てるが、読書経験が少ないとこの能力も育ちにくくなり、文章を書く際にもその内容を客観的に分析する能力に欠けやすくなる。

東京大学大学院総合文化研究科の
言語脳科学者、酒井邦嘉教授＝本人提供

酒井教授のこれまでの著書などを読み進めるうち、質問が次々と浮かんだのでインタビューでさらに詳しくお聞きした。最初に尋ねたのは、人間の脳、特に記憶とナラティブの関係性だ。

「情報をコンパクトにすると脳にたくさん詰め込めるのではないかと一般的には考えられがちなのですが、実際は全く逆で、脳にはストーリーといいますか、枝葉があった方が、記憶が頑健になり、忘れにくくなるという性質があります。エピソードが豊富なほど記憶が定着しやすく、そして思い出しやすくなります。抽象的な記憶はむしろあまり得意ではなくて、『いつどこで、誰が何をどうした』というような、基本的な時間や場所、対人関係というものが合わさってストーリーを創ったときに、生き生きとした記憶になります」

人間がナラティブ・モードで思考するのは、脳が情報を効率的に整理、収納するためだと思い込んでいたが、脳の働きは「どんどん付加的な情報を入れていくほど、記憶がより活用しやすくなるという非効率的な性質を持つ」（酒井教授）のだという。意外にも、「どん臭い」という言葉のイメージが当てはまりそうな器官なのだ。

確かに数字や名称をひたすら覚えられるのならその方がデータの量は少なくてすむ。エピソードにするということはその分、記憶の容量もかさばる。だがストーリー性を持たせることでそれが「手がかり」を豊富にするから、記憶をより強固にする。ところが教育現場ではそうした脳の特質が無視され、効率良く詰め込もうとする方向に傾斜しているという。

「公式の暗記に代表されるように、教師はできるだけ効率よく教えようとしてしまう。しかしスリム化すればするほど、子供たちは覚えられなくなるわけです。紙の教科書ではなく電子教科書を使う際の問題点も、そういうところに根ざしています。大人が良かれと思って学習を効率良くしてしまうと、逆にそれが災いして全く思い出せなくなるのは、学習の経験自体がエピソードになっていないからです。自分で咀嚼されてない知識というのは定着しにくいので、試験まではなんとかなっても、それ以降は役立たない知識になってしまうでしょうね」

そうやって効率良く学んだり、学習をスリム化させたりする教育は、人間の思考にどのような影響を及ぼすのだろうか。

「思考や創造的な作業に使えるような生きた知識が乏しくなります。スリム化すると表面的なものしか記憶されなくなるので、具体的な、実のある体験として、もう一度その人の頭の中で再現することができない。結局、それはうわべだけの記憶にしかならないでしょう。分かったような気になっていても、理解が浅ければ、当然アウトプットもそれ相応のものにしかならないわけです。たとえ非効率であっても体験としてしっかり記憶されていれば、新たな思考を生み出す基礎になります。例えば作家の方が強烈な体験をしたり、具体的な状況を自分なりに深めたりした経験があれば、確かな創作力につながるわけです」

そのためには、「非効率的な」脳のペースに合わせてじっくりと時間をかけ、手間暇をかけて体験や理解を積み重ね、エピソード化することが重要だという。そうすればやがてそれらが強固な記憶を生成し、そこから生まれた理解が深みのある創造性を生み出す。「新たなアイデアやインスピレーションは、普遍化された知の体系があって初めて可能になる」（酒井教授）という。

それは土壌と植物の関係に似ているかもしれない。自らの体験やしっかりと咀嚼された記憶の積み重ねが落ち葉のように降り積もり、私たちの中に固有の腐葉土を作る。熟成された土壌は伸びやかな枝葉を育て、花や果実を実らせていく。そんな土作りを、「時間の無駄だ」とばかりに省いて「効率的」に膨大な情報と肥料だけを与えても、しばらくは育つかもしれないが、根付くことはなく、やがて風雪に耐えられず朽ち果てる。しかし一度でもしっかりとした土壌を作り上げた経験があれは、それが「普遍化された知の体系」を生成し、いかなる時にも応用できるし、フェイクなものに飛びついたり惑わされたりしにくくなる。

そんな土壌作りに欠かせないはずの教育がいま、危機に瀕していると酒井教授は訴える。

「1991年の指導要録で観点別学習状況の評価の筆頭に『関心・意欲・態度』が据えられて以来、関心を持つようにふるまえば評価されるといった風潮が広まり、内面的な深い理解や体験よりも外面的な『態度』が重視されることとなりました。それが2020年からは『関心・意欲・態度』の観点が『主体的に学習に取り組む態度』と、さらに抽象的な言葉に置き換えられ、『知識・理解』の観点からは『理解』が外されてしまったのです。これは『易《やす》きに流れる道』を作ってしまったようなもので、賢く要領がよい人ほど、いかに効率重視で頭を使わなくて済むかを考えようとする逆説が起こりえます。『理解』という内的な概念形成の根幹が軽視されれば、教育の地盤沈下は避けられないでしょう。『知識・技能』は入力と出力をマニュアル化すれば楽ですが、『理解』に王道はないのです。安易な価値観が子供たちに浸透することを恐れています」

そうした教育によって斬り捨てられてしまったものが、例えば「友達と分からない所を相談したり、図書館に行って調べたりといった手作業的なところで生じる、考え、理解するためのゆとりの時間」（酒井教授）だという。それは「自分の考えを整理し、一つひとつの体験が結びついていく」（同）ための大事な時間で、それこそが思考力を育てる。

教科書にはＱＲコードのリンクをつけたものが増えているが、酒井教授に言わせれば「本末転倒」だ。「インターネットで調べたら学習になると教えているに等しい。自分で考える前に調べるようになるだけです」。だからこそ読書の必要性が問われているという。

「自分の考えと異質なものに触れた時に目が開かれて、最初の違和感が解消され、理解できずに封印していたものが解き放たれていく――。時間をかけて物語を読みながら、その体験を自分の理解の中に位置づけること。それが読書体験というものです。読書感想文は、表面的に『興味・関心』を示しただけのものになりがちです。そこで代わりに、本の推薦文を書いてもらうのはどうでしょう。『その本があなたにとってどういう意味を持ったのか、どこが素晴らしいと思ったのかを友達に分かるように説明してみてください。その本を薦める理由を自分の言葉で書きましょう』というような指導ができれば、読書が自分の体験として位置づけられますし、推薦文を書いたこと自体が新たなエピソードになります。『いいね！ボタン』だけでは明らかに足らないのです」

読書とは、他者のナラティブから別の視点を得たり、さまざまな視点からその内容を味わったりというメタ認知的な作業でもある。それをじっくりと時間をかけてやる。読み終えたら、今度は推薦文として「自分の中に位置づけたストーリーを明快に言語化し」（酒井教授）、その文章を読んでくれる人の思考を想定しながら、メタ認知を生かして対象化しながら書く。これは人間が生涯をかけて続ける「他者のナラティブ」→吸収・咀嚼→「自分のナラティブ」の再構築→他者への伝達、というナラティブ・循環サイクルの基本的な枠組みを築くことにもつながるはずだ。

聞く——他者の話から、未完のパズルのピースが見つかる

個人が語るナラティブ。

それは一見、個人の物語であり一般的でも普遍的でもないと思われがちだ。だが誰かの言葉が別の人の「未完のパズル」を完成させることがある。ジャーナリストの伊藤詩織さんが、そんな体験を語ってくれた。

彼女へのインタビューの最後に、私はホロコースト・サバイバーで精神科医のビクトール・フランクルが強制収容所での厳しい生活の中でも、「他の人々が人生の意味を見出す

のを援助することに、自分の人生の意味を見出してきた」というエピソードを伝えた。伊藤さんが語るナラティブには、同じような苦境に遭遇し、「人生の意味」さえ見失った人々の足元を照らすような力があると感じたからだ。伊藤さんは私の言葉にふと思いついたように、誰かの言葉で「パズルのかけら」が見つかることがあるという話をしてくれた。

「たぶん、誰かの話を聞いていて自分の中でも気づいていなかった言葉があったりだとか、自分にあてはまる表現があったりだとか、そういうことがあるんですよね。だから私が手がけた本を読んでくれる人、ドキュメンタリーを見てくれる人の中にも、言葉を受け取ることによって、見つからなかったジグソーパズルのピースが見つかるみたいなことがあるのではないかと感じています。言葉のピースを集める、見つける作業っていうのは、私も話を聞く過程でやっているし、私の表現を受け取ってくれる人もたぶん、どこかで見つけることがあるんじゃないかなと思います」

欠けていたピースが見つかると、伊藤さん自身も「あ、これが、私が感じていたことだ」とか「こういうことだったんだ」とひらめきを覚えるそうだ。誰かがつむいだナラティブが、それを受け止めた人の、ずっと解けなかったパズルを解くきっかけになる。

河合隼雄氏も他者の体験談を聞くことの重要性を指摘する。

かつて心理学の学会の多くは科学的、客観的な研究発表が中心だったが、ひとつのケースを徹底的に追究する事例研究の方が役立つとの見方が次第に優勢になったという。例えばある研究者が不安神経症の事例を発表すると、それを聴いた人は自分が担当している不登校の子供の心理療法に役立つと感じたり、女性の事例でも男性にもあてはまると感じたりして、「実に普遍的に役立つ」ことが分かったという（河合, 2016,p.2)。

河合氏はその後、ユング派のある分析家が「事例研究の本質はストーリー・テリングだ」と言っていると知り、大いに納得したそうだ。

話す――イスラエル・パレスチナ「敵」との対話

互いのナラティブを語り合う場を提供する非営利法人の取り組みも近年、広がりを見せている。先駆けとなったのは1994年に米カリフォルニア州で創設された「デジタル・ストーリーテリング・センター」（「ストーリー・センター」に改称）(STORYCENTER, n.d.) だ。「誰にでも語るべき物語がある」という視点から、「深く聴く、物語る」をモットーに少数派のエンパワメントなどを目指す（北出 et al., 2021,p.128)。アイルランドで誕生し、全世界に広がる「Narrative4」も教育者や学生らがナラティブ交換をするためのノウハウを提供している（Narrative4, n.d.）。「ストーリー・テリングは究極の民主主義」と提唱するこの組織は、国境や境界、性別や民族、貧富の差を超えた語りの交換を目指す。その合い言葉は「今日のストーリーをシェアすれば、明日のストーリーを変えられる」だ。

２０００年にデンマークの若者らが立ち上げた「ヒューマンライブラリー」は語り手を「本」、聞き手を「読者」と呼び、欧米諸国を中心に広がった。性的マイノリティや難民など主に少数派の人々が自らを「本」としてオルタナティブなナラティブを語る。「日本ヒューマンライブラリー学会」のホームページにはこのほか日本各地の大学や教育機関、市民団体などでの同様の取り組みが紹介されている（北出 et al. 2021,p.144; 日本ヒューマンライブラリー学会, n.d.）。

イスラエルとパレスチナ間の紛争は75年間も続くが、１９９５年に創設された非政府組織（ＮＧＯ）「和平へのイスラエル・パレスチナ遺族の会」（The Parents Circle-Families Forum＝ＰＣＦＦ）は、互いのナラティブの交換を続けている（PCFF, n.d.）。

この会の代表メンバーたちは２００３年６月に来日し、フォーラム「和平へ　憎しみを超えて」に参加した（朝日新聞社, 2003）。当時、現地は第２次インティファーダ（対イスラエル民衆蜂起）のまっただ中で、パレスチナのイスラム主義組織ハマスによる自爆テロやイスラエル軍による掃討作戦が続いていた。代表を務めるイツハク・フランケンタールさん

(51)は冒頭のあいさつで、組織を立ち上げた経緯をこう語った。

「あれは1994年7月7日のことでした。長男のアリクがハマスによって誘拐され、殺されました。息子を失ってからと、その前とでは、私の人生というのは、全く違ったものになりました。イスラエルとパレスチナとの和解・和平を達成するために自分ができることはすべてやろうと決意しました。息子の死で7日間の喪に服しました。その時、訪ねてきた友人たちに私はこう言いました。パレスチナとの和平は絶対あるはずだ、と。友はこう言いました。パレスチナ人は人間ではない。敵だ。おまえの息子を殺したじゃないか、と。私は言い返しました。『我々とパレスチナの間に平和がないために息子は殺されたのだ。私はイスラエルとパレスチナの間に和解と平和を達成するために最善を尽くす』」

フランケンタールさんは図書館に通い、新聞情報などからイスラエル人の遺族422家族の名前や住所を調べ、手紙を書いた。44家族が彼の考えに賛同し、やがてその数は数百に膨らんだ。パレスチナ側にも数百人の遺族らを訪ね、活動の趣旨に賛同した210家族が参加した。2023年冬までに開かれた会合は500回以上を数える。

フォーラムのパレスチナ側代表はパレスチナ自治政府社会福祉省に勤務するリハブ・エ

サウィさんが務めた。イスラエル軍による攻撃で弟、婚約者、母、甥を失い、自身も4回投獄されて復讐を誓ったこともあった。だがその後、フランケンタールさんと出会った。

「彼らの活動を見て自分の居場所はここだ、自分も何か貢献できるのではないかと思いました。以来、和解と平和を目指して自分のすべてをなげうって会の活動を支えてきました。我々の力はささやかなものでしょうが、いつしかこの状況を変えられるかもしれません」

過去の「遺族の会」ではハプニングも起きた。

兵役を終えたある大学生が参加し、その場で告白した。「ガザ地区で任務に当たっていた時に、ひとりのパレスチナ人を殺してしまいました。4、5年前です。それ以来、眠れなくなりました」。するとパレスチナ人の母親が立ち上がり「この人殺し。私の息子を殺したんだろう」と叫んだ。フランケンタールさんは駆け寄り、「あなたの息子さんを殺した人を私がここに連れてくると思いますか」と語りかけた。互いのナラティブに耳を傾ける2日間のプログラムが終了すると、この母親は学生にこう話したという。「私は、あなたを私の息子にしたい」。フランケンタールさんはフォーラムで当時を振り返った。

「これなんです。我々がやっていることは。たやすいことではありません。実に難しい。それぞれが国を愛するがゆえにやっているのです。私は息子を失いましたが、恐怖感も、憎しみもなく、和解を実現したいだけです。双方のすべての人がそんな境地になれるはずだし、そうなってほしいのです」

フォーラムでは、防衛大学校教授（当時）の立山良司さんが基調講演をした。立山さんは長年、イスラエル・パレスチナ間の紛争解決にさまざまな場面で尽力してきた。フォーラムの開催から20年を経たいま、イスラエルではかつてないほど極右の政権が誕生し、和平への道はかたく閉ざされたままだ。それでも双方の遺族がナラティブ交換の場を持ち続ける意味はあるのだろうか。私の質問に立山さんは、「相手も普通の人間なのだということが分かる。それだけでも意義があると思います」と答えた。

市民と市民がひざを交えて語り合う。それはいわば、ボトムアップの和平への取り組みだが、国際社会では政治的な「トップダウン」の和平交渉にばかり重心が置かれやすい。だがそれだけでは本当に持続可能な和平は実現しない。

1995年11月にイスラエルで起きた暗殺事件はそれを裏付けるものだった。パレスチナ国家樹立を目指す「オスロ合意」が締結された2年後、イスラエルのラビン首相がユダヤ教過激派の青年に暗殺された。当時のイスラエル国内には、「パレスチナ国家の建設なんてとんでもない」といった反感や憎悪が漂っていた。

事件を機に和平への機運は一気にしぼみ、四半世紀以上経った今も回復していない。ボトムアップのアプローチを軽視したトップダウンの1本足打法では、和平は1ミリたりとも前進しないのではないか。私の問いに、立山さんはこう語った。

「ハマスのナラティブにしろ、ユダヤ教過激派のナラティブにしろ、相手を悪魔化するというか、そういう扇動、洗脳といったものが、互いに相手を知らないと、市民の間で受け入れられたり拡大したりしてしまう。そういう言説、ナラティブは政治的な和平の進歩があってもそれを内側から掘り崩してしまう。ラビン首相を暗殺したのは非常に過激な宗教的なナラティブだった。ああいう過激なナラティブを生まない、生まれても社会がある程度コントロール下に置けるような状況ができていないと和平交渉は進まない。相手の考えることが分かるようになっていれば、和解はより可能になる」

東京学芸大学名誉教授の野口裕二さんは「対立」とナラティブの関係性についてこう述べている（野口, 2009b,p.275）。

「われわれは、『対立』や『問題』に出会うとどうしたら『解決』できるかをすぐに考えてしまう。そして、そのためには、問題の構造と原因を客観的に分析することが何よりも重要と考え、事態を『三人称の主語』で記述しようとする。このとき、『一人称の主語』の物語は周辺へと追いやられ、語られないままに終わるか、語られても聴かれないままに終わる。しかし、『対立』や『問題』は客観的な原因だけでできあがっているわけではない。そこにはさまざまな『物語』が絡まりあっている。したがって、われわれはまず、それぞれの『物語』を互いに『理解』しあうことから始める必要がある。ひとつの『正解』を発見することを目標にするのではなく、差異や多様性を『理解』すること、そこから『和解の物語』や『希望の物語』へとつながる道が見えてくる」

2・5人称ジャーナリズム

ナラティブについて調べれば調べるほど、ジャーナリズムについて考えずにはいられなかった。客観報道と称して3人称の他者目線に終始する取材はある意味たやすい。だがそこには当事者の1、2人称は含まれない。だから読み手の感情を強く揺さぶることもない。保阪正康さんは、元日本兵へのインタビューについて私にこう振り返った。

「彼らが語る体験の苦しさを、聞いた僕も背負い込むわけですよ。だから僕はつらかったですよ。でもね。そうやって彼らが息子や娘や女房にも言わない話を言う。彼らは『日本はひどい国だった』ということを認めるわけです。しかし社会的な生活では言わない。そういう人たちに話を聞く時、自宅を訪ねていくわけですが、茶の間とか応接間で語る人はいませんよ。日常から切り離さないといけない。だから僕はね、例えば『悪いけど、ちょっと外行って、あの荒川のそばの土手で話しませんか』って言う。そうすると彼らは、君はどうしてそういうことが分かるようになったのかって、必ず聞きますよ。日常生活から切り離したところで話をする。僕も背負い込む覚悟があるよっていうことなんですよ。茶の間でお茶を飲みながら『大変ですね。そうだったんですか、いや、それは凄いや』とかっていうのは傍観者ですよ。で、傍観者の目に気づいた時、彼らはハッと目の色変わりますからね。『俺はこんな話をこいつにしていいんだろうか』と」

保阪さんが言う「背負い込む覚悟」とは、元日本兵が語る陰惨な経験を引き受け、追体験するように感じ取ろうとする「聞き手としての決意」だろう。

「荒川の土手に行ってね。テープも取らない、メモも取らないで話をする。終わった後すぐに喫茶店に入って、聞いたことを全部メモしますけどね。そういう風にした時、彼らは信用しますよ。こいつは日常から切り離して、聞くっていうマナーを知っているなと。ありがとう、ありがとうって、みんな言いますよ。泣きますけどね、途中で。君はお医者さんみたいだな、牧師みたいだなって。だけどそういう関係は、僕は何年かやって、ものすごく疲れました。僕自身、何かこうつらくて、聞いているうちに涙が出てくるとか、何度もありました。それが背負う者の苦しさで、だけどそれを経ないと彼らから本当の話は聞けないということですよね」

取材者として難しいのは、そうやって取材相手と限りなく一体化するようにして体の中に取り込んだナラティブをいったん目の前に取り出し、すべてから離脱するように、「3人称の目」で俯瞰しながら報道の形式に収めていく作業だろう。

「客観視というのは、彼ら当事者にはできないんですね。それは僕らの役割だと思うんだけど、相手を知れば知るほどなかなかできなくなっちゃう。だからつらくなっちゃう」

保阪さんには、アカデミズムとジャーナリズムの境界についても聞いた。

「私がやっているのはアカデミズムの領域のことじゃないんですよ。アカデミズムは当時の軍事主導体制のもとでの政策決定のプロセスをきちんと学問的に精査していく。人がどんな風に死んでいったかとか、そんなことに関わっていたら、学者としては評価されないでしょう。しかし僕らはなぜあの時代、20歳を過ぎた青年が鉄砲をかついで知らない国に行って死んでいったのか。その理不尽さの原因はどういうところにあるのか、そういうのを調べる。これはジャーナリズム的な歴史観のひとつのスタイルだと思うんですね」

それでも保阪さんの作品には、膨大な記録や証拠に裏打ちされた「3人称の目」が貫かれている。まさに当事者側の感情に迫る「1、2人称の目」をふんだんに盛り込みながら、客観的な「3人称の目」も生かすという、「2・5人称ジャーナリズム」だろう。

私はかねてより、ジャーナリズムにアカデミズムをより融合させる重要性を感じてきた（大治, 2021a）。体験談的な「1人称」「2人称」のナラティブは大いに読者の感情を揺さぶる。読み手の「未完のパズル」を完成させることもある（本章P341）。養老さんが語るとおり、ナラティブは私たちの脳にある「ほとんど唯一の形式」だからだ（第1章P22）。

だが同時に、私たちにはわずかな情報や事例で全体を把握した気分になったり無理矢理一般化したりしてしまう認知的なクセもある。10人、20人と話を聞き続ければ「こんなに聞いたのだから」とその中に見える共通性から一般化したくなることもある。だがその程度の事例数から多くを語れば誤解を招きかねない。個別の事例を紹介するのと同時に、全体像の中でそのケースがどのような意味を持ちうるのかという客観的な「3人称の目」での分析も必要になる。これは心理学の視点でいえば、ひとつの事象を多様な視座から観察するメタ認知的なアプローチだ。保阪さんに、そんな私の考えを伝えた。

「そうですね、結局、あなたたちと私たち、書いている僕たち、みんな同じ庶民として生きている中で、こういう生き方を要求された時代の中でどうやって生きる、生きればいいのかという問いと答えを一生懸命探すわけですよね。それが、ジャーナリズムが見る歴史の基本線だと思いますね」

本来は、両者は競合すべきものではなく、互いにとって必要な要素を取り込みながら融合すべきものではないだろうか。そんな「2・5人称ジャーナリズム」の大きな支えとなるのが、アカデミズムが統計学をもとに精査したデータや分析だろう。

取材から見える生々しい人間のありさまと、客観性に富むさまざまなデータから投射する風景は、より現実に近いものとなるはずだ。

ナラティブ・ジャーナリズムとは

欧米諸国では「ナラティブ・ジャーナリズム」というジャンルがある。古くは「文学ジャーナリズム」とか「ノンフィクション小説」とも呼ばれ、実在の人物や事件を小説タッチで描く手法だ。米国を代表する小説家、トルーマン・カポーティが書いたノンフィクション小説『冷血』(1966年)はその典型だとされる。近年では、米国の新聞社「フィラデルフィア・インクワイアラー」のオンラインニュースサイトに掲載された連載「ブラックホークダウン」が爆発的に読まれた。1993年10月3日、米政権はソマリアの首都で大規模な軍事作戦を開始。30分で決着するはずが激しい抵抗を受けて米兵20人近くが惨殺された。同社の記者は関係者への綿密な取材を重ねたうえで再現ストーリー風に執筆し、世界各地でドキュメンタリーや映画になった。

読者の心を強烈にひきつけるこうしたスタイルに注目したハーバード大学のニーマン財団は2001年夏、ナラティブ・ジャーナリズムの手法を学ぶための「ナラティブ・プログラム」を設けた。それによると、ナラティブ・ジャーナリズムとは以下のような要素を含むものだという。

・正確で十分に調査された情報を含み、読んでいて面白い。
・人間やその情動、リアルな状況に注目しながら個人のストーリーを中心に展開する。
・事実のルポルタージュとフィクションの文体を融合させている。

ニーマン財団はその後も、ジャーナリストたちがナラティブ・ジャーナリズムについて語る著書『本当のストーリーを語る（Telling True Stories）』などを教材に講座などを開催している（Kramer & Call, 2007）。ウェブサイト「ニーマン・ストーリーボード」にもさまざまな実践的取り組みが紹介されている（Nieman Foundation, n.d.）。

読者の心をわしづかみにするナラティブ・ジャーナリズム的なスタイルは最近、日本でも改めて注目される向きもあるようだが、注意を要するところもあるだろう。データの裏付けがないことまで「想像力」で埋め込んでしまいかねず、報道と小説の境界が見えづらくなり、読者に誤った印象や誤解を与えかねない。

報道におけるナラティブ・アプローチ

ナラティブ・アプローチには「本質主義」と「構成主義」があるという（野口, 2009a,pp.20-22）。本質主義とは、ナラティブの中に「なんらかの本質が隠されている」と捉え、構成主義はナラティブが「何らかの現実を構成する」と考える。

再びジャーナリズムを例に考えてみる。

報道における本質主義とは、個々のナラティブをデータとして扱い、その中にさまざまな物事の「本質」が隠されている、と考える。「特ダネ」取材は良い例かもしれない。情報の中身が勝負であり、そこにある「真実」、つまり本質を追いかける。そのためにもインタビューでは、語られた言葉に虚偽がないか、偏りがないかと徹底的に精査する。

これに対し構成主義的なアプローチでは、個々のナラティブが「結果としてどのような現実を構成」していくかに注目する。インタビューの過程そのものが何かを生み出していくプロセスと考えるのだ。

こうした考え方を知り、ふと入社8年目の横浜支局時代に経験した不登校の少年へのインタビューを思い出した。少年の親から仮名を条件に了解を得て取材したのだが、少年はひどく緊張していた。それを感じたので、私は彼が学校に行っていたころの楽しい思い出を聞き、不登校についてはあえて聞かなかった。答えられるとは思えなかったからだ。

記事が出てしばらくすると、親を通じて少年から手紙をもらった。少年は「自分が思っている自分の姿とは違うことが書かれていた。嬉しかった」と書き、その記事を気に入ってくれているという。少年が言ったことをそのまま書いたつもりだったので、やや不思議に思ったのを覚えている。だが今思えば、記事にはやはり「私の視点」が大なり小なり盛り込まれていて、少年はそこに何かを「発見」したのかもしれない。

その意味では、ジャーナリズムにもナラティブ・アプローチは生かされているのかもしれない。インタビュー記事はまさに、「話者」と「聞き手・書き手」がともに語りをつむぐ共同作品となりうるからだ。

「ジョハリの窓」という考え方を第5章で紹介したが（P292）、インタビューでは話者と聞き手が言葉を交わすことで、話者自身が気づいていなかった「未知の自分」に気づいたり、会話を通じて話者、聞き手双方の中に「新たな自分」が生まれたりすることがある。

私が野口さんへのインタビューの中で少年とのやり取りについて語ると、野口さんはこう話した。

「それは構成主義のアプローチに近いですね。隠された真実を探るというのが本質主義ですが、隠された真実ではなくて、お互い気づいていなかったような何かを発見するインタビューもあります。それはある意味、お互いの会話によって創られる、生み出されるもの。その少年の例でいえば、とても嬉しかったという反応が返ってきた。不登校のことは何も語っていないのだけれど、少年にとっては自分の違う一面が見えたということでしょう。でもそれは記者が創ったのではなくて、お互いの会話が創ったのだといえます」

報道において本質主義としての「話の中身」は重要だが、特に傷ついた人へのインタビューの場合、彼らが無理なく「語れる語り」ほど、同じような傷を負う人に響くものはないように思う。そこには傷ついた人が葛藤や苦悩を抱きながら慎重に選び出した言葉がある。記者が無理矢理聞き出して編集した言葉ではなく、自然につむがれた言葉をできるだけそのまま書くと、まるでメロディーのように同じような傷を抱える人に届きやすくなる。語り手がセルフ・ナラティブの再構築に成功したサバイバーなら、その言葉は同じように苦しむ人々に勇気や希望を与える。しかもそこには書き手の独特の感性もにじんでいて、その第三者的な目が話者や読み手に新たな発見をもたらすこともある。インタビュー記事はまさに話者と読み手と書き手がともにつむぐ、「共著の物語」のようなものだ。

かつては新聞という限られた紙面の中にすべてを収める必要があり、話者の言葉を十分に生かす記事を書くのは難しかったが、今はデジタル版という無限の空間がある。その意味でも、ジャーナリズムにナラティブ・アプローチを生かせる可能性は高まっているように思う。

またこれは報道に限らず、傷ついた家族や友人、大事な人が語るナラティブを受け取る人にとっても参考になるアプローチになるかもしれない。聞き手はつい、「話の中身」をより正確に聞き取ろうとしたり、そこから「解決策」を提案しようとしたりしてしまいがちだ。だが傷ついた人は、トバ・ベラフスキーさんがそうしていたように、自分の語りの中からセルフ・ナラティブを再構築して前に進むしかない。傍らにいる人ができるのは、代わりに「解決」することではなく、その人を核とする温かなネットワークを作り、あとはその当事者のレジリエンス（復元力）、自己免疫力を信じてその歩みを見守ったり側方支援したりすることだろう。

星座を創るように

私にとってナラティブとは何か。

そんなことを考えながら、ある日、夜空を見上げた。ふと、ナラティブをつむぐというのはまさに星々に物語を見出すようなものではないかと思いついた。

星座という概念は約5000年前、古代メソポタミアの人々がよく光って見えやすい星々を動物や神の姿などになぞらえたのが最古の記録として残る（多摩六都科学館，2020）。以来、世界中の人々がそれぞれ独自に星々のきらめきを慣れ親しんだ神や生き物の姿に見立ててきた。

私たちが心の中でつむぐナラティブも、どこかこれに似ている。

一つひとつの星々は個人の記憶や経験だ。印象深い記憶は良くも悪くも強い光を放つ。良いことが重なれば、私たちはそれらを結んで「幸せの星座」を描く。「自分が頑張ったから」「あの人が助けてくれたから」と好みのナラティブで記憶をつなぐ。悪い経験が重なれば、根拠もないままに、「あいつのせいだ」「自分は被害者だ」と恨みつらみの「不幸の星座」を創るかもしれない。

星と星を結びつけるのは、私たちの脳内にいる「連想屋」デフォルト・モード・ネットワークの仕事だ（第5章P290）。何事もポジティブに捉える人が心の中にたたえる星座は暖色系で、ネガティブに考えやすい人の星座は寒色系かもしれない。その違いには遺伝子やその人だけが経験する固有の環境（非共有環境）が影響するだろう（第5章P262）。

ナラティブ創りを星座に喩えるとは、「我ながら冴えたひらめきだ」と悦に入っていたら、インタビューで柳田邦男さんから聞いた言葉に自分の不勉強を認識させられた。

「満天の星がね、一つひとつはバラバラで無意味に散らばっているように見えても、つないでいくと、たくさんの無数の物語が生まれてくる。それがコンステレーション、星座というものであり、ひいては人生の捉え方でもあるんですよね。で、これ、すごくいい言葉だなと思ったんですね」

私は思わず柳田さんに聞き返した。「ナラティブ創りを星座に喩えるというのは柳田さんが考えついたことですか」

柳田さんは優しい口調でこう答えた。

「僕は河合隼雄先生の本をほとんど読んだぐらい一生懸命勉強して、それでユング心理学も、まあ断片的ではあるけれど勉強しました。このコンステレーションを知ったことはその中でも一番、最高の学びだったですね」

私はユングが提唱したコンステレーションの概念を知らずに自己満足していたのだ。「コン」は英語でともに（with）の意味、「ステレーション」は星（ステラ）、つまり「星が一緒になっている」という意味で星座を意味する。京都大学教授だった河合氏が退官を記念して開いた最終講義で扱ったテーマでもある（河合，2013）。

その最終講義によれば、私たちがある言語から連想する言葉の群れ、つまり心の中から出てくる「かたまり」はコンステレーション（星座）であり、その中心にあるのが「感情」だと考える。コンステレーションは「感情によって色づけられたひとつのかたまり」であり、それは「しこり」としてコンプレックスにもなりうる。この心の中の「かたまり」が、私たちが心の中で描く「星座」だと捉えるという。

ユングはその後、心のさらに奥深くには「アーキタイプ」と呼ぶべき元型のようなものがあると考え、「元型がコンステレートしている」と表現するようになったそうだ。人の心の中にはそれぞれ何か非常に大事な元型的なものがあり、それが星座を創っている。だから人々が抱く星座の集合体を読むことがひとつの文化、時代の理解に役立つと考えた。

私から見れば、星々をつなぐのがナラティブだ。個人の心の中にはその小ナラティブが創る個性的な星座があり、世界観がある。魅力的な星座を創る人と親しくなれば、自分の星座、人生や世界に対する見方にも大きな影響を及ぼすかもしれない。それは他者との付き合いが人生にもたらす醍醐《だいご》味《み》でもある。誰と関わって生きていくかで、心の中の星座、ナラティブも死ぬまで変わり続ける。他者との関わりから、星々の結び方はひとつではないことを学ぶ。

文化や社会という、より大きなスケールにおいても、そこに漂う中・大ナラティブが星座を創る。多くの人々が「美しい」という星座をちっとも美しいとは思えないという人もいるだろう。それを楽しめる時もあれば、生きづらさを感じることもある。

ケンブリッジ・アナリティカの元研究部長、ワイリーさんの言葉に当てはめれば、政治を変えたければ文化的に共有される星座を変え、文化を変えたければ一人ひとりの個人が心に宿す星座を変える必要がある（第4章P198）。

かつては、個人の星座は洗脳でもしない限り変えられなかったが、今ではアルゴリズムが簡単に操作して並べ変えてしまう。私たちは星座が組み替えられたことにすら気づかない。そうやって個人の星座が変わり、文化や政治を覆う星空も組み替えられてしまう。

アルゴリズムのケージで育つ自動人形

21世紀のSNS社会は共感性を育むのか、それとも阻害するのか。

1979年から2009年にかけて米国の大学生の共感力（エンパシー）を計測して比較した調査によると、30年間で共感性は40%低下し、特に2000年以降の下落が目立ったという（Nicholson, 2010）。背景にあるのがSNSの台頭だと分析されている。

また米マイクロソフト社が2015年に発表した脳波に関する研究結果によると、現代人の集中力持続時間（アテンション・スパン）は、２０００年は12秒だったが２０１３年には8秒に減少した（NTTLS, 2017）。金魚の集中力は9秒というから、私たちはそれ以下ということになる。じっくりと物事を熟考する力が減退している可能性が高い。最近は映画でも2倍速、3倍速で見ないと集中力がもたないという若者が増えている。

米国の別の調査によると、子供の行動半径は１９７０年代から２０００年代にかけての30年間で約10分の1に縮小した（Frost, 2010）。一方、世界の肥満乳幼児の数は１９９０年から２０１６年にかけて約1・3倍に増えている（Morley, 2017）。

英ナショナルトラストは現代社会の子供の多くが「自然体験不足障害」だとして教育機関などと連携し、対策に乗り出した（Black, 2016）。屋外での遊びはさまざまな創意工夫が求められる。五感と想像力を総動員する遊びは、脳全体の活性化を促す可能性が高い。

ちなみにネズミを使った実験によると、「放し飼い」は創意工夫の力を高めるらしい。カナダの視覚心理学者ドナルド・ヘッブは実験用のケージの中のネズミと、そこから自宅に連れ帰り、数週間「放し飼い」にしたネズミの「問題解決能力」を、迷路を使って比べた。その結果、放し飼いのネズミは高い問題解決能力を見せ、よりスムーズに出口を見つけた。

この実験からヘッブは、つながりを持つニューロンを繰り返し刺激して発火させるとその結びつきはより強化され効率的になると提唱した（グリーンフィールド，2015）。脳の回路は使えば使うほど活性化するようだ。

ところでジャーナリストの伊藤さんはなぜ、さまざまな圧力や障害の中で自らのナラティブを貫き通すことができたのか。彼女は「一般的な性暴力被害者のイメージ」を押しつけられることを嫌い、自力で証拠を集めるなど独特の対応を見せた。

それと関係があるのかは分からないが、伊藤さんは幼いころから外に向かう子供だったという。両親からは「規制を設けられて育てられた覚えがなくて、すごく自由で、いわゆる『教育熱心』でもなく、ものすごくゆるく育った」（伊藤さん）。冒険好きで、近所の見知らぬ人の家に上がり込んでおしゃべりをするような子供だった。放任的な環境で育った彼女には、野性的な感覚が養われていたのかもしれない。

通っていた公立学校には「こうじゃないといけない」というルールが多くてなじめなかったが、そのせいもあって「学校の外」に目を向け、地元に住む外国人に日本語を教えるボランティアなどもするようになった。さらに「違う世界で生きていけるのか」試したいという思いが強まり、アルバイトでためたお金で米中西部カンザス州の公立高校に留学する。ホームステイ先はトレーラーハウスだったり、牛を300頭以上飼う農家だったり。最初はどこに行っても「宇宙人」で、歴史を習えば「太平洋戦争はパールハーバーがあってヒロシマがあって平和に終わりました」という内容。すべてが異次元だったが、それでも学校では運動部に入って友達も増え、3カ月もすると授業にもついていけるようになり、「どこででも生きていけるという自信につながった」という。

伊藤さんは多様な価値観、ナラティブが飛び交う外海に出て、自分ならではの泳ぎ方を身につけるようになったように見える。

若者といえば自我、つまりアイデンティティを形成する世代だが、英政府が発表した「未来のアイデンティティ」に関する調査報告書によると、かつては個人の中で時間をかけて、誰にも見せずに日記などに記したりしながらゆっくりと醸成されたアイデンティティが、近年は熟成を待たずに断片的な形でSNSに放り出されることが増えているという(UK Government Office for Science, 2013)。

就職先や結婚相手の選択までAIに任せる人々が増えているが、それは自ら「実験室のケージ」に入るようなものかもしれない。ケンブリッジ・アナリティカで研究部長を務めたワイリーさんは、「リアルで危うい近未来」をこう語っていた。

「赤ん坊が生まれると同時に家中のセンサーがこの『新しい生物』のプロファイリングを始める。AIが休むことなく行動を観察し予測する。周囲のデバイスが競ってその赤ん坊が見るべきテレビ、聞くべき音楽、楽しむべき動画を選び、その成長や発育の方向性まで決めてしまう。あなたは育てているつもりでも、実はアルゴリズムが赤ん坊を育てている。人間は環境の産物だ。デバイスはまるでストーカーのように私たちの行動を観察し、何をすべきかを提案し、アイデンティティはその人のブラウジング履歴に置き換えられ、アルゴリズムにより自在に変えられていくだろう」

微細な表情の変化から脳反応を予測する最新鋭の顔認識技術や、網膜や虹彩の微妙な変化を読み取る虹彩認証などのバイオメトリクス技術は今や、本人も気づかないほどわずかな感情の変化や嗜好性まで読み取れるレベルにまで達している。特殊な眼鏡をかければ「他者の気持ちが分かる」という時代もそう遠くはないだろう。

そんな社会に忍び込むのが全体主義かもしれない。

自分の気持ちにも他者の気持ちにも鈍感になった人間はまるで人形だ。過激なナラティブを駆使して多数のフォロワーを率いる政治家やオピニオン・リーダーが提示するナラティブをありがたく拝聴し、それを自身のナラティブのように押しいただく。前出『犯罪からの離脱と「人生のやり直し」──元犯罪者のナラティヴから学ぶ』の監訳者で静岡県立大学の津富宏《つとみひろし》教授（犯罪学）はこう語る。

「人は容易に染まる。洗脳される。自分は無力であると信じている人ほど、その無力さを補ってくれる物語を必要とする。これは過激主義だけでなく、カルトも同じだろう。こころの『空隙』が大きいほど、それを埋めるには大きな物語が求められるのだと思う」

エーリッヒ・フロムは『自由からの逃走』で、無力感を抱える不安な人ほど「権威」に従い、他の人々に同調し、その群れに埋没する「自動人形」（automaton）になろうとすると警告した（フロム, 1952）。

何でも先回りして「提供」してくれるアルゴリズムのケージの中は実に心地良い。だがその中で自らのナラティブをつむぐこともなく、また他者の思いに想像をめぐらせることもないままに育つのは、「人間」の姿をした「自動人形」かもしれない。従順で同調するのがうまく、権威に弱くて「心の空隙」を埋めてくれる権力者にはとことん追従する。

私たちの社会はそんな人間を大量生産しているのではないだろうか。

SNS時代の社会情動（非認知的）スキル

OECD（経済協力開発機構）は先進諸国で進む認知的スキル偏重教育に危機感を強め、

創造性や社会性を育む教育の必要性を提唱した（Encinas-Martín & Cherian, 2015）。２０１５年に発表したそのレポート「社会的な進歩のためのスキル：社会情動スキルの力」によると、人間の能力は知識や論理的思考をベースとした「認知的スキル」と、自律性やストレス対応能力、コミュニケーション能力、協働性、創造性などをつかさどり、長期的目標を達成する力や他者との協働性、感情を制御する力などに関わる「社会情動（非認知的）スキル」に分けられる。ＯＥＣＤはこれに基づき、米国など９カ国の若者らを対象に、両スキルが社会適応性や心身の健康などにどのような長期的影響を及ぼすかを調べた。

それによると、認知的スキルが高い人は大学への進学や雇用、収入などでプラスの影響が見られた。一方、社会情動スキルに富む人は心身の健康度、幸福感において高いスコアとなり、問題行動を起こす割合も低かった。

また両スキルとも「スキルがスキルを生む」好循環を生み出す傾向が強く、早い段階で獲得するほど効果的だと分かったという。

加えて興味深いことに、社会情動スキルは将来の認知的スキルを予測させるものだが、その逆、認知的スキルは将来の社会情動スキルを予測させるとは限らないことも分かったという。これはつまり、社会情動スキルに富む人は将来的にも、学歴や収入に影響する認知的スキルの獲得に前向きな展開が期待されるが、逆に認知的スキルが高く学歴や仕事で成功を収めている人であっても、自己コントロールや人間関係に絡む社会情動スキルが将来的に維持・向上されるとは限らないという結果だ。

建物の構造に喩えれば、社会情動スキルが土台としてしっかりとあり、その上に認知的スキルがある人の方が、逆の人よりも長期的にはその家（人生）が安定し、さらなる増築（伸びしろ）も可能になりやすいということだろう。これは先に喩えた、土壌と植物の関係性にも似ている。土壌（社会情動スキル）が豊かであればあるほど、長期的には枝葉（認知的スキル）もすくすくと伸びる。

社会情動スキルの重要性を考えて、ふと頭に浮かんだのが米大リーグで活躍する大谷翔平選手だ。大谷選手の心身の強靱さや野球技術のレベルの高さは言うまでもないが、社会的な適応能力にも秀でているように見える。競争意識が強い米国の選手らと子供のようにじゃれ合う大谷選手の姿を見ると、社会情動スキルの高さを感じずにはいられない。そしてそのスキルが土台となり、野球の技術や選手としての成長も支えているようにも見える。

ＯＥＣＤは、それほど重要な社会情動スキルがこれまであまり重視されず、認知的スキルばかりを伸ばそうとする教育が偏重される現状に強い懸念を示している。

社会情動スキルが軽視されてきた背景には、それが認知的スキルのように偏差値や点数、収入などで「見える化」できないことがある。ただ、幼いころから偏差値教育中心で分刻みの予定をこなし、休み時間にはゲームやSNS漬けといった生活では、前出・東京大学大学院総合文化研究科の言語脳科学者、酒井邦嘉教授が語ったような、思考やアイデアを生み出す想像力や創造性は育たないだろう。

アルゴリズムに見守られた「ケージ」の中で心地良く過ごす時間が長くなり過ぎると、想定外の難局に遭遇した時に創意工夫で対応したり、対立するナラティブに柔軟に対応したりするために必要な想像力や柔軟な発想も育ちにくくなる。

私たちはAIに仕事を奪われるかもしれないと恐れているが、実際には私たち自身が「AI化」しようとしているのではないだろうか。大量の情報を浴び、ひたすらそれらを「効率的」にさばこうとする。だがその結果、酒井教授によれば、私たちは多くのものを失っているという。

「考えることをやめたら、成長の機会も手放すことになるのです。自分で考えずに、安心感のある『ベストセラー』を読み、再生回数の多い動画ばかり見るようでは、審美眼も養われません。失敗を恐れず自分で選択してみなくては、何が良いかも分からないわけですから。現代は、大量の情報に流されてしまう危険が常にあります」

その結果、私たちは「ガキ大将」に従うような時代に生きているという。

「今や不特定多数の人に向けて誰でも映像やブログ、SNSを通して発信できるので、何が真実かというより、フォロワーを増やして時流に乗った人の意見がまかり通るようになりました。自分の虚言を棚に上げて、『反対意見はすべてデマだ』と声高に言えば勝つみたいな、そういう堕落した風潮に子供たちも晒されています。昔のガキ大将が幅を利かせていた時分から、大人たちも何ら進歩していない。どんなAIに対しても『王様は裸だ』と言えるだけの見識を持ちたいものです」

人間は孤独を感じると精神的に不安定になりやすい。ケンブリッジ・アナリティカは心理的脆弱性を抱える「ローハンギングフルーツ」を心理操作の標的にした（第4章P192）。SNSで公開された投稿や「いいね」から、「不安な人」「神経症的な傾向がある人」は簡単に見つけられる時代だ。彼らにどのようなナラティブが刺さるかは予測可能だし、最適化されたナラティブを最適なタイミングや手法で流すことも、もはや難しいことではない。その結果、感情は同心円状に広がり、感染拡大を引き起こして大衆を、社会を動かしていく。

英国民が「後悔」しているというEU離脱のような事態は今やどの国・地域にも起きうる。感情感染は行動感染を引き起こし、文化や政治を変えていく（第4章P180）。

かつては口のうまい、ストーリーテラーの詐欺師やカルト教団教祖などが自らの共感性を悪用して標的の心に「刺さる」ナラティブを流し込み人心を支配した。

だが今はそれをAIが、アルゴリズムが代行し、より日常的に「刺さる」ナラティブを大量に生産し、未曾有の規模とスピードで私たちの心を操作しようと襲いかかる。ワイリーさんが述べていた通り、ケンブリッジ・アナリティカが開発した「ナラティブ」と「アルゴリズム」を駆使する心理操作のノウハウは、もはや世界規模で共有されている（第4章P185）。

1票でも選挙の票が欲しい政治家やケンブリッジ・アナリティカのような世論工作企業は、グローバル経済などのあおりで「希望の分配システム」からはじき出された人々を標的に、彼らの心に刺さる「憂国」のナラティブや陰謀論ナラティブをSNSに配備し、怒りや不安、不満をあおり、世界各地で「怒りのポピュリズム」や排外主義による暴力事件を引き起こしている（第4章P201）。

SNSが問題というのではない。SNSはプラットフォームに過ぎない。人と人をつなぎ、世界を連帯させることにも使える。ナラティブだけが問題なわけでもない。人と人の心をつなぎ、リボンのように世界を結びつけるのもナラティブだ。

問題は、「広場（アゴラ）」の縮小に伴い孤立・孤独が深化する現代社会で、心の脆弱性を抱える人々を「足場」に計画的かつ大規模に感情感染、行動感染を引き起こして自己の利益につなげようとする指導者や政治勢力、企業が急増している状況だ（第4章P206）。アルゴリズムを使って人間の脆弱性を自動検索し、ローハンギングフルーツをあぶり出し、彼らを「感染源」にクラスター感染を起こして大衆心理を操作しようとたくらむ。

孤立・孤独な人ほどその心は空虚で、その空洞を埋めるためにより「大きな物語」を求めやすい（本章P368）。自分や他者の「小さな物語」を顧みず、空洞な心のまま「大きな物語」に支配され「自動人形化」した人間は、全体主義や排外主義といったナラティブに魅せられ、そうした群れが社会のドミナントなナラティブを形成していく。

だが、個人やコミュニティに高い社会情動スキルがあれば、そんな激流に呑み込まれそうになっても「何かがおかしい」「これは間違っている」という「気づき」を持つことにつながる（第5章P282）。少数派やその視点に思いをはせて、オルタナティブ・ナラティブという疑問の矢を放つことができれば、社会の多様性も保たれる。

SNS時代だからこそ、そして人心をたきつける「怒りのポピュリズム」や陰謀論、カルトが跋扈《ばっこ》する時代だからこそ、ナラティブを語り、書き、読み、聞き、五感を使って互いに語り合う時間や空間が必要とされている。だが教室では、タブレットや動画が持ち込まれる機会が増える一方で、自己や他者の心に思いをはせる小説を読んだり演劇をしたりする時間は削られるばかりだ（第3章P160）。

これも偏差値的な認知的スキル偏重の教育がもたらす弊害だ。

他方で近年、街の図書館が増加傾向にあるという。図書室を会社内に設ける企業も増えている。単に本の貸し借りをするだけでなく、さまざまな交流イベントを催し、「赤ちょうちん」に関心が薄い世代も含め、広く関心を集めているようだ。

人々が所属や世代、性差を超えて集い、他者のナラティブを読み、耳を傾け、自らも語ることができるスペースを作ることは、他者の心に思いをはせる機会を増やし、縮小傾向にある社会の「広場（アゴラ）」を新たな形で存続させる力にもなる（第3章P170）。

ナラティブが集う広場は、常に民主主義の力の源泉であり続けてきたはずだ。

いかなる危機、苦難が訪れようとも人々が孤立・孤独に陥ることなく、力を合わせ、自身やコミュニティのナラティブを再構築して生きていける社会――。そこに求められるのは3人称の客観性と、1、2人称の情動性を兼ね備えた「2・5人称の視点」であり、そこから心も体も、認知的スキルも社会情動スキルも存分に使いこなせる豊かな人間の姿が生まれ出てくる。

おわりに

本書のテーマはナラティブである。だからインタビューに答えてくださった方々のナラティブは、できるだけそのまま書こうと努めた。その作業を通じ、私たちの語りにはそれぞれ固有の周波数のようなものがあるのだと改めて感じた。

人がナラティブを語る時、言葉だけでなく、表情も声色もしぐさも、すべてが「音」を発し、楽曲を奏でる。そして私が繰り出す質問もまた、別の周波数を持つ楽曲をおりなす。対話により双方の五感がぶつかり合って混じり合うと、新たな協奏曲が生まれる。

東京大学大学院総合文化研究科の言語脳科学者、酒井邦嘉教授によれば、脳には足りない情報を補う性質がある。情報を伝える手段には「活字」「音声」「映像」などがあり、情報量が少ないほど、想像力はかきたてられるという。

インタビューにおいても、聞き手自身の想像力が試される。相手の言葉をどう受け止めるのか。その表情やしぐさ、声色も含めたすべてをどのように受け取るのか。私自身がこれまで何を考え、何を学び、どのように生きてきたのかが問われる。

今回の取材では、話者とナラティブを交わし、時間をかけてその言葉を咀嚼するうちに、話者の個性的なアイデアや創造性が私の奥深くにまで染みこみ、そこから私なりの新たな考えやアイデア、さらには自分自身のアイデンティティさえもが再構築されていくような感覚を覚えた。

インタビューが自分の心身に大きな影響を及ぼすということは体験的に知っていたが、あまり深く考えたことはなかった。ナラティブについて詳しく知らなかったからだと思う。ナラティブというものを深く知り、意識した結果、見える世界が変わった。

知る、とはそういうことなのかもしれない。

ナラティブの力を知ったことで、私の世界観は大きく変わったような気がする。

記者として多くの人々と対話を重ねてきたが、今ほど他者との対話が楽しく、豊かなひと時であると実感したことはないように思う。

その結果をこうして書物にすることで、読み手となる人々の中にもまた、何らかの化学変化が起きるかもしれない。本書に登場する語り手と私という書き手、そして読み手となる方々がともにつむぐ「共著の物語」が生まれることがあれば、これほど嬉しいことはない。

それは東京学芸大学名誉教授の野口裕二さんが語った「ナラティブ・アプローチ」に近づくことを意味するのかもしれない。

本書は取材相手が語った1、2人称のナラティブをできるだけ忠実に再現しつつ、可能な限り論理科学的なデータも含めた。ノンフィクション作家の柳田邦男さんが語った「2・5人称の視点」を私なりに生かしたいと思ったからだ。これからも、人と人をつなぐ1、2人称のナラティブ・モードと、事象を客観的に見極める3人称の論理科学モードを十分に兼ね備えた報道を心がけたい。

チャットGPTなどAIやアルゴリズムへの依存が日常化する時代だからこそ、その心地良い依存関係から抜け出し、五感を総動員し、自分の心や他者のナラティブとしっかり向き合い、葛藤しながら、世界で唯一のナラティブをつむいでいきたい。

それこそが人間として生まれた者だけが享受できる最高のぜいたくであり、幸福な時間だと感じる。

最後になったが、本書の取材に協力してくださったすべての方々に深い感謝の思いをお伝えしたい。

コロナ禍の拡大とともに取材を始め、コロナ禍の縮小とともに執筆活動を終える。いろいろな局面で行き詰まることが何度もあったが、突破口を示してくれたのは、インタビューに協力してくださった方々だった。

この場を借りて、深い感謝の思いをお伝えしたい。

そしてこの間、私を支えてくれた家族、大好きな職場の同僚や友人たちに、改めてありがとうと伝えたい。

彼らの温かい支援がなければ、この本は生まれなかった。

毎日新聞出版図書編集部編集長の峯晴子さんには前著に続き、忍耐強く最後までお支えいただいた。御礼の言葉しかない。

本書が、読者の方々とともに新たなナラティブをつむぐことを願って。

2023年5月

大治朋子

ーグ. 青土社.

ユヴァル・ノア・ハラリ. (2021). *21 Lessons 21世紀の人類のための21の思考（河出文庫）Kindle版*. 河出書房新社.

福岡市社会福祉協議会. (n.d.). *「孤独・孤立」とは?*. https://fukuoka-shakyo.or.jp/koritsu.html

エーリッヒ・フロム. (1952). *自由からの逃走 新版*. 東京創元社.

ジェームズ・J・ヘックマン. (2015). *幼児教育の経済学*. 東京経済新報社.

べてるの家. (2021). べてるの家とは. https://urakawa.bethel-net.jp/aboutus

クリストファー・ボグラー, & デイビッド・マッケナ. (2022). *面白い物語の法則〈上〉強い物語とキャラを作れるハリウッド式創作術*. 角川新書.

松本俊彦. (2021). *人はなぜ依存症になるのか〜コネクションの対義語としてのアディクション〜*. https://www.jaswhs.or.jp/about/izonshorecovery-HP.pdf

シャッド・マルナ. (2013). *犯罪からの離脱と「人生のやり直し」元犯罪者のナラティヴから学ぶ*. 明石書店.

虫明元. (2018). *学ぶ脳 ぼんやりにこそ意味がある*. 岩波書店.

虫明元. (2019). *前頭葉のしくみ からだ・心・社会をつなぐネットワーク*. 共立出版.

M.W. モイヤー. (2019). 陰謀論が広がる理由. 日経サイエンス, 127.

ジョナサン・D・モレノ. (2008). *マインド・ウォーズ 操作される脳*. アスキー・メディアワークス.

柳田邦男. (2001). *人間の事実 I 生きがいを求めて*. 文春文庫.

柳田邦男. (2005). *言葉の力、生きる力*. 新潮文庫.

柳田邦男. (2013). *言葉が立ち上がる時*. 平凡社.

養老孟司. (2003). *バカの壁*. 新潮新書.

クリストファー・ワイリー. (2020). *マインドハッキング: あなたの感情を支配し行動を操るソーシャルメディア*. 新潮社.

和田浩幸. (2020). 「3密回避」世界が注目 英学術誌に「空気感染リスク」国立病院機構仙台医療センター・西村秀一医師. 毎日新聞社. https://mainichi.jp/articles/20200820/dde/012/040/020000c

立花隆.（2014）. *立花隆のセカンドステージ大学「現代史の中の自分史」講義【第1回】---自分史作りを始めよう!*. https://gendai.media/articles/-/39906
多摩六都科学館.（2020）. ロクトリポート 星座ってなんだっけ?. https://www.tamarokuto.or.jp/blog/rokuto-report/2020/05/10/constellations/
千葉雅也.（2022）. *現代思想入門*. 講談社現代新書.
辻隆太朗.（2021）. 調査研究:陰謀論とは何か そのメカニズムと対処法. 読売新聞オンライン. https://www.yomiuri.co.jp/choken/kijironko/ckculture/ 20211101-OYT8T50120/
当事者研究ネットワーク.（2019）. 当事者研究 ナレッジベース. https://toukennet.jp/
東北福祉大学.（n.d.）. *fMRIとは*. 東北福祉大学. https://www.tfu.ac.jp/research/gp2014_01/explanation.html
内閣府.（n.d.-a）. 一日前プロジェクト. 内閣府. https://www.bousai.go.jp/kyoiku/keigen/ichinitimae/index.html
内閣府.（n.d.-b）. 防災教育をめぐる環境の変化. 内閣府. https://www.bousai.go.jp/kohou/kouhoubousai/h21/01/special_02.html
中島裕介.（2023）. *EU離脱 英世論過半が「誤り」 貿易伸び、G7で最低 与野党が再加盟に否定的*. 日本経済新聞社. https://www.nikkei.com/article/DGKKZO68037420Q3A130C2EA1000/
ナショナル・ジオグラフィック.（2019）. 脳は情にあふれている!【ナショジオ】. ナショナルジオグラフィック. https://video.yahoo.co.jp/c/3888/8a26a336f8f2f929cf9c31d8214aa9501ec59301
日本学術会議.（n.d.）. 脳はこうして記憶する2. Retrieved August 3, 2023, from https://www.scj.go.jp/omoshiro/kioku3/index.html
日本ヒューマンライブラリー学会.（n.d.）. 日本ヒューマンライブラリー学会. http://www.humanlibrary.jp/link/
沼崎誠.（2019）. 適応的機能から見る自尊心. 日本心理学会機関誌「心理学ワールド」, *87*, 27–28
野口裕二.（2009a）. ナラティヴ・アプローチの展開（野口裕二編 *ナラティヴ・アプローチ*、勁草書房.1-25）.
野口裕二.（2009b）. ナラティヴ・アプローチの展望（野口裕二編 *ナラティヴ・アプローチ*、勁草書房.257-279）
野口裕二.（2018）. *ナラティヴと共同性 自助グループ・当事者研究・オープンダイアロ*

越川陽介 山根倫也. (2020). 多様性が求められる現代に必要な能力に関する一考察：曖昧さを抱えた状況を生き抜くためのnegative capabilityの可能性. 関西大学臨床心理専門職大学院紀要, 10, 39–49.

ジョナサン・ゴットシャル. (2022). *ストーリーが世界を滅ぼす——物語があなたの脳を操作する*. 東洋経済新報社.

駒崎弘樹. (2019). *社会的孤立者の割合がOECDの中でトップの日本。「#つらいが言えない」はいまの社会全体の問題*. https://www.huffingtonpost.jp/entry/story_jp_5ddf3b3ce4b0913e6f78f3be

子安増生. (2000). *心の理論 心を読む心の科学*. 岩波書店.

酒井邦嘉. (2011). *脳を創る読書*. 実業之日本社.

札幌司法書士会. (2019). *第27回べてるまつり「幻覚&妄想大会」にいってきました!. きりばたけ通信*. https://sapporo-shiho.or.jp/wp/wp-content/uploads/2021/02/kiribataketuusin_56.pdf

重岡康弘. (2018). *安全保障を考える*. http://www.anpokon.or.jp/pdf/kaishi_761.pdf

ジャナ・ジハード. (n.d.). フェイスブックアカウント（ジャナ・ジハード）. Facebook. https://www.facebook.com/Janna.Jihad/

下桐実雅子. (2022). 新型コロナ「エアロゾル対策を」 専門家、換気強化など求める. 毎日新聞社. https://mainichi.jp/articles/20220802/ddm/012/040/117000c

ロバート・シラー. (2021). *ナラティブ経済学—経済予測の全く新しい考え方 Kindle版*. 東洋経済新報社.

新潮社山崎プロジェクト室（編）. (2015). *山崎豊子 スペシャル・ガイドブック：不屈の取材、迫真の人間ドラマ、情熱の作家人生*. 新潮社.

杉之尾宜生. (2014). *［現代語訳］孫子*. 日本経済新聞出版社.

杉山崇. (2016). *遺伝子が生み出す心の個性*（越智啓太編　心理学ビジュアル百科：基本から研究の最前線まで）. 創元社.

瀬戸崇志. (2022). ロシアのウクライナ侵攻と米英両国のインテリジェンス公表政策 — 情報機関の「ジレンマ」と2014年以降の安全保障協力の「系譜」. *防衛研究所NIDSコメンタリー*, (Vol.224), 1–12. http://www.nids.mod.go.jp/publication/commentary/pdf/commentary224.pdf

Salesforce. (n.d.). 次の世界へ。失敗の数だけ、成長できる。. Salesforce. https://www.salesforce.com/jp/campaign/ohtani/

NTTLS. (2017). *集中力の低下が止まらない?*. https://hr.nttls.co.jp/column/trend/detail/19

アンリ・エレンベルガー.(1980). *無意識の発見 上 - 力動精神医学発達史*. 弘文堂.

大久保瞳, 高井秀明, 浦佑大, 辻昇一. (2020). ジョハリの窓を用いた自己理解と個人のチームワーク能力との関係: A 大学ハンドボール部女子を対象として. 日本体育大学紀要, 3027–3033.

大治朋子.(2020).*歪んだ正義 「普通の人」がなぜ過激化するのか*. 毎日新聞出版.

大治朋子. (2021a). *アステイオン95: アカデミ・ジャーナリズムの試み*. CCCメディアハウス.

大治朋子. (2021b). 日常に潜む暴力: 危機の時代のジャーナリズム「認知資源」消耗が生む「普通の人」の暴力. In *Journalism*. 朝日新聞出版.

太田伸広. (2012). グリム童話と『日本の昔ばなし』の比較: 変身について. 人文論叢, 29, 39–65. http://ci.nii.ac.jp/naid/120005228775/

ダニエル・カーネマン. (2014a). *ファスト&スロー あなたの意思はどのように決まるか? (上)*. ハヤカワ・ノンフィクション文庫.

ダニエル・カーネマン. (2014b). *ファスト&スロー あなたの意思はどのように決まるか? (下)*. ハヤカワ・ノンフィクション文庫.

河合隼雄. (2013). *こころの最終講義*. 新潮文庫.

河合隼雄. (2016). *物語を生きる 今は昔、昔は今* (河合俊雄編) 岩波現代文庫.

川端祐一郎, & 藤井聡. (2013). ナラティブ型コミュニケーションの性質と公共政策におけるその活用可能性の研究. 土木計画学研究・講演集, 47, 13.

川端祐一郎, 浅井健司, 宮川愛由, & 藤井聡. (2014). ナラティブ型コミュニケーションが公共政策をめぐる政治心理に与える影響の研究. 日本心理学会大会発表論文集, 78 (0) (2), 14.

北出慶子, 嶋津百代, & 三代純平 (編著). (2021). *ナラティブでひらく言語教育 — 理論と実践*. 新曜社.

ジョーゼフ・キャンベル. (2015). *千の顔をもつ英雄〈新訳版〉(下)*. ハヤカワ・ノンフィクション文庫.

スーザン・グリーンフィールド. (2015). *マインド・チェンジ テクノロジーが脳を変質させる Kindle版*. KADOKAWA.

健康と病いの語り ディペックス・ジャパン. (n.d.). 体験したから伝えたいことがある 健康と病いの語りデータベース. 健康と病いの語り ディペックス・ジャパン. https://www.dipex-j.org/

of America, 112(4), 1036–1040. https://doi.org/10.1073/pnas.1418680112

Zak, P. (2011). *Trust, morality -- and oxytocin?* https://www.ted.com/talks/paul_zak_trust_morality_and_oxytocin?language=ja。

Zak, P. (2015). Why inspiring stories make us react: the neuroscience of narrative. *Cerebrum : The Dana Forum on Brain Science*, 13. http://www.ncbi.nlm.nih.gov/pubmed/26034526

Zeitzoff, T. (2018). Does Social Media Influence Conflict? Evidence from the 2012 Gaza Conflict. *Journal of Conflict Resolution, 62*(1), 29–63. https://doi.org/10.1177/0022002716650925

Zillmann, D., & Vorderer, P. (Eds.). (2000). *Humor and Comedy*.

朝日新聞社.(2003). 和平へ 憎しみを超えて*――イスラエル・パレスチナ遺族は語る*. The Parents Circle – Families Forum (PCFF)

明日をまもるナビ. (2021). 学校の「防災教育」が変わる 子どもたちに防災をどう伝える?. NHK. https://www.nhk.or.jp/ashitanavi/article/3649.html

マルコ・イアコボーニ. (2009). *ミラーニューロンの発見「物まね細胞」が明かす驚きの脳科学*. 早川書房.

飯田将史. (2021). 中国が目指す認知領域における戦いの姿. In *NIDSコメンタリー* (Vol. 177). http://www.nids.mod.go.jp/publication/commentary/pdf/commentary177.pdf

井上智賀. (1995). 日独民話の比較文学的研究V. *Japan Society of Research on Early Childhood Care and Education*. https://dl.ndl.go.jp/view/download/digidepo_10902201_po_ART0003275642.pdf?contentNo=1&alternativeNo=。

ダリル・ウェーバー. (2017). *「誘う」ブランド― 脳が無意識に選択する。心に入り込むブランド構築法*. ビー・エヌ・エヌ新社.

NHK. (2020). 幻聴さんに恋をして. https://www.nhk.jp/p/baribara/ts/8Q416M6Q79/episode/te/1J2KV9J564/

NHK.(2022). 小林貴虎県議「国葬反対のSNS発信8割が隣の大陸」投稿. NHK. https://www3.nhk.or.jp/lnews/tsu/20221005/3070009013.html

NHK政治マガジン.(2022).コロナ禍の首相交代劇 安倍晋三の証言「総理の人事非常に孤独」. NHK. https://www.nhk.or.jp/politics/articles/feature/75302.html

Waltzman, R. (2011). *The Story Behind the DARPA Social Media in Strategic Communication (SMISC)Program*. https://information-professionals.org/the-darpa-social-media-in-strategic-communication-smisc-program/

Wamsley, L. (2018). *Reports: Intel Firm Was Hired To Discredit Former Obama Iran Deal Negotiators*. NPR. https://www.npr.org/sections/thetwo-way/2018/05/07/609157901/reports-intel-firm-was-hired-to-discredit-former-obama-iran-deal-negotiators

WHO. (2020). *Transmission of SARS-CoV-2: implications for infection prevention precautions*. WHO. https://www.who.int/news-room/commentaries/detail/transmission-of-sars-cov-2-implications-for-infection-prevention-precautions

Wilson, R. (2017). *Crime rates lower, despite Trump's warnings*. The Hill. https://thehill.com/homenews/state-watch/365782-crime-rates-lower-despite-trumps-warnings/

Wilson, T. D. (2004). *Strangers to Ourselves*. Harvard University Press. https://doi.org/10.2307/j.ctvjghvsk

Winick, S. (2013). *Einstein's Folklore*. https://blogs.loc.gov/folklife/2013/12/einsteins-folklore/

Yehuda, R., Schmeidler, J., Labinsky, E., Bell, A., Morris, A., Zemelman, S., & Grossman, R. A. (2009). Ten-year follow-up study of PTSD diagnosis, symptom severity and psychosocial indices in aging holocaust survivors. *Acta Psychiatrica Scandinavica, 119*(1), 25–34. https://doi.org/10.1111/j.1600-0447.2008.01248.x

Yekovich, F. R., & Thorndyke, P. W. (1981). An evaluation of alternative functional models of narrative schemata. *Journal 13 of Verbal Learning and Verbal Behavior, 20*(4), 454–469. https://www.rand.org/pubs/papers/P6299.html

Youversion. (n.d.). *1 Samuel 17:42-51 ERV*. https://www.bible.com/bible/406/1SA.17.42-51.ERV

Youyou, W., Kosinski, M., & Stillwell, D. (2015). Computer-based personality judgments are more accurate than those made by humans. *Proceedings of the National Academy of Sciences of the United States*

trieved February 20, 2023, from https://www.storycenter.org/

Tetlock, P. E., Kristel, O. V., Elson, S. B., Green, M. C., & Lerner, J. S. (2000). The psychology of the unthinkable: Taboo trade-offs, forbidden base rates, and heretical counterfactuals. *Journal of Personality and Social Psychology, 78*(5), 853–870. https://doi.org/10.1037/0022-3514.78.5.853

The Economist. (2022). *Russia is swaying Twitter users outside the West to its side*. https://www.economist.com/graphic-detail/2022/05/14/russia-is-swaying-twitter-users-outside-the-west-to-its-side

Thompson, S. A., & Alba, D. (2022). *Fact and Mythmaking Blend in Ukraine's Information War*. The New York Times. https://www.nytimes.com/2022/03/03/technology/ukraine-war-misinfo.html

Timberg, C., & Helderman, R. S. (2019). *Brittany Kaiser's work with Cambridge Analytica helped elect Donald Trump. She's hoping the world will forgive her*. The Washington Post. https://www.washingtonpost.com/technology/2019/08/02/brittany-kaisers-work-with-cambridge-analytica-helped-elect-donald-trump-shes-hoping-world-will-forgive-her/

UK Government Office for Science. (2013). Future identities - changing identities in the UK: The next 10 years. *The Government Office for Science, London*, 10. https://www.gov.uk/government/publications/future-identities-changing-identities-in-the-uk#:~:text=

United States Secret Service and United States Department of Education. (2002). *The Final Report and Findings of the Safe School Initiative: Implications for the Prevention of School Attacks. May*, 1–63. http://www.secretservice.gov/ntac/ssi_final_report.pdf

U.S. Department of Veterans Affairs. (n.d.). *PTSD: National Center for PTSD:Aging Veterans and Posttraumatic Stress Symptoms*. https://www.ptsd.va.gov/understand/what/aging_veterans.asp

Vezzali, L., Stathi, S., Giovannini, D., Capozza, D., & Trifiletti, E. (2015). The greatest magic of Harry Potter: Reducing prejudice. *Journal of Applied Social Psychology, 45*(2), 105–121. https://doi.org/10.1111/jasp.12279

versity press. https://www.dukeupress.edu/narrative-policy-analysis
Schafer, B., Frankland, A., Kohlenberg, N., & Soula, E. (2021). *Influence-enza: How Russia, China, and Iran Have Shaped and Manipulated Coronavirus Vaccine Narratives*. https://securingdemocracy.gmfus.org/russia-china-iran-covid-vaccine-disinformation/
Sederer, L. I. (2019). *What Does "Rat Park" Teach Us About Addiction?* https://www.psychiatrictimes.com/view/what-does-rat-park-teach-us-about-addiction
Sharpe, J. (2023). *National Umass Amherst Poll Surveys Americans' Views On Race, Antisemitism And The 'Great Replacement Theory.'* University of Massachusetts Amherst. https://www.umass.edu/news/article/national-umass-amherst-poll-surveys-americans-views-race-antisemitism-and-great
Sides, J. (2016, July 22). Donald Trump's convention speech was the most negative in more than 40 years. *The Washington Post*. https://www.washingtonpost.com/news/monkey-cage/wp/2016/07/22/donald-trumps-convention-speech-was-the-most-negative-in-over-40-years/
Silverman, C., & Kao, J. (2022). *Infamous Russian Troll Farm Appears to Be Source of Anti-Ukraine Propaganda*. https://www.propublica.org/article/infamous-russian-troll-farm-appears-to-be-source-of-anti-ukraine-propaganda
Spero, D. (2021). *Israel's On-line Army*. https://aninjusticemag.com/israels-on-line-army-9031bdbc6aff
Spice, B. (2016). *Most Presidential Candidates Speak at Grade 6-8 Level*. Carnegie Mellon University. https://www.cmu.edu/news/stories/archives/2016/march/speechifying.html
Stafford, T. (2016). *How liars create the 'illusion of truth.'* BBC. https://www.bbc.com/future/article/20161026-how-liars-create-the-illusion-of-truth
Stein, J. Y. &, & Tuval-Mashiach, R. (2017). *Narrating for Affective Empathy: Verbal Discurise Devices that Elict an Experiential Connection in War-Related Trauma Narratives. January*, 175–199.
STORYCENTER. (n.d.). *StoryCetnter Listen Deeply Tell Stories*. Re-

wAR2R-AAMcBIJ3oUSZPWfUPSPvCmiIxSq9voymfeZE2_knxo1Ao-MAokWRuMs

Mumper, M. L., & Gerrig, R. J. (2017). Leisure reading and social cognition: A meta-analysis. *Psychology of Aesthetics, Creativity, and the Arts, 11*(1), 109–120. https://doi.org/10.1037/aca0000089

myPersonality.org. (2018). *MYPERSONALITY PROJECT*. https://sites.google.com/michalkosinski.com/mypersonality

Narrative4. (n.d.). *Narrative4*. Retrieved February 20, 2023, from https://narrative4.com/

National Immigration Forum. (2021). *The "Great Replacement" Theory, Explained*. https://immigrationforum.org/wp-content/uploads/2021/12/Replacement-Theory-Explainer-1122.pdf

NCCIC. (2016). Grizzly Steppe - E – Russian Malicious Cyber Activity Summary. *Jar-16-20296*, 1–13.

Newland, C. (2019). *"Incel" violence is horrific, but Joker is complex, and doesn't take sides*. The Guardian. https://www.theguardian.com/film/2019/sep/02/incel-violence-joker-rightwing-film-joaquin-phoenix

Nicholson, C. (2010). College Students Are Less Empathic Than Generations Past. In *Scientific American*. Scientific American

Nieman Foundation. (n.d.). *Nieman Storyboard*. Retrieved February 20, 2023, from https://niemanstoryboard.org

O'Kearney, R., & Perrott, K. (2006). Trauma narratives in posttraumatic stress disorder: A review. *Journal of Traumatic Stress, 19*(1), 81–93. https://doi.org/10.1002/jts.20099

PCFF. (n.d.). *For reconciliation and dialogue*. Retrieved February 20, 2023, from https://www.theparentscircle.org/en/pcff-home-page-en/

Polyakova, A., Laruelle, M., Meister, S., Foreword, N. B., & Sikorski, R. (2016). *Atlantic Council KREMLIN'S TROJAN HORSES*. https://www.atlanticcouncil.org/images/publications/The_Kremlins_Trojan_Horses_web_0228_third_edition.pdf

Prasad, L. (2006). *Poetics of Conduct: Oral Narrative and Moral Being in a South Indian Town*. Columbia University Press.

Roe, E. (1994). *Narrative Policy Analysis Theory and Practice*. Duke Uni-

readingroom/docs/CIA-RDP78-02646R000600240001-5.pdf

Lendon, B. (2022). *Soldiers on Snake Island reacted with defiant words to threats from Russian warship*. CNN. https://edition.cnn.com/2022/02/25/europe/ukraine-russia-snake-island-attack-intl-hnk-ml/index.html

Lewandowsky, S., & Cook, J. (2020). *The conspiracy theory handbook*. 1–12. http://sks.to/conspiracy

Malkki, L. (2014). Political Elements in Post-Columbine School Shootings in Europe and North America. *Terrorism and Political Violence, 26*(1), 185–210. https://doi.org/10.1080/09546553.2014.849933

Manor, I., & Crilley, R. (2018). Visually framing the Gaza War of 2014: The Israel Ministry of Foreign Affairs on Twitter. *Media, War and Conflict, 11*(4), 369–391. https://doi.org/10.1177/1750635218780564

May, K. T. (2013). *The fiction of memory: Elizabeth Loftus at TEDGlobal 2013*. https://blog.ted.com/tk-elizabeth-loftus-at-tedglobal-2013/

Miranda, R. A., Casebeer, W. D., Hein, A. M., Judy, J. W., Krotkov, E. P., Laabs, T. L., Manzo, J. E., Pankratz, K. G., Pratt, G. A., Sanchez, J. C., Weber, D. J., Wheeler, T. L., & Ling, G. S. F. (2015). DARPA-funded efforts in the development of novel brain-computer interface technologies. *Journal of Neuroscience Methods, 244*, 52–67. https://doi.org/10.1016/j.jneumeth.2014.07.019

Monk, G., Winslade, J., Crocket, K. & Epston, D. (1996). *Narrative therapy in practice: The archaeology of hope*. Jossey-Bass.

Morawska, L., & Milton, D. K. (2020). It Is Time to Address Airborne Transmission of Coronavirus Disease 2019 (COVID-19). *Clinical Infectious Diseases*. https://doi.org/10.1093/cid/ciaa939

Morin, C. (2011). Neuromarketing: The New Science of Consumer Behavior. *Society, 48*(2), 131–135. https://doi.org/10.1007/s12115-010-9408-1

Morley, D. (2017). *Tackling childhood obesity is about more than diet and exercise*. World Economic Forum. https://www.weforum.org/agenda/2017/10/tackling-childhood-obesity-is-more-than-diet-and-exercise?utm_content=buffer1a8b3&utm_medium=social&utm_source=facebook.com&utm_campaign=buffer&fbclid=I-

Interlandi, J. (2015). *The Brain's Empathy Gap Can mapping neural pathways help us make friends with our enemies?* https://www.nytimes.com/2015/03/22/magazine/the-brains-empathy-gap.html

Janoff-Bulman, R. (1992). *Shattered assumptions : towards a new psychology of trauma*. Free Press.

Kaminer, D. (2006). Healing Processes in Trauma Narratives: A Review. *South African Journal of Psychology, 36*(3), 481–499. https://doi.org/10.1177/008124630603600304

Kaplan, J. T., Gimbel, S. I., Dehghani, M., Immordino-Yang, M. H., Sagae, K., Wong, J. D., Tipper, C. M., Damasio, H., Gordon, A. S., & Damasio, A. (2017). Processing narratives concerning protected values: A cross-cultural investigation of neural correlates. *Cerebral Cortex, 27*(2), 1428–1438. https://doi.org/10.1093/cercor/bhv325

Kellermann, N. P. F. (2001). The long-term psychological effects and treatment of Holocaust trauma. *Journal of Loss and Trauma, 6*(3), 197–218. https://doi.org/10.1080/108114401753201660

Kerr, D. (2014). *How Israel and Hamas weaponized social media*. CNET. https://www.cnet.com/tech/services-and-software/how-israel-and-hamas-weaponized-social-media/

Kosinski, M., Stillwell, D., & Graepel, T. (2013). Private traits and attributes are predictable from digital records of human behavior. *Proceedings of the National Academy of Sciences of the United States of America, 110*(15), 5802–5805. https://doi.org/10.1073/pnas.1218772110

Kramer, M., & Call, W. (Eds.). (2007). *Telling True Stories: A Nonfiction Writers' Guide from the Nieman Foundation at Harvard University*. Plume.

Krupsky, S. (2012). *Israel's Military Censor to Monitor Facebook, Twitter, Blogs*. Haaretz. https://www.haaretz.com/2012-05-02/ty-article/israels-military-censor-to-monitor-facebook-twitter-blogs/0000017f-ea25-d3be-ad7f-fa2f65c70000

Langer, W. C. (n.d.). *"A Psychological Analysis of Adolph Hitler."* https://web.archive.org/web/20200801092323/https://www.cia.gov/library/

www.sas.upenn.edu/~cavitch/pdf-library/Frazer_Myths_Origin_Fire.pdf

Frost, J. L. (2010). *A History of Children's Play and Play Environments*. Routledge. https://doi.org/10.4324/9780203868652

Green, M. C., & Brock, T. C. (2000). *The Role of Transportation in the Persuasiveness of Public Narratives. 79*(5), 701–721. https://doi.org/10.1037//0022-3514.79.5.701

Greene, R. R., Hantman, S., Sharabi, A., & Cohen, H. (2012). *Holocaust Survivors : Three Waves of Resilience Holocaust Survivors : Three Waves of Resilience Research. 3714*. https://doi.org/10.1080/10911359.2011.566797

Harris, M. (2018). *89up releases report on Russian influence in the EU referendum*. 89up. https://89up.org/russia-report

Harvard Library. (n.d.). *Scientific Racism*. Harvard Library. Retrieved March 14, 2023, from https://library.harvard.edu/confronting-anti-black-racism/scientific-racism

Heath, R., & Hyder, P. (2005). Measuring the hidden power of emotive advertising. *International Journal of Market Research, 47*(5), 467–486. https://doi.org/10.1177/147078530504700504

Heider, F., & Simmel, M. (1944). An Experimental Study of Apparent Behavior. *The American Journal of Psychology, 57*(2), 243. https://doi.org/10.2307/1416950

Hirsh, J. B., & Peterson, J. B. (2009). Personality and language use in self-narratives. *Journal of Research in Personality, 43*(3), 524–527. https://doi.org/10.1016/j.jrp.2009.01.006

Hogenboom, M. (2013). *Online anger "spreads faster than joy" on Weibo*. BBC. https://www.bbc.com/news/science-environment-24158675

House of Commons - Digital Culture Media and Sport Committee. (2018). Disinformation and 'fake news': Interim Report. *The House of Commons, Fifth Report of Session 2017–19*, 7–8. https://www.parliament.uk/business/committees/committees-a-z/commons-select/digital-culture-media-and-sport-committee/news/fake-news-report-published-17-19/

DARPA. (2011b). *Special Notice DARPA-SN-11-20: Stories, Neuroscience and Experimental Technologies (STORyNET): Analysis and Decomposition of Narratives in Security Contexts*. DARPA. https://web.archive.org/web/20150521082918/https:/team.sainc.com/n2/Files/DARPA-SN-11-20_Casebeer_STORyNET_ Workshop.pdf

DARPA. (2011c). *Special Notice DARPA-SN-11-25 Narrative Networks (N2): The Neurobiology of Narratives*. https://web.archive.org/web/20150521082940/https:/team.sainc.com/n2/Files/DARPA-SN-11-25.pdf

DARPA. (2011d). *Special Notice DARPA-SN-11-43 Narrative Networks (N2): Modeling, Simulating and Sensing Narrative Influence*. DARPA. https://drive.google.com/file/d/1VQ7djORZInkXMwl9F8mrPyaEEO-vjrCv/view

Dehghani, M., Gentner, D., Forbus, K., Ekhtiari, H., & Sachdeva, S. (2009). Analogy and moral decision making. *Analogy09*.

DIPEx International. (n.d.). *DIPEx International*. https://dipexinternational.org/

Elliott, J. (2005). *Using Narrative in Social Research*. SAGE Publications.

Encinas-Martín, M., & Cherian, M. (2015). *Skills for Social Progress*. OECD. https://doi.org/10.1787/9789264226159-en

Fan, R., Zhao, J., Chen, Y., & Xu, K. (2014). Anger Is More Influential than Joy: Sentiment Correlation in Weibo. *PLoS ONE, 9*(10), e110184. https://doi.org/10.1371/journal.pone.0110184

Fazio, L. K., Brashier, N. M., Payne, B. K., & Marsh, E. J. (2015). Knowledge does not protect against illusory truth. *Journal of Experimental Psychology: General, 144*(5), 993–1002. https://doi.org/10.1037/xge0000098

Feola, M. (2022). *How 'great replacement' theory led to the Buffalo mass shooting*. The Washington Post. https://www.washingtonpost.com/politics/2022/05/25/buffalo-race-war-invasion-violence/

Festinger, L. (1957). *A Theory of Cognitive Dissonance*. Stanford University Press.

Frazer, J. G. (1930). *Myths of The Origin of Fire*. Macmillan. https://

about.jstor.org/terms

Bubandt, N., & Willerslev, R. (2015). The dark side of empathy: Mimesis, deception, and the magic of alterity. *Comparative Studies in Society and History, 57*(1), 5–34. https://doi.org/10.1017/S0010417514000589

Bundel, A., & The, I. feels like. (2019). *"Joker," starring Joaquin Phoenix, sparked an incel controversy because it's hopelessly hollow*. NBC-news. https://www.nbcnews.com/think/opinion/joker-starring-joaquin-phoenix-sparked-incel-controversy-because-it-s-ncna1062656

Cadwalladr, C. (2019). *Mueller questions Cambridge Analytica director Brittany Kaiser*. The Guardian. https://www.blackcube.com/

Casebeer, W. D., & Russell, J. a. (2005). Storytelling and Terrorism: Towards a Comprehensive "Counter- Narrative Strategy." *Strategic Insights, IV*(3), 16.

Christov-Moore, L., Simpson, E. A., Coudé, G., Grigaityte, K., Iacoboni, M., & Ferrari, P. F. (2014). Empathy: Gender effects in brain and behavior. *Neuroscience & Biobehavioral Reviews, 46*, 604–627. https://doi.org/10.1016/j.neubiorev.2014.09.001

Crespo, M., & Fernández-Lansac, V. (2016). Memory and Narrative of Traumatic Events: A Literature Review. *Psychological Trauma: Theory, Research, Practice, and Policy, 8*(2), 149–156. https://doi.org/10.1037/tra0000041

Dando, M. (2015). *Neuroscience and the Future of Chemical-Biological Weapons*. Palgrave Macmilla.

DARPA. (n.d.-a). *Narrative Networks*. DARPA. https://www.darpa.mil/program/narrative-networks

DARPA. (n.d.-b). *Social Media in Strategic Communication (SMISC)*. DARPA. https://www.darpa.mil/program/social-media-in-strategic-communication

DARPA. (2011a). *Narrative Networks (N2): Modeling, Simulating and Sensing Narrative Influence Workshop*. DARPA. https://govtribe.com/opportunity/federal-contract-opportunity/narrative-networks-n2-modeling-simulating-and-sensing-narrative-influence-workshop-darpasn1143

exposure predicts charitable giving. *Biological Psychology, 105*, 138–143. https://doi.org/10.1016/j.biopsycho.2015.01.008

Bechara, A., Damasio, A. R., Damasio, H., & Anderson, S. W. (1994). Insensitivity to future consequences following damage to human prefrontal cortex. *Cognition, 50*(1–3), 7–15. https://doi.org/10.1016/0010-0277(94)90018-3

Benoist, C. (2017). *Death in numbers: A year of violence in the occupied palestinian territory and Israel.* https://chloebenoist.wordpress.com/2017/01/14/death-in-numbers-a-year-of-violence-in-the-occupied-palestinian-territory-and-israel/

Berns, G. S., Bell, E., Capra, C. M., Prietula, M. J., Moore, S., Anderson, B., Ginges, J., & Atran, S. (2012). The price of your soul: Neural evidence for the non-utilitarian representation of sacred values. *Philosophical Transactions of the Royal Society B: Biological Sciences, 367*(1589), 754–762. https://doi.org/10.1098/rstb.2011.0262

Black, R. (2016). *Nature deficit disorder "damaging Britain's children."* BBC. https://www.bbc.com/news/science-environment-17495032

BlackCube. (n.d.). *BlackCube*. https://www.blackcube.com/

Bonanno, G. A. (2004). Loss, Trauma, and Human Resilience: Have We Underestimated the Human Capacity to Thrive after Extremely Aversive Events? *American Psychologist, 59*(1), 20–28. https://doi.org/10.1037/0003-066X.59.1.20

Brashier, N. M., Eliseev, E. D., & Marsh, E. J. (2020). An initial accuracy focus prevents illusory truth. *Cognition, 194*, 104054. https://doi.org/10.1016/j.cognition.2019.104054

Brechman, J. M., & Purvis, S. C. (2015). Narrative, transportation and advertising. *International Journal of Advertising, 34*(2), 366–381. https://doi.org/10.1080/02650487.2014.994803

Bruneau, E. G., Cikara, M., & Saxe, R. (2015). Minding the gap: Narrative descriptions about mental states attenuate parochial empathy. *PLoS ONE, 10*(10). https://doi.org/10.1371/journal.pone.0140838

Bruner, J. (1991). Bruner JS. The narrative construction of reality. Critical Inquiry. 1991;17:1-21. *Critical Inquiry, 18*(Autumn 1991), 1–21. https://

参考文献

Amcha. (2016). *About Amcha*. Amcha. http://www.amcha.org/node/390

Anginer, D., Fisher, K. L., & Statman, M. (2011). Stocks of Admired Companies and Despised Ones. *SSRN Electronic Journal*. https://doi.org/10.2139/ssrn.962168

Anti-Defamation League. (2021). *"The Great Replacement:" An Explainer*. https://www.adl.org/resources/backgrounder/great-replacement-explainer

AP, & NORC. (2022). *'REPLACEMENT THEORY,' NEW AP-NORC SURVEY FINDS*. https://apnorc.org/wp-content/uploads/2022/05/AP-NORC-Immigration-Conspiracy-Thinking_Press-Release-05092022.pdf

Armaly, M. T., & Enders, A. M. (2022). 'Why Me?' The Role of Perceived Victimhood in American Politics. *Political Behavior, 44*(4), 1583–1609. https://doi.org/10.1007/s11109-020-09662-x

Armstrong, Paul B. (2018). Neuroscience and the Social Powers of Narrative: How Stories Configure Our Brains. *The Journal of English Language and Literature, 64*(1), 3–24. https://doi.org/10.15794/jell.2018.64.1.001

Avoiding Falling Victim to The Narrative Fallacy. (n.d.). Farnam Street Media Inc. https://fs.blog/narrative-fallacy/

Baker-White, E. (2022). *On TikTok, Chinese State Media Pushes Divisive Videos About U.S. Politicians*. Forbes. https://www.forbes.com/sites/emilybaker-white/2022/11/30/tiktok-chinese-state-media-divisive-politics/?sh=1e3430e24bf0

Barbaro, M. (2022). *The Racist Theory Behind So Many Mass Shootings*. The New York Times. https://www.nytimes.com/2022/05/16/podcasts/the-daily/buffalo-shooting-replacement-theory.html?showTranscript=1

Barraza, J. A., Alexander, V., Beavin, L. E., Terris, E. T., & Zak, P. J. (2015). The heart of the story: Peripheral physiology during narrative

装画＋本文イラスト　イオクサツキ
ブックデザイン＋図表　鈴木成一デザイン室
編集協力　折笠由美子
ＤＴＰ　センターメディア

大治朋子（おおじ・ともこ）

毎日新聞編集委員。１９６５年生まれ。『サンデー毎日』記者時代に「最強芸能プロダクションの闇」「少女売春」などをテーマに調査報道。社会部では防衛庁（当時）による個人情報不正使用に関するスクープで２００２、２００３年の新聞協会賞を２年連続受賞。ワシントン特派員として米陸軍への従軍取材などで「対テロ戦争」の暗部をえぐり２０１０年度ボーン・上田記念国際記者賞受賞。エルサレム特派員時代は暴力的過激主義の実態を調査報道した。英オックスフォード大学ロイタージャーナリズム研究所客員研究員。イスラエル・ヘルツェリア学際研究所大学院（テロリズム・サイバーセキュリティ専攻）修了（Magna Cum Laude）。「国際テロ対策研究所（ICT）」研修生。テルアビブ大学大学院（危機・トラウマ学）修了（首席）。単著に『勝てないアメリカ――「対テロ戦争」の日常』（岩波新書）、『アメリカ・メディア・ウォーズ　ジャーナリズムの現在地』（講談社現代新書）、『歪んだ正義　「普通の人」がなぜ過激化するのか』（小社）など。

人《ひと》を動《うご》かすナラティブ
なぜ、あの「語《かた》り」に惑《まど》わされるのか

印刷　２０２３年６月15日
発行　２０２３年６月30日

著者　大治朋子《おおじともこ》
発行人　小島明日奈
発行所　毎日新聞出版
〒１０２-００７４
東京都千代田区九段南１-６-17 千代田会館５階
営業本部：０３（６２６５）６９４１
図書編集部：０３（６２６５）６７４５

印刷・製本　中央精版印刷

ISBN978-4-620-32779-2